개정 3판

민주주의의 이상과 현실

개정 3판

민주주의의 이상과 현실

펴낸날 1판 1쇄 2005년 3월 3일
2판 2쇄 2010년 4월 30일
3판 1쇄 2015년 8월 25일
지은이 강석찬
펴낸이 송희영
펴낸곳 건국대학교출판부
주 소 : 05029, 서울시 광진구 능동로 120
전 화 : 도서주문 (02) 450-3893 / 팩스 (02) 457-7202
편 집 실 (02) 450-3892
홈페이지 : http://press.konkuk.ac.kr
전자우편 : press@konkuk.ac.kr
등 록 : 제 4-3 호(1971. 6. 21)

책임편집 임경희

찍은 곳 (주)동화인쇄공사

정가 15,000원

ISBN 978-89-7107-592-0 93340

이 도서의 국립중앙도서관 출판예정도서목록(CIP)은 서지정보유통지원시스템 홈페이지(http://seoji.nl.go.kr)와 국가자료공동목록시스템(http://www.nl.go.kr/kolisnet)에서 이용하실 수 있습니다.(CIP제어번호: CIP2015021451)

개정 3판

민주주의의 이상과 현실

강 석 찬 지음

건국대학교출판부

머리말

우리가 살아가는 21세기에 있어서 민주주의는 세계에서 가장 보편적이고 주목받는 이데올로기이자 정치형태가 되고 있다. 즉, 1980년대 후반 폴란드, 헝가리 등 여러 동유럽 공산주의국가들에서 민주화・개방화를 추구하는 정치적 대변혁이 발생하고, 1991년 소련이 붕괴한 이후 민주주의는 세계 각국의 국민들에 의해서 가장 선호되는 이데올로기가 되어 왔을 뿐만 아니라 그것이 지니고 있는 이상적 가치의 실현이 그 어느 때보다도 강조되고 있다.

그러나 오늘날 민주주의라는 용어만큼 다의적으로 사용되고 있는 이데올로기도 드물 것이다. 이것은 근래에 와서 민주주의개념이 점차 인간의 존엄성을 보장하고, 자유와 평등을 실현하는 데 있어서 현실적으로 가장 이상적이라는 점이 인정된 이후에 세계 각국의 정치지도자들이 저마다 자신들이 추구하고 있는 정치체제를 민주주의라는 말로써 포장하는 데 급급하게 되었기 때문이다.

현대정치학에 있어서 주요 관심사가 되고 있는 것도 바로 민주주의와 정치발전의 문제이다. 1945년 해방 직후 우리나라는 미국식 민주주의이념과 제도를 도입했으나, 사실상 진정한 의미에서의 민주주의가 정착되기 시작한 것은 비교적 최근의 일이다. 특히, 1960년대 초부터 1980년대 말에 이르기까지 군부출신 인사들에 의해 비민주적인 통치가 계속되는 동안 우리 사회에서는 외형적인 측면에서 민주주의의 모습을 갖추는 데에만 치중했을 뿐, 실제 내용적인 측면에서 민주적인 절차를 갖추고, 또한 민주적인 사회를 이루어 나가는 데 있어서는 소홀한 측면이 있었다. 이는 비단 통치자뿐만 아니라 일반 국민들에게 있어서도 마찬가지였다.

그동안 우리 사회에 있어서 민주주의에 대한 관점은 제각각이었다. 역대 통치자들은 주로 법적·제도적 조치에 중점을 두어 선거와 의회 등이 존재하고, 단순히 자신의 임기에 일정한 제한을 두는 형식만 취하면 민주주의의 요건을 구비하는 것으로 생각하였다. 특히, 일부의 권위주의적 통치자들은 사실상 자신들의 권력을 확대·강화시켜 나갈 목적에서 민주주의를 안보문제와 연계시키려는 경향이 있었다. 또한 야당 정치인이나 소위 반체제인사들은 민주주의의 핵심이 장기집권과 군부의 정치개입을 지양하는 데 있고, 평화적인 정권교체가 없는 한 그것은 민주주의라고 보기 어렵다는 주장을 해왔다. 한편 일반 민중의 입장에서는 비록 정치체제가 권력에 대한 법적 제한이라는 형식적인 요건을 갖추고 있을지라도 그것이 소수의 정치엘리트 및 경제엘리트에 의해 좌우되는 등 국민 대다수인 민중을 적절히 대변하고 대표하지 못할 경우 그것은 진정한 민주주의가 아니라고 생각하였다.

그런데 한 나라의 민주주의가 제대로 정착·발전되어 나가기 위해서는 그 주요 전제로서 정치지도자나 국민들 모두 민주적인 사고와 태도 그리고 의지를 갖고 있어야만 한다. 다시 말해서, 민주주의가 확고히 뿌리내리기 위해서 정치지도자는 권위주의적이 아니라 민주적으로 통치하려는 의지를 갖고 있어야 하며, 일반시민들 또한 이기적이고 방종적인 삶이 아닌 민주적인 삶을 살고자 하는 자세를 갖추고 있어야 한다. 우리의 삶 속에서 민주주의를 실천해 나가고자 하는 적극적 의지를 결여하고 있는 한 결코 민주적인 사회는 이룩될 수 없는 것이다. 따라서 1980년대 후반 이후 과거의 권위주의체제에서 탈피하여 민주주의체제로의 전환기에 놓여 있는 우리에게 있어서 중요한 것은 민주주의에 대한 올바른 이해와 그에 입각한 민주시민 교육이라고 하겠다.

현재 우리 사회는 냉전 종식 이후의 급변하는 국제질서 속에서 그 어느 때보다도 빠른 속도로 산업화·개방화·국제화되고 있다. 21세기에 들어와 우리는 급속한 경제성장으로 인해 개인의 생활수준이 향상되는 등 물질적으로는 풍요로움을 누리고 있음에도 불구하고, 정신적으로는 가치관의 혼돈과 더불어 지나친 이기주의적 성향과 물질만능주의 풍조로 인해 사적인 이익을 추구하는 데에만 몰두하는 경향을 보이고 있다. 이러한 점은 개인적인 차원에만 그치는 것이 아니라, 특정 지역이나 집단의 차원으로까지 발전되고 있다. 이는 최근 우리나라에서 커다란 사회적 문제로 등장하고 있는 일부 정치인들과 기업인들 그리고 고위 공직자들의 부정부패와 지역이기주의 및 집단이기주의현상으로 나타나고 있다. 그러나 진정한 민주주의는 단순히 개인과 집단의 자유를 신장하고 사익을 추구함으로써 이루어지는 것이 아니라, 사회 전체의 질서를 유지하고 공익을 추구해 나가는 가운데 이룩되는 것이다.

따라서 우리가 민주주의를 도입한 이래 겪어온 수많은 시행착오와 사회적 혼란을 극복하고 진정한 민주주의를 정착·발전시켜 나가기 위해서는 크게 두 가지의 방법을 채택해 나갈 필요가 있다. 하나는 서구 민주주의의 본질을 정확히 이해하여 그 이념과 가치를 그대로 우리 사회에 실현시켜 나가는 것이다. 다른 하나는 서구의 민주주의를 단순히 모방하는 데 그치는 것이 아니라, 역사적으로 발달해온 민주주의이념과 제도를 우리의 문화적인 전통과 사회현실에 적합하도록 적절히 수정·개선해 나감으로써 토착화시키는 것이다. 이러한 두 가지 방법 중 어떤 방법이 우리나라의 민주주의 발전에 더 적합하고 바람직한 것인가는 단언하기 어렵다. 왜냐하면 민주주의를 토착화시키는 문제는 결국 민주주의의 보편성과 특수성의 문제로 귀착되기 때문이다.

그러나 민주주의의 보편성과 특수성은 상호 모순되거나 대립되는 것이 아니라, 오히려 상호 보완적인 성격을 지니고 있다. 사실상 한국의 민주주의와 정치발전의 문제는 우리의 국가안보나 민족의 염원인 통일문제와 별개로 생각할 수는 없다. 그러므로 우리가 처해 있는 국내외적인 여건 속에서 민주주의의 보편성과 특수성을 최대한 조화시키면서 우리 민족이 당면한 시대적 과제와 역사적 사명을 완수할 수 있도록 노력해야 한다.

이 책은 상기한 관점에서 학생들이 민주주의의 이상과 그 현실적인 모습을 쉽게 비교·검토해 볼 수 있도록 하는 데 중점을 두었다. 이를 위해 필자는 민주주의의 개념과 원리 등 이론적인 측면뿐만 아니라 실제적인 측면을 비교해서 살펴볼 수 있도록 여러 가지 사례들을 들어 설명하였다. 왜냐하면 민주주의가 많은 사람들로부터 선호되고 있고 또한 이상적인 것으로 여겨진다고 할지라도, 그것이 우리의 현실적인 삶과 유리된다면 아무런 의미가 없을 것이기 때문이다.

당초 이 책은 지난 2005년에 초판이 발행되었고, 2008년에 개정판이 발행되었다. 그러나 그동안 우리나라뿐만 아니라 국제사회에서도 민주주의와 관련된 여러 가지 문제와 사건들이 발생하였고, 또한 최근 업데이트된 통계자료들이 많이 발표되었기 때문에 이러한 내용들을 새롭게 포함시킬 필요성이 있어서 이번에 또다시 내용을 수정·보완하게 되었다. 끝으로 이 책이 출판되기까지 여러모로 수고를 아끼지 않으신 건국대학교 출판부의 이재철 출판부장님과 임경희 선생님께 깊은 감사의 말씀을 드린다.

2015년 6월
저자 씀

차 례

제1장 민주주의란 무엇인가

민주주의는 결코 어떤 곳에서도 완전한 형태로 실현된 적이 없으며, 불완전에서 완전으로 나아가는 과정에 있는 이념과 제도이다. 한 나라가 민주주의국가로 불리어질 수 있기까지에는 수세대 동안의 성장기간을 필요로 한다. 따라서 민주주의를 새롭게 도입하는 나라에서는 상당한 사전준비가 있어야 한다. '구체제(ancien régime)'를 붕괴시킨 프랑스대혁명이 민주주의를 선포한 이래 오늘날 서구국가들에서 볼 수 있는 민주주의를 성취하기까지에는 수많은 시련과 희생을 경험해야 했었다. 민주주의는 온실에서 자라는 식물처럼 알맞은 토양과 주변 환경이 갖추어진 곳에서 그 꽃을 피울 수 있다.

제1절 민주주의의 어원

오늘날 민주주의라는 용어는 단지 다의적으로 사용되고 있을 뿐만 아니라 정치적 논쟁의 대상이 되고 있다. 역사적으로 볼 때에도, 민주주의국가와 공산주의국가 간에 민주주의에 대한 해석이 일치되지 않았고, 민주주의를 채택하고 있는 한 국가 내에서도 민주주의는 자유주의자와 보수주의자 사이에서 논쟁의 대상이 되어 왔다.

이처럼 민주주의개념은 그것을 바라보는 사람들의 관점에 따라 제각기 다르게 정의되어 왔을 뿐만 아니라 그 내용도 확대되거나 축소되는 경향이 있었기 때문에 우리는 먼저 민주주의에 대한 어원적인 측면에서의 고찰을 통해 그 본래의 의미를 파악할 필요가 있다.

1. 민주주의의 다의성

민주주의는 고대사회 이래 수세기에 걸쳐 인간의 존엄성과 자유, 평등이라는 이상을 실현하기 위해 지속적으로 발전되어 온 이념이자 정치형태이다. 그러나 민주주의가 발전해 오는 과정에 있어서는 엄청난 시련과 시행착오가 있었으며, 통치자나 국가의 성격에 따라 그 본질이 왜곡되거나 훼손된 경우도 많았다.

민주주의는 제1·2차 세계대전에 걸쳐 군국주의(軍國主義)와 나치즘, 파시즘과의 싸움에서 승리하였고, 그 결과 오늘날에 와서는 세계에서 가장 선호되는 정치·경제·사회의 지도원리가 되었다고 해도 과언이 아니다. 세계 모든 국가의 정치지도자들이 제각기 옹호하는 체제의 내용은 어떠하든지 간에 스스로를 민주주의라고 호칭하고 있는 현실이 그것을 증명하는 것이다.

제2차 세계대전기간 중 미국, 영국 등 민주주의국가들과 전쟁을 벌였던 독일의 히틀러(Hitler) 정권과 이탈리아의 무솔리니(Mussolini) 정권도 자신들이 추구했던 나치즘(Nazism)과 파시즘(Fascism)이야말로 진정한 민주주의라고 강변하였다. 예를 들어, 나치 독일은 민주주의의 병폐를 지적하였으나, 히틀러 정권에 대한 사실상의 만장일치적 동의의 증거로서 명목상의 선거제도를 내세워 '국민투표에 입각한 민주주의(plebiscitary democracy)'를 추구하였다. 또한 이탈리아의 무솔리니는 민주주의의 가치와 제도를 비난했지만, "민주주의가 국민을 국가의 주변에 놓이게 하는 것을 의미하지 않는다면, 파시즘은 '조직화되고 중앙집권화된 권위주의적 민주주의'로 정의될 수 있을 것이다"[1]라고 선언하였다.

또한 일당독재체제인 공산주의국가들도 민주주의의 실체는 버리고 상징만을 갖고서 '인민민주주의(人民民主主義)'니 '신민주주의(新民主主義)'니 자처하였다. 공산주의자들은 '부르주아 민주주의' 또는 '형식적 민주주의'라는 말을 모멸적 어구로 사용하는 한편, 그들의 전체주의적 일당국가를 '사회주의 민주주의국가' 내지 '인민민주주의'라고 호칭하였다. 중국의 통치자였던 모택동(毛澤東)도 서구민주주의를 비난하였지만, 중국 공산주의혁명의 최초 단계는 "이미 일반적 의미의 민주주의가 아니라 중국적 민주주의, 즉 새로운 특수한 유형인 신민주주의"라고 선언하였다. 이러한 신민주주의의 국가체제는 모든 혁명계급의 공동독재이고, 그 정치구조는 민주주의적 중앙집권제이며, 이것이 신민주주의정부이고 신민주주의공화국이라는 것이다.[2]

---

1) Dell G. Hitchner and William H. Harbold, *Modern Government: A Survey of Political Science*(New York: Dodd and Mead, 1962), p. 98.

공산주의에서는 이른바 착취와 계급 없는 민주사회의 구현을 인민민주주의의 목적이자 이상으로 여기고 있으나, 그러한 목적과 이상을 실현시키는 그들의 방법과 수단은 국민이 참여하는 민주적 제도와 절차가 완전히 무시된 독재지배체제이므로 인민민주주의는 진정한 의미의 민주주의가 될 수 없는 것이다.

한편 제2차 세계대전 이후에 정치적 독립을 이룩한 제3세계의 신생국가들 또한 그들 특유의 민주주의를 표방하였다. 그러한 예로서, 이집트의 나세르(Nasser)식 '무정당 민주주의', 가나의 엔크루마(Nkrumah)와 인도네시아의 수카르노(Sukarno)식 '교도민주주의(敎導民主主義)', 파키스탄의 아유브 칸(Ayub Kahn)식 '기초민주주의' 등을 들 수 있다. 나세르는 자신이 이끄는 정당인 국민연합이 이집트의 정치적 · 사회적 혁명의 성공을 위해 이집트를 통일시키는 국민적 · 애국적 조직이라고 하면서, 이를 그는 '무정당 민주주의(partyless democracy)'라고 불렀다. 또한 인도네시아의 수카르노는 서구민주주의를 비난하면서 자기 국민들에게 "서구식 자유민주주의를 '교도민주주의(guided democracy)' 내지 리더십을 갖는 민주주의로 전환시킬 것"을 요구하였다. 이 밖에도 파키스탄의 아유브 칸은 국민적 범위의 민주제도가 파키스탄 국민의 능력을 넘어선다고 판단하고, 지방공동체수준의 '기초민주주의(basic democracy)'를 주창하였다.[3]

이처럼 제각기 다른 이념과 체제를 가지고 있는 국가와 그 지도자들이 스스로를 민주주의국가라고 자처하고 표방하는 이유는 무엇일까? 이는 아마도 민주주의의 다의성(多義性) 때문일 것이다. 이와

---

2) Paul S. Sigmund, Jr., *The Ideologies of the Developing Nations*(New York: Frederick A. Praeger, 1963), p. 50.

3) *Ibid.*, pp. 92-126.

관련하여 오웰(Owell)은 다음과 같이 말하였다.

> 민주주의와 같은 용어는 하나의 합의된 정의가 없으며, 또한 모두가 정의를 내리려는 시도를 반대하고 있다. 체제의 종류를 막론하고, 모두가 민주주의국가임을 주장하면서도 민주주의를 어느 한 가지 의미로 고정시킬 때 자신들이 민주주의라는 용어를 사용할 수 없게 될 것이 두렵기 때문이다.[4]

또한 엘리어트(Eliot)는 "민주주의처럼 세계적으로 신성화된 용어는 그 다의성 때문에 무엇을 의미하는지 전혀 알 수 없게 된다"[5]고 지적하였고, 미국의 역사학자인 베커(Becker)도 "민주주의는 약간만 조작하면 우리가 원하는 모든 사회적 사실을 집어넣고 다닐 수 있는 일종의 개념상의 여행용 가방"과 같으므로 민주주의개념에 대한 혼란을 피하고 현명한 논의를 위해서는 먼저 민주주의에 정확한 의미를 부여하려는 노력이 필요하다고 주장하였다.[6]

이탈리아 학자인 사르토리(Sartori)도 민주주의의 다의성에 대하여 "우리는 민주주의개념의 혼란시대에 살고 있다"고 시인하면서 민주주의 정의는 자유주의나 사회주의에 대한 정의보다 훨씬 더 어려운 작업이라고 하였다. 그러나 사르토리는 민주주의가 아무리 복잡하고 그 정의가 어려워도 그 이념과 제도를 일반 국민이 이해하지 못한다

---

4) George Owell, "Politics and the English Language," in *Selected Essays*(Baltimore, 1957), p. 149.

5) T. S. Eliot, *The Ideal of a Christian Society*(London, 1939), pp. 11-12; Giovanni Sartori, *Democratic Theory*(Detroit: Wayne State University, 1962), p. 8에서 인용.

6) Carl Becker, *Modern Democracy*(New Haven: Yale University Press, 1941), pp. 4-5.

면 민주주의는 결코 생존할 수 없으며, 또한 누구나 자기 멋대로 정의를 내린다면 세계 정치무대에서 진정한 민주주의제도가 경쟁에서 승리할 수 없을 것이라고 경고하였다.[7] 사실상 민주주의에 대한 정확한 정의가 내려지고, 그 개념이 일반 국민에게 계몽되어질 때 민주주의라는 이름 아래 비합리적인 것을 정당화하거나 은폐하려는 사이비 민주주의의 폐단도 사라질 것이다.

사회주의와 공산주의는 마르크스주의가 그 이념적 모체이므로 비교적 정의가 용이하지만, 민주주의는 어떤 하나의 이념적 근원에 기인된 것이 아니라 서구사회 발전의 부산물이라고 할 수 있다. 즉, 민주주의는 서구사회에서 장기간의 역사적 발달과정을 거쳐 이루어진 정치이념이자 정치형태이며 생활실천원리이므로 유일하고 간결한 정의를 내리기가 힘든 것이다. 민주주의개념이 혼란을 일으키는 이유도 바로 그러한 점 때문일 것이다. 그 결과 민주주의에 대한 학문적 연구의 가치가 전혀 없다는 극단적 주장이 있기도 하나, 그렇기 때문에 비(非)민주주의 또는 사이비 민주주의에 대한 정확한 분석이 더욱 필요한 것이다.

2. 민주주의의 어원적 의미

오늘날 민주주의를 뜻하는 영어의 democracy는 기원전 5세기에 그리스의 역사가인 헤로도투스(Herodotus, B.C. 482~424)가 『역사(*Historia*)』라는 저서에서 처음 사용한 demokratia에서 나온 용어이다.[8] 그런데 demokratia는 국민(people)을 뜻하는 demos와 권력

7) Sartori, *op. cit.*, pp. 11-12.

8) M. Rejai, *Democracy: The Contemporary*(New York: Atherton Press, 1967), p. 2.

(power)을 의미하는 kratos 혹은 지배(rule)를 의미하는 kratein이 결합된 단어로서, 이는 '국민의 지배(rule of people)' 혹은 '국민이 권력을 가지고 통치하는 정치형태'를 의미하는 것이었다.[9)]

따라서 그 어원에서도 살펴볼 수 있듯이, 민주주의는 원래 한 사람이 권력을 소유하고 통치하는 군주정치(monarchy)나 소수의 사람들이 권력을 소유하고 통치하는 귀족정치(aristocracy)와는 달리, 국민대중이 스스로 통치하는 정치형태를 지칭하는 뜻으로 통했다. '국민이 권력을 가진다'는 말은 국민이 권력을 소유할 뿐만 아니라 행사하는 것을 의미하는 동시에, 무엇보다 중요한 것은 국민을 위하여 그 권력이 행사된다는 것을 의미한다. 이를 현대적으로 가장 잘 표현한 것이 바로 링컨의 '국민의, 국민에 의한, 국민을 위한 정치'라는 말이다.

그런데 이러한 어원상의 민주주의개념이 지니는 주요 쟁점은 정치·사회적인 제도와 이상으로서의 민주주의를 둘러싼 역사적 논쟁이라고 할 수 있다. 일부 학자들은 민주주의를 이데올로기로 볼 때에는 민주주의라고 호칭하고 있고, 제도로 볼 때에는 민주정치라고 구별하여 사용하고 있다. 사실상 민주주의는 인간이 사회생활을 영위하는 경우에 있어서의 방법 내지 신념으로 풀이되는 경우도 있고, 때로는 특정한 정치원리나 정치형태를 가리키는 경우도 있다. 그러나 민주주의 자체는 어원적으로 따져 볼 때에 이데올로기가 될 수는 없다. 다만 민주주의는 그것이 발생하고 발전하는 과정에서 개인주의를 비롯하여 자유주의와 자본주의를 원용(援用)하였기 때문에 이데올로기로서 이해되어지는 경향이 있었다. 더욱이 오늘날에 있어서는 민주주의라는 용어가 단지 다의적 의미를 지니고 있다는 점에만

---

9) R. R. Palmes, "Notes on the Use of the Word Democracy," *Political Science Quarterly*(June, 1953), pp. 203-226.

문제가 있는 것이 아니라, 그것이 하나의 정치적 논쟁의 대상이 되어 가고 있다는 데에 문제가 있는 것이다.

또한 민주주의를 어원적으로 풀이하여 '국민이 통치한다'고 할 때 과연 국민의 범주를 어떻게 설정할 것인가 하는 것이 문제가 된다. 고대 그리스의 민주주의에서도 시민의 다수를 차지했던 노예들이나 여자들은 사실상 국민의 범주에서 제외되었다.

이와 관련하여 민주주의의 고전적 정의를 내린 브라이스(James Bryce)는 그의 저서인 『근대 민주정치론(*Modern Democracies*)』을 통해 민주주의를 다음과 같이 정의내렸다.

> 민주주의라는 용어는 헤로도투스시대 이래 국가 지배의 권력이 특정 계급이 아니라 사회구성원 전체에게 합법적으로 부여되고 있는 정치형태를 가리킨다.[10)]

이처럼 민주주의는 인류의 강력한 역사적·정치적 체험과 욕구에 의해서 성립된 정치원리이며, 이를 실현하기 위한 정치형태인 것이다. 또한 브라이스는 민주주의를 "자격 있는 대다수 시민의 의사가 지배하는 통치"라고 정의하였다. 그런데 '자격 있는 다수'란 정치적 문제에 대하여 그 사회에서 인정되는 어느 수준 이상의 자율적인 의사결정능력과 행위능력을 갖고 있고, 행위의 결과에 대하여 책임감을 가진 다수의 사회구성원들을 의미한다.

그런데 민주주의가 긍정적 의미를 갖고 전 세계에 널리 전파된 계기는 제1차 세계대전 때 '세계 민주주의의 수호'를 위하여 미국은

---

10) James Bryce, *Modern Democracies*, vol. 1(New York: Macmillan, 1921), pp. 20-23.

참전해야 한다고 미국 국민들에게 호소한 윌슨(Wilson) 대통령 때부터였다. 19세기까지만 하더라도 유럽 상류사회에서는 민주주의가 사회의 질서와 안전을 위협하는 폭민정치(暴民政治)라고 하여 경원시하였으며, 때로는 공포와 혐오의 대상으로 간주하기도 하였다.

그러나 프랑스의 사상가인 토크빌(Alexis de Tocqueville)이 『미국의 민주주의(*Democracy in America*)』라는 저서에서 미국 민주주의의 사회적 측면을 묘사했듯이, 20세기에 들어와서 비로소 사회의 내재적 요인에 의해 발생하는 행동양식과 생활신조로서의 민주주의의 개념이 등장하여 사회적 개념의 민주주의 발전에 중요한 기반이 되었다. 따라서 민주주의는 국민이 스스로 통치하는 정치형태 또는 정치원리인 동시에, 정치적 민주주의를 가능케 하는 행동양식과 생활신조까지 의미하기에 이르렀다.

제2절 민주주의의 개념

오늘날 민주주의에 대한 정의는 전 세계적으로 모두 3백 가지 이상 되는 것으로 추산되고 있다.[11] 혹자는 민주주의를 생활방식 또는 생활신조라고 규정하는가 하면, 혹자는 특정 정치이념이라고 하며, 혹자는 특정 정치형태라고 규정짓고 있다는 점을 보아도 민주주의에 대한 견해가 사람마다 제각기 다르다는 것을 알 수 있다.

그렇기 때문에 민주주의개념에 대한 올바른 정의와 이에 대한 정확한 이해는 생활방식으로서의 민주주의를 정착·발전시키는 데

11) Massimo Salvadori, *Liberal Democracy*(Garden City: Doubleday & Co., 1957), p. 20.

있어서 전제조건이 된다고 하겠다. 전통적으로 민주주의에 대한 개념정의는 규범적 내지 고전적 정의와 경험적 정의로 크게 분류되어 왔다. 규범적 정의가 주로 관심을 두는 것은 민주주의의 가치 내지 규범이고, 경험적 정의는 정치적 현실을 기술하고 설명하려고 한다. 그런데 민주주의의 개념정의에는 규범적이고 경험적인 정의를 절충시킨 규범적·경험적 정의도 있다. 이 밖에도 이데올로기적 정의가 있는데, 이는 어떤 공유적인 신념과 태도를 강조하는 점에서 앞의 세 가지 정의와는 다르다고 하겠다. 따라서 여기에서는 민주주의의 개념을 ① 규범적 정의, ② 경험적 정의, ③ 규범적·경험적 정의, ④ 이데올로기적 정의로 나누어서 구체적으로 살펴보기로 한다.[12)]

1. 규범적 정의

민주주의의 규범적 개념정의란 민주주의를 정치제도나 절차와 같은 정치현실로 파악하는 것이 아니라, 인간이 추구해야 할 이념이나 가치, 이상이나 목적을 민주주의개념으로 규정하는 규범적 또는 고전적인 민주주의개념이다. 그러한 정의를 내리는 대표적인 사람들로는 로크(J. Locke), 루소(J. J. Rousseau), 제퍼슨(T. Jefferson), 링컨(A. Lincoln), 밀(J. S. Mill) 등을 들 수 있다.

규범론자들은 민주주의를 당위론적 입장에서 정의내리고자 하였다. 이러한 당위적 실현의 대상은 자유와 권리, 평등과 복지 등이다. 예를 들어, 로크의 불가양적(不可讓的) 권리나 루소의 일반의지(general will), 링컨의 공동선(common goods), 제퍼슨의 자명한 권리, 밀의 절대적 자유 등과 같이 이들 모두가 주장하는 자유, 평등, 박애

12) Rejai, *op. cit.*, pp. 23-42.

정신 등이 바로 규범적 민주주의개념의 내용이자 목적이 되고 있다.

이러한 규범론적 관점의 사상가 중 로크, 제퍼슨, 밀 등은 특히 개인의 자유와 권리를 바탕으로 하는 개인의 복지에 우선적 관심을 가지고 있었기 때문에 이들을 개인주의학파라고 일컫는다. 반면에 루소와 링컨은 공동체나 사회 전체의 복지를 강조했기 때문에 이들을 집산주의학파라고 부른다. 개인주의학파가 개인의 자유와 권리를 강조한 데 비해, 집산주의학파는 평등에 가치를 부여하면서 공동의사와 공동선의 이상을 강조하였다. 따라서 이들에게 있어서 자유는 부차적인 관심사였다. 그러나 그렇다고 해서 이러한 구별이 절대적인 것은 아니었다. 왜냐하면 제퍼슨이나 링컨은 자유와 평등 모두를 중시했기 때문이다. 그런데 이러한 견해들은 인간이 근본적으로 선(善)하고 합리적이므로 정치적으로 자치능력이 있다는 가정에서 출발하고 있다.

이러한 규범주의, 즉 고전적 민주주의개념은 부단히 발전하여 언젠가는 인간의 이상을 완성시키겠다는 미래지향적 개념일 수밖에 없으므로 오늘의 현실보다 내일의 장기적 설계를 중요시한다고도 볼 수 있다.

그러나 1950년대 이후 이러한 규범적 개념정의는 행태주의(行態主義) 학자들과 엘리트 이론가들에 의해 그 근거가 박약한 것으로 비판되어졌다. 특히, 이러한 비판은 파레토(Vilfredo Pareto), 모스카(Gaetano Mosca), 미헬스(Roberto Michels) 등 주로 엘리트 이론가들로부터 비롯되었는데, 이들의 주요 비판내용은 다음과 같다.

첫째, 규범적 민주주의개념의 기본 전제인 '인간이 선하고 합리적인 존재'라는 가정은 근대 심리학의 연구결과로 볼 때 입증될 수 없다는 것이다.

둘째, 공동의사나 공동선과 같은 개념들은 신비적 · 직관적 · 관념적인 개념이며, 검증될 수 있거나 실제 느낄 수 있는 것이 아니라는 것이다.

셋째, 자연권과 자연법도 입증할 수 없을 뿐만 아니라 정치상황에 필요한 것도 아니라는 것이다.

넷째, 자유와 평등은 서로 상반된 가치로서, 어느 사회에서나 완전히 성취될 수 있는 것은 아니라는 것이다.

엘리트 이론가들은 이와 같이 비판하는 가운데 민주주의에 대한 분석은 무엇보다 객관적이어야 하며, 그러기 위해서는 관찰가능하고 입증가능한 사실에 기초해야 한다고 주장하였다.[13]

엘리트 이론가들에 의하면, 인간사회는 언제나 지배하는 소수와 지배를 받는 다수, 즉 엘리트(elite)와 대중(mass)간의 근본적인 구분을 특징으로 한다는 것이다. 엘리트 이론가들은 사회에 있어 지배적 지위를 둘러싼 투쟁집단들간의 폭력적 갈등의 입장에서 정치를 해석하였고, 지속적이고 폭력적인 권력투쟁의 입장에서 민주정치를 이해하였다. 예를 들어, 미헬스는 어떤 규모의 조직에도 리더십이 불가결하다고 주장하였다. 즉, 지도자가 애초에 민주적인 과정을 통해 선출된다고 할지라도 리더십은 제도화되고 자기영속화되며 과두화되는 경향을 지니며, 어떤 지도자가 다른 지도자로 대체된다고 할지라도 일반대중은 결코 자치를 하지 못한다는 것이다.[14]

요컨대, 고전적 민주주의이론에 대한 엘리트 이론가들의 반론이 중점으로 삼는 것은 인간생활에 있어 비합리적 충동의 우세, 이데올

---

13) Roberto Michels, *Political Parties*(New York: Collier Books, 1962), p. 365.

14) *Ibid.*, pp. 365-366.

로기와 신화의 중요성, 엘리트와 대중간의 불가피한 차이, 과두제의 불가피성이다. 따라서 엘리트 이론가들은 민주정치가 비합리적일 뿐만 아니라 불가능하거나 바람직하지 않은 형태의 정치제도이고, 대중은 무능하여 자치를 할 수 없으며, 소수가 언제나 다수를 지배하게 마련이라는 것이다.

이러한 비판에도 불구하고, 고전주의학파 외에 고전적 민주주의이론을 옹호하는 이른바 신고전주의학파(neo-classicist)가 있다. 이에 속하는 학자들로는 할로웰(John. H. Hallowell), 페녹(J. Roland Pennock), 레이니(Austin Ranny), 켄달(Willmoore Kendall) 등을 들 수 있다. 예를 들어, 할로웰은 "자연법은 모든 인간에게 보편적으로 적용되는 원리로서, 그것은 민주주의의 기초가 된다"고 주장하였다. 또한 그는 '인간은 합리적이고 도덕적이며 영적 존재(靈的 存在)'이므로 선(善)을 택할 능력이 있으며, 그 능력이 자유를 누릴 수 있게 할 뿐 아니라 그 자유가 바로 민주주의의 본질이라고 주장하였다.[15]

페녹의 경우, 그는 민주주의란 '삶의 방식'이며, 인간의 필수적인 도덕적 선의 개념을 완전히 발전시키는 것으로 보았다. 즉, 페녹은 민주주의를 '하나의 권력체계와 자유의 체계'로 정의하였다. 그는 권력체계란 자치정부의 권력을 말하며, 민주주의는 국민에 의한 정부를 의미한다고 보았다.

이 밖에도 레이니와 켄달 역시 민주주의개념을 고전적으로 접근하였다. 그들은 민주주의와 자치정부를 동일한 것으로 보았으며, 민주주의의 네 가지 특징으로 ① 국민주권, ② 정치적 평등, ③ 국민사이의 협의, ④ 절대 다수지배를 들었다.

---

15) John H. Hallowell, *The Moral Foundation of Democracy*(Chicago: Chicago University Press, 1954), pp. 25, 115, 128.

2. 경험적 정의

민주주의의 경험적 정의란 20세기 중반부터 미국의 여러 정치학자들이 주장하는 개념정의로서, 이념이나 이상에 중점을 두는 고전적 민주주의개념과는 달리, 정치제도와 구조 그리고 정치형태를 중요시하는 현실주의적 혹은 경험주의적 입장에서 해석하는 민주주의개념을 말한다. 이러한 개념정의를 하고 있는 대표적인 학자들로는 더빈(E. F. M. Durbin), 슘페터(Joseph A. Schumpeter), 프리드리히(Carl J. Friedrich), 다알(Robert A. Dahl), 샤트슈나이더(E. E. Schattschneider), 립셋(Seymour. M. Lipset) 등을 들 수 있다.

먼저 더빈은 민주주의에 대한 정의를 현실사회에서 찾아보고자 하였다. 그는 민주주의의 기본 요소는 자치정부가 아니라, 국민이 선출한 정치지도자들에 대한 국민의 통제권을 의미한다고 주장하였다. 또한 더빈은 민주주의의 특징으로 다음 세 가지 사항을 지적하였다.

첫째, 국민이 스스로 정부를 선택할 수 있는 제도를 갖춰야 하고,

둘째, 공식적으로 야당을 인정해야 하며,

셋째, 권력경쟁을 벌이는 정당이나 집단간의 관계는 상호 관용의 조건하에서 이루어져야 한다는 것이다.

특히, 민주주의에 대한 가장 영향력 있는 경험론자인 슘페터는 고전적 이론가들이 내세우고 있는 공동선이나 일반의지는 확인될 수 없는 가설에 불과하다고 전제하고, 민주주의를 다원적 정치사회에서의 리더십 및 경쟁과 관련하여 정의를 내렸다. 즉, 국민의 주요 임무는 정책결정이 아니라 정부를 수립하는 과업이라고 하면서, "민주주의는 유권자들을 대상으로 권력을 획득하기 위한 투쟁을 통하여

정치적 결정에 도달하는 제도적 장치"라고 주장하였다.[16)]

프리드리히는 민주주의를 '입헌민주주의(constitutional democracy)'와 동일시하였다. 그는 입헌주의의 특징은 권력분립이고, 권력분립을 통해 책임 있는 정부와 권력남용의 방지를 보장할 수 있다고 주장하였다. 즉, 그는 정부권력의 비대화와 독재를 방지하고, 정치적 책임을 확보하기 위해 권력에 대한 '견제와 균형(check and balance)'을 강조하였다.[17)]

한편 다알은 민주주의는 다수가 지배하는 것은 아니지만, 다수가 통치하는 의미를 지닌다고 하는 다원주의적 엘리트모델을 제시하였다. 그는 민주주의의 최소한의 조건은 "일반 시민들이 정치지도자들에 대해 비교적 고도의 통제력을 행사하는 과정"이라고 정의하면서, 민주주의란 사실상 다수결에 의한 '다두정치(多頭政治, polyarchy)'라고 하였다.[18)]

샤트슈나이더의 민주주의 개념정의는 다소 상이한 전제에 입각하고 있다. 그는 "민주주의는 국민이 의사결정과정에 참여할 수 있는 방법으로서, 권력경합을 벌이는 지도자들과 조직들이 공공정책의 여러 대안을 제시하는 경쟁적인 정치체계"라고 정의하였다. 그는 특히 민주주의의 고전적 정의를 배격하면서 "민주주의이론에 있어 지혜의 시작은 국민이 할 수 있는 일과 할 수 없는 일을 구별하는

---

16) Joseph A. Schumpeter, *Capitalism, Socialism and Democracy*(New York: Harper, 1963), p. 269.
17) 이에 대해서는 Carl J. Friedrich, *Constitutional Government and Democracy*(Waltham, Mass.: Blisdell Publishing Company, 1950)을 참고할 것.
18) Robert A. Dahl, *A Preface to Democratic Theory*(Chicago: University of Chicago Press, 1956), pp. 63-89.

데 있다"고 주장하였다.[19)]

마지막으로 립셋은 "민주주의는 정치지도자를 정기적으로 교체할 수 있는 법적 기회가 주어지는 정치제도"라고 규정하였다.[20)]

이상에서 살펴본 것처럼, 민주주의의 현대적 개념인 경험적인 개념은 정치운영과정에서 관찰이 가능한 변수로서의 인간행태의 유형과 제도, 절차를 중시하고 있음을 알 수 있다. 그러나 규범적인 민주주의개념이 현실을 무시하는 허점을 내포하고 있듯이, 경험적인 민주주의개념도 '무엇(what)'을 그리고 '왜(how)'에 대한 설명이 결여된 민주주의개념이라는 비판을 받고 있다.

3. 규범적 · 경험적 정의

민주주의의 규범적 · 경험적 개념정의란 우리 인간이 추구하는 이상과 현실, 목적과 수단, 가치와 사실, 내용과 형태는 상호작용관계이며 결코 분리될 수 없다는 논리에서 나온 절충적인 개념이다. 린제이 (A. D. Lindsay), 바커(Ernest Barker), 듀이(John Dewey), 매키버(Robert M. MacIver), 사르토리(Giovanni Sartori), 메이요(H. B. Mayo), 다운즈(Anthony Downs)가 대표적 학자들이다.

이들은 자유와 평등사상을 민주주의의 기본 이념으로 규정지으면서, 동시에 민주주의의 기본 원리로 ① 토론과 타협에 의한 정치, ② 다수결원칙과 소수의 권리 존중, ③ 정치권력 남용의 견제장치 등을 중요시하고 있다는 점에서 이들은 이상과 현실을 결부시킨

---

19) 이에 대해서는 E. E. Schattschneider, *The Semisovereign People*(New York: Holt, Rinehart and Winston, 1960)을 참고할 것.

20) Seymour M. Lipset, *Political Man: The Social Bases of Politics*(Garden City: Doubleday, 1960), p. 27.

이론가들이라고 하겠다.

먼저 린제이는 고전적 민주주의개념으로 지적된 국민대중의 직접적인 정치참여는 현실적으로 불가능하며, 국민의 주장이나 여론과 같은 것은 모두 신화에 불과하다는 주장을 하였다. 이와 더불어 그는 ① 토론에 의한 정치, ② 경쟁적 다수 정당의 존재, ③ 반대당의 의사 존중, ④ 상호간의 관용정신 등을 경험적 민주주의개념으로 주장하는 한편, 자유를 민주주의생활의 절대적 요소로 간주하였다.[21]

또한 바커도 린제이처럼 민주주의를 다수결원칙하에 소수가 지배하는 정부형태로 보고, 토론에 의한 정부를 중요시하고 있다. 그러나 바커는 린제이보다 더 평등주의자로서, 규범적 개념인 자유, 평등, 박애정신의 중요성을 강조하였다.[22]

듀이는 민주주의란 "일종의 통치양식, 즉 관리를 선출하고, 관리들의 행위를 규제하는 데 있어서의 특정관행을 의미한다"고 보았다. 그는 특히 개인의 복지와 공동체의 중요성을 강조하면서, 민주주의는 "단순한 정부형태만은 아니며, 그것은 공동생활의 한 양식이자 상호간에 교섭하는 경험의 한 양식"이라고 정의하였다.[23]

매키버도 듀이와 마찬가지로 민주주의개념이 공동체와 국가간의 근본적 차이에 입각하고 있다고 보았다. 그에 의하면, 국가가 공동체에 종속되는 경우에만 민주주의가 존재할 수 있다는 것이다. 즉,

---

21) A. D. Lindsay, *The Essentials of Democracy*(London: Oxford University Press, 1953), pp. 9-50.

22) Ernest Barker, *Reflections on Government*(London: Oxford University Press, 1942), p. 315.

23) John Dewey, *The Public and Its Problems*(New York: Henry Holt & Co., 1972), p. 82.

민주주의는 입헌주의의 확립을 통해 공동체와 국가의 차이를 확인하고 강화하며, 공동체를 국가보다 우위에 서게 한다는 것이다. 또한 매키버는 민주주의를 사상적 내지 결사적 자유를 포함하는 일련의 자유의 입장에서 정의하고 있다. 그에 의하면, 자유야말로 공동체의 필수조건인데, 그 이유는 자유를 통해 민주주의는 국가로부터 공동체를 보호하기 때문이라는 것이다.

따라서 매키버는 자유 없이 민주주의는 불가능하며, 동시에 민주주의는 단순한 통치형태가 아니라 통치자와 통치목적을 결정하는 방식이며, 민주주의와 다른 정부형태간의 차이점은 토론과 투표를 통한 국민의 지도자 선출권의 유무로 알 수 있으므로 민주주의란 곧 '여론의 지배(the rule of public opinion)'라고 주장하였다.[24]

끝으로 사르토리는 자유민주주의의 주창자이다. 즉, 그는 자유주의의 본질은 자유이며, 민주주의의 본질은 평등이므로 자유와 평등을 합치면 자유민주주의가 된다고 하였다. 또한 그는 자유민주주의는 다수결원칙과 소수 권리의 존중을 보장하는 정치제도여야 한다고 하면서 자신의 민주주의개념은 고전적 민주주의개념을 확대·완성시킨 것이라고 주장하였다.[25]

이상에서 살펴본 것처럼, 민주주의의 규범적·경험적 정의는 고전적인 규범적 정의와 현대적인 경험적 정의를 절충시키고자 하는 정의이다. 또한 규범적·경험적 정의는 민주주의 규범의 절대성을 회피하려는 경향과 다원주의, 경쟁, 리더십, 통제와 같은 경험적 명제들을 포용하려는 경향을 특징으로 하고 있다.

---

24) Robert M. MacIver, *The Web of Government*(New York: Macmillan, 1947), p. 205.

25) Sartori, *op. cit.*, pp. 353-378.

4. 이데올로기적 정의

민주주의의 여러 개념들 중에서 특히 규범적 정의는 이데올로기의 특징을 갖는다. 자연법, 자연권, 국민주권, 일반의지와 같은 개념들은 엄밀히 말해서 이데올로기적 영역에 속한다. 그러나 민주주의의 여러 정의에 이데올로기적 요소가 단순히 존재한다고 해서 명백히 이데올로기적 관점에서 민주주의를 다루려는 시도로 볼 수는 없다. 다시 말해서, 민주주의의 경험적 정의만이 비이데올로기적이다. 왜냐하면 경험적 정의는 우리가 눈으로 관찰할 수 있는 경험적 현상과 관계가 있고, 검증을 가능하게 하기 때문이다. 이 점에서 우리가 관심을 기울이는 것은 이데올로기적 시각에서 민주주의를 접근하려 하고, 분명히 이데올로기적 성격을 갖는 민주주의개념을 발전시키려고 한 학자들이다.

민주주의의 이데올로기적 정의란 민주주의를 하나의 이데올로기로 보는 시각이다. 이러한 입장은 민주주의 자체를 하나의 정치적 이데올로기로 받아들이는 견해로서, 이념이란 현실을 위장하는 이론체계 또는 신조라고 보며, 그것을 토대로 국민들 대다수가 공유하게 된 특정의 믿음, 정치태도, 행동습관 등과 결부시키는 견해이다. 이러한 입장을 취하는 학자들로는 윌리엄스(Bernard Williams), 맥클로스키(Herbert McClosky), 바르부(Zevedei Barbu) 등을 들 수 있다.

윌리엄스는 이데올로기를 어떤 가치뿐만 아니라 어떤 행동원리를 구현하는 일반적인 그리고 다소 통합된 사회적 · 정치적 신념의 집합체로 본다. 그의 주장에 의하면, 이데올로기라는 말은 전체주의에 적용가능한 것처럼 민주주의에도 적용가능하다는 것이다. 윌리엄스의 분석이 특별히 예리하거나 논리적인 것은 아니다. 그가 자신의 이데올로기 논의를 대체로 관용(tolerance)에 국한시키고 있는 한 그의 분석은 분명히 불충분하고 불완전하다. 그러나 윌리엄스는 민주주의를 이데올로기로서 접근한 데 특징이 있고, 이러한 이유 때문에 그를 이러한 부류의 정의에 포함시키게 된다.26)

맥클로스키는 민주주의의 이데올로기적 요소로서 동의, 책임, 제한적 내지 입헌적 정부, 대의제도, 다수결과 정치적 반대의 원리, 사상・언론・출판・집회의 자유, 법 앞의 평등 및 기회의 평등과 같은 개념들을 들고 있다. 그러나 이러한 요소들은 맥클로스키가 가정하는 것과 같이 통합적인 것이 아니다. 우리가 이데올로기를 신념의 문제이고 경험적 검증의 문제가 아니라고 이해하는 경우, 그러한 요소들이 모두 이데올로기적인 것도 아니다. 예컨대, 사상의 자유, 개인의 자결 등은 신념의 문제로 볼 수도 있지만, 책임과 법 앞의 평등과 같은 개념들은 경험적으로 확인가능한 것이다.27)

바르부는 민주주의의 가장 추상적이고 폭넓은 이데올로기적 정의를 내린 사람 중의 하나이다. 그에 의하면, 민주주의가 이데올로기의 입장에서 설명될 수 없다는 이유로 해서 민주주의가 이데올로기의 성격을 갖지 않는다고 말할 수는 없다는 것이다. 바르부는 민주주의를 국민주권, 보통선거, 다수결 등의 입장에서 정의하는 데 대해 그 타당성을 의문시한다. 이러한 개념들은 그것들을 둘러싸고 있는 이데올로기적 분위기는 별개로 하더라도 민주주의정부에 고유한 특성이 아니고 전체주의체제에 의해서도 이용될 수 있고, 또한 실제

26) Bernard Williams, "Democracy and Ideology," *The Political Quarterly*, vol. 32(Oct.~Dec. 1961), pp. 374-384.

27) Herbert McClosky, "Consensus and Ideology in American Politics," *American Political Science Review*, vol. LVIII(June 1964), pp. 362-363.

이용되었기 때문이다.

따라서 바르부는 민주주의를 "모든 사람들에 의해서 혹은 다수자에 의해서 공유된 심리상태, 즉 어떤 경험, 태도, 편견, 신념"이라는 입장에서 정의하고 있다. 이러한 태도 및 신념 중에는 다음과 같은 사항들이 포함된다. ① 영속적 변화, 유동성, 조정에 대한 의식, ② 개인적인 정치참여에 대한 의식과 개인이 변동의 적극적 원동력이고, 자기 자신의 사회의 창조자라고 하는 신념, ③ 권위에 대한 합리적 태도와 권위의 상대적 및 대표적 성격에 대한 인식, ④ 급변하는 환경에 질서를 가져올 수 있는 능력으로서 이성을 믿는 태도 등이 그것이다.[28)]

이러한 것들은 민주주의의 주요 이데올로기적 정의들이다. 그러나 엄밀히 말해서, 민주주의에 대한 대다수의 문헌이 이데올로기적 성격을 갖는다고 지나치게 강조될 수는 없다. 그러나 이러한 정의를 특별히 다루는 이유는 이러한 정의가 분명히 이데올로기적 관점에서 민주주의를 자의식적으로 접근하고 있으며, 또한 민주주의의 특징으로서 '공유적 신념 및 태도'를 강조하고 있기 때문이다.

이상에서 민주주의의 다양한 개념정의를 네 가지 관점을 통해서 살펴보았는데, 그 결과 진정한 민주주의란 이념과 제도, 목적과 수단, 내용과 방법을 분리시킬 수 없다는 점을 알게 되었다. 요컨대, 규범적 내지 고전적 정의는 오늘날 신고전학파들이 다 같이 공유하는 관심인 어떤 가치를 극대화하는 데 주로 관심을 두었다. 이와는 대조적으로 경험적 정의는 정치현상을 객관적 입장에서 기술·설명하려 한 데 그 특징이 있다. 한편 규범적·경험적 정의는 규범적 정의와 경험

---

28) 이에 대해서는 Zevedei Barbu, *Democracy and Dictatorship*(New York: Grove Press, 1956)을 참고할 것.

적 정의를 조화시키려 하였고, 이데올로기적 정의는 민주주의의 특징으로서 어떤 공유적 태도 및 신념의 중요성을 강조하였다.

국민을 위한다는 목적과 이상만으로 민주주의가 가능하다면, 독재자가 자기 기준에 의해 국민을 위한 정치를 해도 민주주의라고 볼 수 있을 것인가? 그것은 결코 아닐 것이다. 그러므로 무엇이 국민을 위한 것인가도 국민 스스로가 결정하는 국민에 의한 정치라야 민주주의인 것이다. 비록 국민의 결정이 국민을 위한 것이 아닐 지라도 국민 스스로의 결정이라면 민주주의가 되는 것이다. 반대로 국민을 위한 정치라도 국민에 의해서 결정된 것이 아니고 독재자나 소수의 결정이라면 그것은 소수정치 혹은 독재정치이지 결코 민주정치는 아니다. 그러므로 민주주의는 민주적 이념(규범적 개념)뿐만 아니라 국민에 의한 정치를 가능케 하는 현실적 정치제도와 절차(경험적 개념)가 포함되어져야 한다고 말할 수 있다.

20세기에 들어와서 민주주의의 개념은 국민대중이 스스로 통치하는 정부형태라는 어원적 의미로부터 민주적 정부형태를 밑받침하여 그것을 가능하게 하는 생활방식과 행동양식까지 포괄하는 개념으로 발전하게 되었다. 사실상 생활방식과 행동양식으로서의 민주주의를 이해하지 못하고, 그것이 국민들의 성격에 내면화되어 있지 않은 나라에서는 민주주의의 순조로운 발전을 기대할 수가 없다. 정치적 민주주의는 민주적 생활방식과 행동양식이 제도적으로 표현되었을 때 나타나는 정부형태이다.

민주주의는 현실적이며 구체적인 것이 되어야 하기 때문에 그것이 모든 개인의 사고방식에까지 깊이 뿌리를 내리지 못한다면 결코 완전무결한 것이라고 말할 수 없다. 따라서 사회생활을 영위해 나가는 데 있어서 여러 가지 형태로 나타나고 있는 민주주의를 근본적으로 인식하는 사고방식으로서의 민주주의의 확립이 필요하다. 이런 관점에서 볼 때, 민주주의란 국민에 의해 사회의사가 창조되는 인간 생활의 행동양식 또는 실천원리인 동시에, 국민을 위한 정치적 이념과 국민에 의한 정부형태라고 규정지을 수 있다.

제2장
민주주의의 발달과정

민주주의는 단순한 이론적 개념이 아닌 역사적 개념이며, 또한 민주주의는 특수한 개념이 아닌 보편적 개념이다. 다시 말해서, 민주주의는 사회주의나 공산주의와 같이 이론적 창시자가 있는 것도 아니고, 어느 특정 시대의 산물도 아니다. 다만 민주주의는 장구한 역사적 시간과 공간 속에서 발전해온 이데올로기이자 정치형태로서, 오늘날 전 세계에서 가장 보편적이고 주목받는 이데올로기가 되고 있다.

따라서 여기에서는 이러한 민주주의가 사상적인 측면에서 어떻게 발달해 왔는가 하는 점뿐만 아니라 그와 관련하여 발생되어 온 주요 역사적 사건들을 중심으로 살펴보기로 한다.

제1절 고대와 중세의 민주주의

고대 민주주의는 아테네 직접민주주의로 특징지어진다. 기원전 6세기 말경 아테네에서는 민회(民會)와 오스트라시즘(ostracism)이라는 방식을 통해 직접민주주의를 광범위하게 시행하고 있었다. 또한 로마시대에는 로마법의 제정을 통해 국가권력을 제한하는 법적 규정과 시민의 권리를 명백히 하는 등 민주주의사상의 발달에 기여하였다.

그런데 전형적인 계급사회였던 중세사회에 들어와 일부 왕족과 귀족이 권력을 독점하는 반면, 인권이 철저히 무시되는 등 민주주의의 쇠퇴기미를 보이게 되었다. 그러나 인간의 존엄성과 평등사상을 강조한 기독교사상과 영국에서의 민권 신장은 어느 정도 민주주의 발달에 영향을 미치게 되었다.

1. 아테네의 민주주의

시민에 의한 통치체제를 갖춘 최초의 역사는 고대 그리스의 도시국가(polis) 중의 하나인 아테네에서 찾아볼 수 있다. 2천 5백여 년 전의 그리스는 오늘날과 같은 통일국가가 아니라 작은 도시국가로 분할되어 있어서 각기 독립된 정치체제를 가지고 있었다. 당시 그리스의 여러 도시국가는 각각의 법률과 군대를 지닌 독립적 실체로서, 시민들은 자신이 속한 도시국가에 충성할 따름이었다. 이는 아테네에서 민주주의가 발전하게 된 하나의 유리한 조건이었다. 영토의 규모가 작았던 만큼 시민들은 누구나 국사(國事)에 공동관심을 가질 수 있었고, 그것에 관여할 기회가 있었다.

그런데 아테네에서는 당시의 지배적 통치체제인 군주제와 귀족제를 타파하고, 시민 대다수의 정치참여를 허용하는 대의적 통치체제를 수립하였다. 즉, 아테네에서는 시민 다수가 야외광장에 모여 행정권을 담당할 대표를 선출하고, 법을 제정하는 민회를 구성했으며, 범법자에 대한 형을 결정하는 등 주요 정책결정에 직접 참여하였다.

비록 아테네에 있어서 실제로 정치에 참여한 사람들은 여자와 노예, 이방인들을 제외한 선민집단으로서, 소수의 성인들에 한하여 정치참여가 인정되었다. 그럼에도 불구하고, 당시 그리스의 다른 도시국가가 군주정치나 귀족정치를 채택한 것과는 달리, 아테네의 통치체제는 참주정치를 비난하고, 법의 존중을 강조하며, 시민 다수의 정치참여를 권장했다는 점에서 상대적으로 보다 민주적이었다고 할 수 있다.

그런데 당시 그리스의 사상가들이 오늘날과 같이 모두 민주주의를 좋게만 생각한 것은 아니었다. 먼저 그리스의 대표적 사상가인 플라톤(Platon)은 그의 대표적 저서인 『국가론(*The Republic*)』을 통해 일반 시민에 의해 지배되는 민주정치보다는 철인왕(哲人王, King of Philosopher)에 의해 통치되는 귀족정치를 가장 좋은 정치형태로 생각하였다. 왜냐하면 철인왕은 이성과 지혜 그리고 도덕을 갖추고 있을 뿐만 아니라 권력을 위한 투쟁과 부패로부터 벗어날 수 있으며, 또한 정의에 따라 올바른 정치를 행할 수 있다고 보았기 때문이다. 즉, 플라톤은 "정치란 인간영혼의 최고선을 실현하는 것"이라 하여 정치를 윤리적 · 철학적 예지의 작업으로 보았다. 다시 말해, 당시의 도시국가에는 통치계급으로서의 정치인과 수호계급으로서의 군인 그리고 생산계급으로서의 농 · 공 · 상인이라는 세 계급이 존재했는데, 플라톤은 이들 계급이 각기 지혜와 용기, 절제의 덕을 갖출 때 비로소 '정의(正義)의 공동체'가 실현될 수 있다고 보았다.

한편 아리스토텔레스(Aristoteles)는 자신의 저서인 『정치학(*The Politics*)』을 통해 정치를 정의의 공동체를 실현하는 수단으로 보고, 가장 좋은 정부형태는 귀족정치와 민주정치를 혼합한 혼합정치형태(politeia)라고 주장하였다. 참고로 아리스토텔레스가 분류한 정치체제를 살펴보면 다음과 같다.

표. 아리스토텔레스의 정치체제 분류방식

최고 권력자수	공익을 목적	사익을 목적
1인	군주정치(monarchy)	폭군정치(tyranny)
소수	귀족정치(aristocracy)	과두정치(oligarchy)
다수	민주정치(democracy)	중우정치(ochlocracy)

또한 플라톤은 『법률론(*The Laws*)』을 통해 정치권력에 대한 법적 제재의 필요성을 역설하였으며, 아리스토텔레스도 입헌주의(立憲主義)를 강조함으로써 법의 존중이 필요하다고 주장하였다.

이처럼 그리스의 사상가들은 시민들의 정치참여를 의미하는 시민권(citizenship)을 강조하고, 폭군정치를 비난했을 뿐만 아니라 법의 존중을 강조함으로써 나름대로 민주주의사상에 기여하였다.

2. 로마법의 제정

로마시대에 있어서 민주주의사상과 관련된 것으로는 로마의 법률가인 키케로(Cicero)에 의해서 완성된 로마법을 들 수 있다. 로마법은 자연법, 국제법, 시민법 등 세 가지로 이루어져 있었다. 그 중에서 자연법은 모든 사람들에게 공통된 영구불변적이며 보편타당성을 지닌 도덕률로서, 자연법은 인간에게 부여되는 자연권을 최초로 밝히고 있을 뿐만 아니라 그러한 자연권은 어느 누구에 의해서도 부정될 수 없는 것이라고 키케로는 주장하였다.

보다 구체적으로 말해서, 키케로의 자연법사상은 자연법 앞에서 모든 인간은 평등할 뿐만 아니라 동등한 권한을 누리며, 자연법은 인간에게 자연권을 부여한다는 것이다. 즉, 자연법은 신(神)의 이성의 표현이므로 인간의 법이나 국가에 우선하며, 인간의 자연권도 국가에 우선한다는 사상을 말한다. 따라서 키케로는 개인의 평등사상이 국가에 우선한다는 자연법개념을 체계화시킴으로써 민주주의의 이상인 평등사상을 강조하였다.

이처럼 로마법은 사회적 선과 공정을 기한다는 법의 정신을 확립했을 뿐만 아니라 국가권력을 구속하는 법적 규정은 물론, 시민의 권리를 명백히 하고, 노예의 구제책을 법에 명시함으로써 민주주의사상의 발달에 크게 기여하였다.

그런데 이러한 키케로의 자연법사상은 그 후 중세의 대표적 사상가인 토마스 아퀴나스(Thomas Aquinas)에 의해 보다 구체화되어 기독교적 자연법사상으로 발전하였고, 17세기에 이르러서는 홉스(T. Hobbes), 로크(J. Locke), 루소(J. J. Rousseau) 등에 의해서 사회계약론으로 발전되었다.

그럼에도 불구하고, 그리스와 로마에서 민주주의가 성행하지 못했던 주요 요인으로는 ① 고대 경제사회에서 노예제도가 존재했다는 점, ② 정치참여의 기회가 단지 소수의 특권계급에게만 부여되어 있었다는 점, ③ 개인의 참정권에 관한 민주주의이론의 부재, ④ 국가개념의 부재 등을 들 수 있다.

3. 중세의 민주주의

중세시대는 '민주주의의 암흑기'라고 일컬어질 만큼 민주주의사상이 발전할 수 있는 사회적 여건이 제대로 조성되어 있지 못하였다. 중세사회는 선천적 신분의식에 입각한 전형적인 계급사회로서, 강력한 통치체제를 갖춘 봉건제도의 일부 왕족이나 귀족, 봉건영주 등이 모든 권력을 독점하고 있었다. 또한 교회와 봉건영주의 결탁에 의한 인권침해가 무수히 벌어졌으며, 인간에 대한 신의 절대권이 강조되는 등 인권은 철저히 유린당했다.

그러나 당시의 기독교사상은 인간에 대한 존엄성과 평등사상을 내포하고 있었기 때문에 잠재적으로는 민주주의사상에 도움이 되는 것이었다. 예를 들어, 기독교의 평등사상은 신 앞에서 모든 인간은 도덕적으로 평등할 뿐만 아니라 정치적 권위에 대한 복종은 절대적인 것이 아니라 조건적이라는 점을 밝히고 있었다.

특히, 중세의 대표적 사상가인 토마스 아퀴나스는 자연법을 신의 이성이자 지혜의 계획 그리고 창조의 법이라고 하여 종교적인 시각에서 바라보았으며, 세계는 그러한 자연법에 따라 지배될 뿐만 아니라 신의 지배는 영원한 것이기 때문에 자연법 또한 영원하다고 보았다. 즉, 아퀴나스는 자연법이란 인간행위의 최종조정자로서, 그것은 통치자뿐만 아니라 일반국민들에게도 그대로 적용된다고 주장하였다.

또한 중세에 있어서 민주주의사상은 1215년 영국에서 「대헌장(Magna Charta)」이 제정되고, 1295년에는 모범의회가 구성됨으로써 다소 진전의 기미를 보이게 되었다. 특히, 대헌장은 전문 63조로 구성된 최초의 자유선언으로서, 법에 의한 재판뿐만 아니라 생명과 자유 그리고 재산을 보장하는 내용을 담고 있었다. 즉, 대헌장은 과세, 재판 등 세속적인 봉건귀족의 권리를 제한하는 것이었기 때문에 일반시민들의 권리는 과거에 비해 다소 신장되었다. 또한 대헌장은 영국헌법의 기초가 되었을 뿐만 아니라 다른 나라의 인권사상과 자유사상의 발달에도 커다란 영향을 미치게 되었다.

제2절 근대민주주의와 사회계약론

근대민주주의는 봉건제도, 특히 절대왕정이 붕괴되어 중세의 사상체계가 무너지는 데서 그 발단을 보게 되었다. 즉, 절대주의는 16~18세기 동안 자본주의가 발달함에 따라서 새롭게 대두한 부르주아계급이 정치적・경제적 자유를 요구함에 따라 도전을 받게 되었다. 특히, 17세기 이후에는 절대왕정에 반대하는 시민계급이 중심이 되어 일련의 시민혁명 — 예를 들어, 영국의 청교도혁명과 명예혁명, 프랑스대혁명, 미국의 독립혁명 등 — 을 일으킴으로써 민주주의의 일대 전환기가 마련되었다.

그런데 이러한 시민혁명의 지도사상은 르네상스와 종교개혁과정의 계몽사상으로 발달을 보게 된 자연법적 민권사상과 그것에 근거한 사회계약론이었다. 따라서 여기에서는 근대민주주의를 발전시키는 데 있어서 주요 원동력이 되었던 르네상스와 종교개혁운동 그리고 사회계약론을 중심으로 살펴보기로 한다.

1. 르네상스와 종교개혁운동

중세시대는 12세기에서 14세기 사이에 도시의 부활과 함께 종식되었다. 그런데 도시의 부활은 상인, 은행가 등 중산계급의 출현을 가져왔을 뿐만 아니라 종교적인 권위대신에 세속적인 권위가 보다 중시되는 경향을 초래하였다. 또한 14세기에 이르러서는 교회의 권위가 중대한 도전을 받게 되었으며, 이탈리아를 중심으로 르네상스(Renaissance)가 발생되어 인간존중사상과 자유사상이 점차 유럽 전역으로 확산되었다.

르네상스는 단순한 문예부흥운동이 아니라 사상적 측면에서 인간을 억압하는 자와 종교 및 사회로부터 인간성을 회복하고, 이성의 자유를 획득하려는 것이었다. 르네상스시대의 역사가인 부르크하르트(Jacob Burckhardt)가 "르네상스의 핵심은 인간의 발견이자 개인의 자기표현과 자아실현에 대한 강조이다"라고 지적한 바와 같이, 르네상스는 자유와 인간성을 되찾으려는 운동으로서, 중세 봉건적 억압에 대한 반항과 자아의 발견을 주된 목표로 삼고 있었다.

또한 르네상스의 중요한 기여 중의 하나는 세속국가에 대한 개념이다. 당시의 주요 사상가인 마키아벨리(Machiavelli)는 자신의 저서인 『군주론(*The Prince*)』을 통해 정치질서의 안정에 대해 깊은 관심을 표명하였다. 마키아벨리는 로마교황의 세속적 권력에 반대하고, 교권으로부터 정치를 해방시켜 종교를 정치의 권위 밑에 예속시킬 것을 주장하였다. 또한 마키아벨리는 주권은 국민에게 있는 것이 아니라 통치자나 국가의 수중에 놓여 있는 최고의 절대적인 권력이라고 주장하였다.[1] 이러한 마키아벨리의 주장은 절대군주론을 의미

1) 마키아벨리, 임명방(역), 『군주론』(서울: 삼성출판사, 1979), pp. 107-115.

하는 것으로서, 이러한 권력의 집중은 필연적으로 권력의 남용이나 부패를 가져올 것이기 때문에 분명 민주주의사상에는 배치되는 것이었다.

절대주의시대의 이론가로는 마키아벨리 외에도 보뎅(Jean Bodin)과 홉스를 들 수 있다. 이들은 봉건영주간의 전쟁으로 일어난 혼란을 극복하고, 민족국가의 통일과 평화를 가져오기 위해서는 권력을 군주의 손에 절대적으로 귀속시켜야 한다는 민주주의와는 거리가 먼 절대군주론을 주장하였다.

르네상스가 15세기에 있어서 유럽인들의 사상과 생활에 새로운 활력을 불어넣은 하나의 역사적 사건이었다고 한다면, 종교개혁운동은 16세기에 있어 유럽인들의 정신생활에 일대 변혁을 일으킨 사건이라 할 것이다.

16세기에 들어오면서 독일의 신학자인 루터(Martin Luther)의 주도하에 종교개혁운동이 일어나게 되었다. 종교개혁은 개인주의를 지향하는 수많은 사회적 · 정치적 · 경제적 변화에 대한 종교적 변화였다. 특히, 종교개혁은 개인적 양심의 우월성과 신과 인간 사이의 직접적인 관계의 가능성을 강조하였다. 즉, 루터의 종교개혁의 요점은 ① 정교(政教)의 분리, ② 교권 우위의 부인, ③ 기독교도의 평등, ④ 신과 기독교도 간의 직접적인 교섭, ⑤ 성서의 존중이었다. 이러한 종교개혁, 특히 신교의 발달은 자본주의의 발전과 일맥상통하는 것으로서, 그것은 민주주의정부의 출현에도 도움을 주는 것이었다.

종교개혁은 신 · 구 양 교파의 분열과 항쟁을 거치는 과정에서 자유로운 비판정신에 토대를 둔 개혁사상이 더욱 확대되었으며, 여기서 시민계급 가운데 개혁론자들의 지지를 얻게 되었다. 나아가 사회적 · 정치적 신 · 구 양 세력의 대립을 결합시키게 되었던 것이다. 그리하여 종교상의 자유사상, 즉 신앙의 자유와 양심의 자유는 시민적 자유, 정치적 자유와 결합되어 민주주의를 위한 가장 기본적인 이념이 된 것이다.

2. 사회계약론

17세기와 18세기는 민주주의의 부활을 가져다준 시기였다. 즉, 영국에서는 1688년 명예혁명을 비롯한 민권운동이 일어났고, 프랑스에서는 계몽주의운동과 더불어 1789년에 자유와 평등 그리고 박애를 부르짖는 대혁명이 일어났으며, 미국에서는 1776년 독립혁명이 발생하는 등 역사적으로 중대한 사건이 많이 발생하였다. 또한 사상적으로도 홉스와 로크, 루소에 의해서 '사회계약론(theory of the social contract)'이 발전하였다.

사회계약론이 17~18세기에 대두하게 된 이유는 그것이 국민주권을 강조했을 뿐만 아니라 절대군주의 지배에 대한 반항을 나타냈기 때문이다. 즉, 사회계약론은 ① 개인의 자유에 대한 강조, ② 국민의 동의에 토대를 둔 정부, ③ 인간에 대한 지배의 정당화를 의미하였다.

(1) 홉스의 사회계약론

먼저 홉스는 자신의 저서인 『리바이어던(*Leviathan*, 1651)』을 통해 인간의 자연상태는 이기적인 본능이 이기적인 행동으로 변모한 투쟁의 상태라고 보았다. 이처럼 본질적으로 사악하고 이기적인 존재인 인간은 자기보전의 본능 때문에 상호간의 이익침해를 저지하기 위해 '만인의 만인에 대한 투쟁'을 벌이게 된다고 보았다.

따라서 인간은 이러한 비참한 상태에서 벗어나기 위하여 자발적

계약을 통해 그의 자연권을 모두 통치자에게 위임함으로써 국가가 성립된다고 주장하였다. 이러한 계약은 각자의 모든 권리를 아무 조건 없이 그리고 영원히 통치자에게 양도하여 그 지배에 복종하겠다는 내용이었다. 다시 말해서, 국민은 스스로의 자주권을 일체 포기하여 통치자에게 절대 복종함으로써 타인의 침해로부터 자기를 보전하고자 한다는 것이었다. 이처럼 홉스는 일단 국민이 통치자에게 위임한 통치권은 절대적이며 무제한적이어야 한다고 하여 절대군주론을 옹호한 반면, 국민의 혁명권을 부인하였다.[2)]

이러한 홉스의 사상은 사회질서와 정치질서를 보장하기 위한 국가의 충분한 권력과 개인의 자유를 모두 확립할 필요성을 강조한 것이었지만, 국가행위를 제약하는 데 필요한 원칙이나 제도를 형성하지는 못하였다.

(2) 로크의 사회계약론

로크는 홉스와는 달리 인간을 선천적으로 자유롭고 평등하며 독립적인 존재로 보았다. 그런데 로크의 사회계약론은 모든 인간에게 이해될 수 있는 도덕적 · 보편적 · 항구적 현상으로서의 자연법에 토대를 두고 있었다. 따라서 로크는 개인의 생명과 자유, 재산과 같이 개인의 절대적이며 양도할 수 없는 권리인 자연권을 보장하기 위해 국민 개개인은 자유의지로 계약을 통해 국가를 형성하게 되었다고 주장하였다.

그런데 로크에게는 국가의 형성으로 국민의 모든 권리가 국가에 양도되는 것은 아니었다. 비록 입법권과 행정권은 국가에게 양도되

2) 홉스, 한승조(역), 『리바이어던』(서울: 삼성출판사, 1979), pp. 221-236.

지만, 최고의 권력인 주권은 궁극적으로 국민에게 있다는 것이었다. 또한 이러한 권한의 양도는 개인들의 동의에 바탕을 두는 것으로서, 이러한 동의는 바로 지배자의 권한행사에 있어 정당성을 제공해 주는 것이다.

따라서 인간은 자신의 의지와 관계없이 다른 사람에게 맹목적으로 복종해서는 안 된다는 점을 강조하였다. 만약 통치자가 계약을 위반하여 자신의 권한을 남용하여 국민들로부터 신망을 잃어버릴 경우, 그는 혁명이나 폭력을 통해 타도될 수 있다고 하여 통치자에 대한 국민의 혁명권을 인정하였다.

이러한 로크의 사회계약론은 1688년 영국의 시민혁명을 지지하는데 주요 목적이 있었으며, 이러한 사상은 미국의 독립혁명에도 영향을 미치는 등 근대민주주의의 발달에 크게 기여하였다.

(3) 루소의 사회계약론

루소는 로크와 같은 대의적 통치권을 부정하고, 일반의지에 의한 직접민주정치를 주장하여 정부는 국민의사를 실행하는 대리자에 불과한 것이며, 절대로 국민을 대표하는 것이 아니라고 하였다.

루소는 그의 대표적 저서인 『사회계약론(*The Social Contract*, 1762)』을 통해 로크와 마찬가지로 인간은 선천적으로 선한 존재이기 때문에 자연상태에서도 행복한 생활을 영위할 수 있다고 보았다. 그러나 루소는 인간의 성격과 정부의 기능이 조화되어지는 정치적 유토피아, 즉 강제나 힘이 존재하지 않는 사회를 건설하는 것에 중점을 두었다.

또한 루소는 인간이 자연상태로부터 시민사회로 전환하는 것은 인간의 자발적 행위의 산물인 사회계약을 통해서만 이루어질 수 있다고 주장하였다. 즉, 계약을 통하여 도덕적인 인간은 사회에 사는 것을 자발적으로 선택한다는 것이다. 이와 함께 루소는 단순한 동의는 너무 수동적이기 때문에 정치사회의 건설에 각 개인의 적극적이고 자발적인 참여가 요망된다고 주장하였다.

이처럼 루소는 로크와 마찬가지로 인간은 계약에 의해 국가를 형성한다고 보았으나, 홉스와는 달리 계약에 의해 주권이 통치자에게 이양되는 것이 아니라 국민 전체의 권리로 남는다고 보았다. 즉, 개인과 정부간의 계약은 오로지 일반의지에 의해 이루어지며, 정부는 단순히 국민의사를 집행할 뿐이라고 하였다. 이와 같이 루소는 홉스처럼 주권의 절대성을 주장했으나, 주권의 소재는 군주가 아닌 국민에게 있다고 하여 주권재민론을 주장하였다. 또한 루소는 로크와 같이 정부의 계약위반에 대한 국민의 저항권을 인정하였다.

비록 로크와 루소는 일부 문제에 대해서 견해를 달리하였으나, 그들의 사회계약론은 개인의 권리를 강조하고, 권위주의적 지배에 반대하며, 정치적 정통성의 토대와 국가와 통치자에 대한 복종의 근거 등을 밝히고 있다는 점에서 그 공통성을 찾아볼 수 있다.

이상에서 사회계약론을 주장한 홉스와 로크 그리고 루소의 견해를 비교해서 살펴보았는데, 그들의 사회계약론은 다음과 같은 몇 가지 점에서 차이를 보이고 있다.

첫째, 홉스는 국민과 통치자간의 계약을 말했으나, 로크는 국민 사이의 계약을 주장하였다. 즉, 로크의 사회계약론은 통치자와의 계약이 아니라, 개개인이 통치자에게 그들의 권리를 양도한다는 것이다. 한편 루소는 정부와 개인간의 계약을 뜻하였으나, 통치자에 대한 주권의 이양을 의미하지는 않았다.

둘째, 로크와 루소는 통치자가 계약을 위반할 때 국민의 저항권

내지 혁명권을 인정하였으나, 홉스는 국민의 혁명권을 부인하였다. 왜냐하면 홉스는 주권제한에 대한 논쟁은 또다시 혼란을 초래하므로 통치자의 절대적 통치권을 인정해야 한다고 주장하였다. 홉스는 영국의 스튜어트왕조의 절대군주권을 옹호하려는 데 저의가 있었고, 로크는 스튜어트왕조를 반대하는 혁명권을 강조하였다.

셋째, 주권의 소재에 있어서 홉스는 통치권은 국민의 권리를 보장해 줄 통치자에게 있다고 보았으나, 로크와 루소는 주권은 궁극적으로 국민에게 있다는 주권재민론을 주장하였다.

제3절 19세기의 민주주의사상

19세기 이전에도 민주주의의 발달에 기여한 여러 사건들이 발생했지만, 민주주의를 사상적으로 발전시키기 위한 시도는 제대로 이루어지지 않았다. 그러나 19세기에 들어와서는 민주주의가 사상적으로 체계화되기 시작했는데, 그것은 주로 제퍼슨, 링컨, 밀, 토크빌 등에 의해 이루어졌다.

1. 제퍼슨의 민주주의사상

제퍼슨(Thomas Jefferson)은 기본적으로 로크의 자연법사상을 계승·발전시켰다. 그러나 제퍼슨은 로크의 '생명·자유·재산'에 대한 자연권 대신 '생명·자유·행복의 추구'에 관한 개인의 자연권을 주장하였다. 그는 사상과 표현의 자유의 절대성과 평등사상, 개인의 복지와 공동이익을 동시에 중요시하였고, "공화정부의 기초는 모든 시민의 평등성에 있다"고 강조하였다.

제퍼슨은 정부는 국민들간의 동의의 산물이며, 주권은 국민에게 있다고 하여 주권재민사상을 주장하였다. 또한 그는 정부의 주요 기능은 모든 시민의 자유와 평등을 보장하고 보전하는 것이라고 하여 국가권력의 최소기능이 개인의 자유를 최대한 보장하는 길이라고 역설하였다.

또한 제퍼슨은 "간헐적인 반란은 정부의 건강을 위해 필요한 약이다"라고 하여 로크와 마찬가지로 비민주적인 통치자와 정부에 대한 저항권을 인정하였다. 그에 따르면, 국민대중은 정부권력의 가장 안전한 저장소라는 것이다. 이 밖에도 제퍼슨은 국민대중의 자치능력을 인정했을 뿐만 아니라 민주주의교육의 필요성도 강조하였다.

2. 링컨의 민주주의사상

링컨(Abraham Lincoln)은 제퍼슨의 민주주의사상을 높이 평가하면서 자유와 평등사상의 중요성을 강조하였다. 그의 정치적 신조는 인간은 자유, 평등, 행복의 추구라는 권리를 가지고 있다는 것이었다. 링컨은 민주주의란 오로지 개인의 자유를 보장하고, 비인간적인 노예제도의 폐지를 통해서만 가능하다고 주장하였다. 노예제도의 폐지를 위한 링컨의 적극적인 노력의 결과 1865년의 연방헌법 제13조에는 미국에서의 노예제도 폐지를 명문으로 규정하게 되었다. 남북전쟁(1861~1865년) 기간 중인 1863년에는 「게티스버그 연설」을 통해서 민주주의를 '국민의, 국민에 의한, 국민을 위한 정치'라는 고전적인 정의를 내리기도 하였다.

또한 링컨은 제퍼슨과 마찬가지로 인간이 자치능력을 가지고 있는 존재라고 확신하고, 자치란 도덕적으로 정당하고 정치적으로 현명한 것이라고 주장하였다. 왜냐하면 국민주권은 신성한 권리이기 때문이라는 것이다. 이 밖에도 링컨은 비현실적인 만장일치가 아닌 다수결 원칙을 민주정치의 중요한 요소라고 주장하면서 다수결의 대안은 무정부 아니면 전제주의라고 하였다.

3. 토크빌의 민주주의사상

프랑스의 정치사상가로서 기독교에 기반을 둔 자유주의적 귀족이자 '몽테스키외의 논리적 후계자'로 평가받고 있는 토크빌(Alexis de Tocqueville)은 1830년에 프랑스 7월혁명이 발생한 후 미국을 방문하고 나서 『미국의 민주주의』라는 저서를 남겼다. 토크빌은 이 저서를 통해 미국 민주주의의 특징을 국민주권과 평등이라는 두 가지 관점에서 규정하였다.

첫째, 국민주권의 개념은 미국정치에 대한 분석에 있어서 출발점이 되는 것으로서, 그는 "신이 우주에 군림하는 것처럼, 국민은 미국의 정치에 군림한다"라고 주장하였다.

둘째, 토크빌은 미국 민주주의의 주요 특징을 평등이라고 보았는데, 그는 개인적 자유와 민주적 평등을 어떻게 조화시킬 것인가 하는 점에 많은 관심을 가지고 있었다.

한편 토크빌은 민주주의의 본질적인 특징으로서 ① 주권재민원리, ② 평등사상, ③ 엄격한 삼권분립제도, ④ 연방제도에 의한 지역적 권력분립제도, ⑤ 철저한 지방자치제도, ⑥ 민주적 정당제도, ⑦ 활발한 여론 등을 들었다.[3]

---

3) Alexis de Tocqueville, *Democracy in America*, 2 vols(New York:

그러나 그는 다수의 지배에 대해서는 상당히 회의적인 반응을 보였다. 그는 링컨과는 달리 다수결의 부작용을 우려하면서 '다수의 횡포'라는 말을 처음으로 사용하였다. 즉, 토크빌은 다수의 지배는 억압적이며, 또한 자유에 해로운 것이기 때문에 그것은 어느 정도 제한되어져야만 한다고 주장하였다.

4. 밀의 민주주의사상

자유론자이자 공리주의자인 밀(John S. Mill)의 정치사상은 대의정치의 틀 내에서 자유를 극대화시키려는 욕구에 의해 자극되어졌다. 그에게 있어서 대의정치란 ① 보통선거권, ② 자유선거, ③ 공직자의 임기 제한, ④ 정부에 대한 국민의 통제를 의미하였다.

그러나 자유가 없는 대의제도는 아무런 의미도 없는 것이었다. 그는 개인의 자기표현이나 사상적 자유를 사회적 진보를 극대화시키기 위한 수단이라고 보았다. 이처럼 밀은 사상과 표현의 자유의 절대성, 즉 절대적인 사상의 자유를 강조하였다.

그러나 밀은 평등에 대한 신봉자는 아니었다. 그는 비록 대의정치란 국민 개개인들이 정부를 운영함에 있어서 자유를 지닌다는 것을 의미한다고 할지라도, 평등은 완전히 상이한 명제라고 주장하였다.[4)]

또한 밀은 민주주의의 단점으로서 ① 민주주의는 자칫 다수의 횡포와 국가권력의 남용현상을 가져올 수 있고, ② 민주주의는 만인의 평등을 추구하지만, 국민들이 노예화되기 쉽다는 점을 들었다. 따라서 밀은 진정한 민주주의를 위해서는 무엇보다도 소수의 권리보

Alfred A. Knopf, 1946), pp. 57-58.

4) M. Rejai, *Democracy: The Contemporary*(New York: Atherton Press, 1967), p. 19.

호가 필요하다고 주장하였다.

제4절 20세기 이후의 민주주의

현대민주주의는 근대의 공민적 내지 시민적 민주주의로부터 대중민주주의로 탈바꿈했을 뿐만 아니라 소정부제에서 대정부제로 그리고 소극적 정치로부터 적극적 정치로의 전환이 이루어졌다. 그런데 대중은 정치적인 측면에서는 자유롭고 평등한 선거권을 가지는 다수의 주권자를 의미하며, 경제적으로는 사회의 대다수를 차지하는 근로계층을 의미한다. 현대민주주의는 바로 이러한 국민 대중에게 보다 많은 자유와 평등을 부여하기 위한 투쟁의 과정이었다.

그러므로 우리가 20세기의 민주주의 특징을 살펴보기 위해서는 민주주의 발전에 기여한 주요 사건에 대한 체계적인 고찰이 필요하다. 여기에서는 「프랑스 인권선언」 이후 인간의 존엄성과 자유 그리고 평등을 보장하는 데 있어 주요 기틀을 마련한 「세계인권선언」과 국제적인 인권단체로 정평이 나있는 국제앰네스티 그리고 1993년에 개최된 제2차 세계인권회의를 중심으로 살펴보기로 한다.

1. 세계인권선언

「세계인권선언(the Universal Declaration of Human Rights)」은 1948년 12월 10일 프랑스 파리에서 개최된 제3차 유엔총회에서 채택되어, 모든 국가와 국민이 달성해야 할 기준으로서 포고되었다. 「세계인권선언」은 제2차 세계대전에 대한 반성의 산물로서 탄생한 선언으로서, 조약과 같은 법적 구속력은 없으나, 인권보장의 기준을 제시한 것으로서 커다란 의의를 지니고 있다. 즉, 「세계인권선언」은 세계 각국의 헌법과 국내 판결 외에 많은 조약 가운데 언급되고 있으며, 단순한 권고 이상의 영향력을 지니고 있다.

"모든 인류의 평등한 기본권 보장은 세계평화와 자유, 정의의 근본이다"라는 말로 시작되는 「세계인권선언」에는 사상과 언론의 자유, 개인의 기본적 자유 및 생존권, 노동자의 권리 등이 규정되어 있다.

이러한 「세계인권선언」은 구체적으로 전문(前文) 이외에 30개 조항으로 이루어져 있으며, 이는 내용상 다음과 같은 세 부분으로 구성되어 있다.

첫 번째의 제1조와 제2조는 인간의 자유와 평등 그리고 어떠한 차별도 받지 않을 권리와 자유를 향유할 권리를 정하는 일반적 규정이다.

두 번째는 구체적 인권에 관한 실체규정이다. 제3조부터 제21조까지는 시민적 · 정치적 권리에 관한 것으로서, 사상 · 양심 · 종교의 자유, 표현의 자유, 집회 및 결사의 자유, 참정권, 법 앞에서의 평등, 노예와 고문의 금지 등에 관한 사항들이 담겨져 있다. 제22조부터 제27조까지는 경제적 · 사회적 · 문화적 권리에 관한 것으로서, 사회보장, 노동권, 교육권, 문화생활에 참가하는 권리가 기술되어 있다.

세 번째의 제28조부터 제30조까지는 인권을 행사하는 데 있어서 존중해야 할 사회질서와 타인의 권리와의 관계를 정한 규정이다.

한편 유엔은 인종차별문제와 관련하여 1963년 11월 20일 유엔총회 결의 제1904호를 통해 "온갖 종류의 인종차별, 나아가 인종적 우월 혹은 인종적 증오라는 편견에 근거를 둔 정부시책은 기본적 인권을 침해할 뿐만 아니라 민족 간의 우호관계 및 국가 간의 협조와 국제평화와 안전을 위태롭게 하리라는 것을 확신하여, 인종차별은 차별의 대상이 되는 자뿐만 아니라 차별을 행하는 자에게도 유해하다는 것을 확신하여" 전문 11조로 된 「모든 형태의 인종차별 배제에 관한 선언」을 선포하였다.

또한 1965년 12월 21일에는 이 선언에 기초하여 「모든 형태의 인종차별 철폐에 관한 국제협약」을 채택하였고, 이는 1966년부터 정식 발효되었다.

2. 국제앰네스티

오늘날 세계 각국에는 인권의 보호와 개선을 목표로 활동을 벌이는 수많은 인권단체들(NGOs)이 존재하고 있다. 그 중에서도 국제적으로 가장 활발한 활동을 전개하고 있는 인권단체가 바로 국제앰네스티(Amnesty International, AI)이다. 즉, 앰네스티는 세계 각국의 인권 침해에 대하여 행동하는 사람들로 구성된 세계 최대의 인권단체로서, 특정 정부, 이데올로기, 종교, 경제체제에 치우치지 않는 독립된 민간차원의 비정부단체이다. 2015년 현재 국제앰네스티는 전 세계 150여 개국에 걸쳐 700만 명의 회원과 지지자들과 함께 인권보호를 위해 활동을 벌이고 있다.

국제앰네스티는 영국의 변호사인 피터 베넨슨(Peter Bennenson)이 1961년 5월 28일 영국의 신문인 〈업저버(*Observer*)〉지에 "잊혀진 수인(囚人)들"이란 제목의 글을 기고한 것을 계기로 그로부터 6개월 후인 1961년 11월 영국 런던에 설립되었다.

국제앰네스티는 전 세계 모든 사람들이 세계인권선언과 다른 국제인권기준에 명시된 모든 인권을 누릴 수 있는 세상을 만들 것을 목표로 활동하고 있다. 이러한 비전을 실현하기 위해 앰네스티는 신체적 · 정신적으로 온전함을 유지할 권리, 양심과 표현의 자유를 누릴 권리, 차별로부터 자유로울 권리에 대한 심각한 침해를 예방하고 중단시키는 데 중점을 두고, 모든 인권을 증진시키기 위한 연구와 활동을 수행하는 것을 사명으로 하고 있다.

이에 따라 국제앰네스티는 인권을 보호하고 증진하기 위한 다양한 캠페인을 전개하고 있다. 그러한 캠페인 활동으로는 여성에 대한 폭력 추방, 난민에 대한 인도적 처우, 무기거래 통제, 소년병 징집 반대, 사형제도 폐지, 고문 중단, 양심수 석방운동, 위안부 정의 회복, '나는 존엄하다' 캠페인 등이 있다.

한편 앰네스티의 모든 활동은 국제적인 연대, 개별 인권 침해 피해자에 대한 효과적인 활동, 전 세계적인 활동범위, 인권의 보편성과 불가분성, 정치적인 불편부당성과 독립성, 민주주의 및 상호 존중의 원칙에 근거하고 있다.

역사적으로 볼 때, 국제앰네스티의 캠페인 활동의 핵심은 다음과 같다.[5]

첫 번째, 세계의 모든 양심수들을 즉각 아무 조건 없이 석방시켜야 한다는 것이다. 그런데 양심수란 "자신의 정치적 · 종교적 또는 양심에 입각한 신념이나 종교, 성별, 피부색깔, 인종, 언어 등의 이유 때문에 투옥 · 억류되거나 그 밖의 신체적 제약을 받고 있되, 폭력을 사용하거나 폭력을 지지하지 않는 사람"을 의미한다.

두 번째, 모든 정치범들에 대해 공정하고 신속한 재판을 보장해야 한다는 것이다. 여기에서 말하는 정치범이란 "어떤 정치적 동기에

5) 국제앰네스티, 송영일 외(역), 『국제앰네스티 핸드북』(서울: 국제앰네스티 한국지부, 2005), pp. 24-30.

의해 또는 집권세력의 정치적인 목적에 의해 실정법 위반으로 구금되는 사람"을 말한다.

세 번째, 모든 수인들에 대한 사형제도, 고문 및 기타 잔인하고 비인도적이거나 모욕적인 처우 또는 형벌을 폐지해야 한다는 것이다.

프랑스의 철학자이자 수필가인 몽테뉴(Michel de Montaigne)는 『수상록』을 통해 "고문은 인류가 만들어낸 가장 불확실하고도 위험한 발명품이다. 그것은 진실을 실험하기보다는 인내를 시험하는 것이다. 고문을 참을 수 있는 사람은 진실을 감추며, 이를 견디지 못하는 사람도 마찬가지이다"라고 하여 고문행위가 인간성을 말살하는 사악한 행위라고 하여 고문의 폐지를 주장한 바 있다.

국제앰네스티는 설립 이래 50여 년간 고문을 자행하는 국가를 폭로하고, 고문 피해자에게 정의를 되찾아주기 위해 노력해왔다. 앰네스티는 1973년 파리회의에서 〈고문에 관한 보고서〉를 발표하여 "고문은 인도주의에 반하는 범죄로 간주해야 한다"고 선언하였다. 이처럼 앰네스티가 장기간에 걸쳐 지속적으로 고문 중단 캠페인을 전개한 결과 1984년 12월 10일 유엔총회에서는 '고문방지협약'이 채택되었다. 이에 따라 세계 여러 국가들이 '고문방지협약'을 비준하였으며, 자국에 고문금지법을 제정하기도 하였다.

그러나 국제앰네스티는 2010년 이후 5년간 전 세계의 1/3이 넘는 141개 국가에서 고문이 자행되었음을 확인하였다. 필리핀, 멕시코, 나이지리아 등 여러 국가들은 범죄를 조사하는 과정에서 정보를 캐내거나 자백을 얻기 위해, 정치적 반대자를 억압하기 위해, 또는 처벌하거나 공포감을 줄 목적으로 고문을 자행해왔다.

네 번째, 국제앰네스티의 핵심 캠페인으로는 비사법 처형과 실종의 종식을 들 수 있다. 오늘날 여러 비민주적인 국가들에서는 많은 사람들이 정치적인 이유로 실종되거나 살해되고 있으며, 또한 수많은 사람들이 정부 또는 무장집단에 의해 사법적 절차 없이 처형되고 있다.

이 밖에도 앰네스티는 인권을 침해하는 사람들이 국제적인 기준에 따라 재판에 회부되도록 활동하고 있으며, 이들이 처벌되지 않고 있는 것에 대한 반대투쟁을 전개하고 있다.

한편 국제앰네스티의 주요 행동요강으로는 12개 항목을 들 수 있는데, 그 중에서 중요한 몇 가지 사항들은 다음과 같다.

첫째, 세계 모든 정부가 고문을 규탄하면서 국제적 규범에 가입·비준하고, 감금자들이 실종되거나 고문 받는 일이 없도록 비밀감금을 폐지할 것.

둘째, 친척과 변호사들에게 감금자들의 행방을 정확히 알릴 것.

셋째, 고문에 의한 진술을 인정하지 말 것.

넷째, 고문보고에 대한 공정한 조사를 할 것.

다섯째, 인권 침해사례에 항거하는 국민의 목소리를 높여나가는 전 세계적인 운동이 확산되어 나가도록 할 것 등이다.

국제앰네스티는 세계적으로 인권상황을 개선시킨 공로를 크게 인정받아 1977년에 노벨평화상을 수상하였고, 그 이듬해인 1978년에는 유엔인권상을 수상하였다. 그런데 앰네스티는 중립성과 독립성을 유지하기 위해 특정 정부나 정치단체로부터 일체의 보조금을 받지 않으며, 재정의 대부분을 회원의 회비 및 후원금으로 충당하고 있다.

국제앰네스티는 세계 어느 곳에서나 인권 침해사례가 드러날 경우, 이를 즉각 '긴급보고'나 '뉴스 레터' 등을 통해 발표하고, 또한 전 세계 산하조직에 통보하여 회원들로 하여금 이에 항의하는 편지 쓰기와 서명운동을 전개하고 있다. 또한 앰네스티는 고문의 위험에 처해 있거나 사형에 직면한 수인 등 신속하게 행동해야 할 필요성이 있는 경우, 이러한 긴급구명활동(Urgent Action) 사례들을 전 세계 회원들에게 알려 탄원서와 항의전문을 작성토록 하여 이를 해당 국가의 정부에 보내도록 권고하고 있다. 이러한 활동은 세계 각국의 인권 침해상황을 중단시키는 데에 커다란 압력으로 작용하고 있다.

3. 세계인권회의

1993년 6월 14일 오스트리아의 수도 비인에서는 유엔이 주관하는 역사상 최대의 제2차 세계인권회의가 개최되었다. 이 회의에는 1백 88개국의 국가원수 및 정부수반 등 고위급 대표 1천 5백여 명을 비롯하여, 1백여 개의 국제인권기구 및 5백여 개 인권관련 비정부기구(NGO) 등 1만여 명의 대표들이 참석하였다. '인권을 알고 요구하고 보호하자'라는 구호 아래 열린 제2차 세계인권회의는 1968년 이란의 수도인 테헤란에서 제1차 세계인권회의가 열린 지 25년 만에 개최된 것이다. 이 회의에서는 유엔이 지난 1948년 「세계인권선언」을 채택한 이후 최근까지의 인권상황을 총괄적으로 검토한 뒤, 앞으로의 인권신장을 위한 기본원칙이 될 「비인선언」을 채택하고, 이를 보장하기 위한 행동계획을 마련하였다.

제2차 세계인권회의의 주요 의제는 역사상 처음으로 인권의 실질적인 신장방안을 강구하는 것으로, 「세계인권선언」 이후 ① 인권분야의 진전여부 평가, ② 인권발전과 민주주의, ③ 인권의 보편적인 향유, ④ 인권신장과 보장의 장애요인, ⑤ 인권신장을 위한 제도와 조직의 활성화 등이 논의되었다. 이 회의는 범세계적인 인권의 보편성원칙을 정립하는 회의였기 때문에 개별 국가의 인권상황은 지적하지 않도록 하여 보스니아, 중국, 소말리아, 남아프리카 공화국, 이라크, 북한 등에 대한 언급은 비공식차원에서 논의되었다.

특히, 제2차 세계인권회의는 인권의 중요성은 인정하지만, 그 기준에 대해서는 선진국과 개발도상국간에 격렬한 논쟁이 벌어졌다. 선진국과 개발도상국간에 쟁점이 되었던 사안은 이른바 인권의 보편성원칙, 시민적·정치적 권리와 경제적·사회적·문화적 권리간의 관계, 발전권문제, 유엔 인권활동 강화방안이다.

먼저 인권의 보편성원칙에 대해 선진국과 개발도상국의 입장 사이에는 매우 근본적인 차이가 드러났다. 선진국들은 인권이 보편적인 것이므로 어떤 이유로든 인권탄압이 있어서는 안 되며, 특정국가의 인권문제는 당연히 국제적 관심사라는 입장을 견지하였다. 이에 반해 개발도상국들은 지역적·국가적 특수성을 인정해야 하며, 유엔헌장에 명기되어 있는 '국내문제 불간섭원칙'이 지켜져야 하는 동시에, 인권문제가 정치적 목적에 이용되어서는 안 된다고 주장하였다. 다시 말해서, 개발도상국들은 역사, 종교, 문화, 경제적 차이를 이유로 선진국기준을 강요해서는 안 되며, 해당국의 특수성을 인정함이 없이 인권의 보편성원칙을 일방적으로 강요하는 것은 주권침해이자 내정간섭이라며 일괄적 기준을 강요하는 데 반대하였다.

미국은 제2차 세계인권회의에서 해당국의 전통과 특수성 등을 감안, 차별적인 인권정책과 기존 인권기준의 완화를 촉구한 일부 아시아 및 중동국가들의 요구를 무시하고, 인권유린을 대외정책과 연계시키는 현재와 같은 인권정책을 계속 시행해 나갈 것임을 분명히 하였다. 즉, 당시 미국의 크리스토퍼 국무장관은 제2차 세계인권회의의 기조연설을 통해 인권문제는 미국 외교정책의 핵심이라고 전제하고, "우리는 인권유린이라는 어두운 세상을 밝게 만드는 데 큰 기여를 해온 기존의 인권외교정책을 앞으로도 계속 수행해 나갈 방침이다"라고 강조하였다.

이에 대해 중국의 이붕(李鵬) 총리는 중국 및 다른 아시아 정부들의 인권상황에 대한 서방국가들의 간섭과 비난을 강도 높게 비난하면서 "각국은 민주주의와 인권 및 각국 실정에 맞아야 하는 최우선순위들에 대해 다른 시각들을 갖고 있다"고 주장하였다.

또한 시민적 · 정치적 권리와 경제적 · 사회적 · 문화적 권리간의 관계에 대해 선진국들은 인권의 불가분성과 상호관련성을 주장, 경제적 권리 증진을 이유로 시민적 · 정치적 권리의 침해를 정당화할 수 없으며, 따라서 개도국에 대한 원조제공 때 인권상황을 연계시켜야 한다고 강조하였다. 이에 대해 개도국들은 경제발전 없이 진정한 인권보장은 어려우므로 선진국들은 외채문제, 국제무역, 환경개선 등을 위해 노력해야 하는 한편, 개발원조와 인권을 연계하는 것은 부당하다고 주장하였다.

한편 발전권(right to development)은 1986년 유엔총회 결의로 이루어진 「발전권에 관한 선언」에서 규정된 개념이다. 선진국들은 발전권을 인정하면서도 모든 국가의 의사결정 및 발전과정 그리고 발전혜택의 배분에 모든 국민들이 참여할 수 있어야 하며, 이를 위해 민주주의체제가 중요하다고 보았다.

그런데 국제앰네스티는 세계 각국 정부가 아직도 인권보다는 정치를 우선시하고 있으며, 제2차 세계인권회의가 현재의 인권침해나 장래의 인권상황에 적극적으로 대처하기보다는 과거의 인권원칙만을 되풀이 강조함으로써 그 실효를 거두지 못했다고 비판하였다. 그럼에도 불구하고, 제2차 세계인권회의에서는 세계 각국이 「세계인권선언」을 엄격히 준수할 것을 재역설하고, 이를 보완하는 내용의 「비인선언」을 채택했다는 점에서 그 의의를 찾아볼 수 있다.

제3장
민주주의의 이상

민주주의는 인간의 존엄성에 최고의 가치를 부여하는 이념이자 제도이다. 민주주의의 중요한 가치이자 이상인 자유와 평등도 인간의 존엄성에 대한 신념을 실현시키기 위해서 필요한 기본조건이며, 여러 가지의 민주적 정치제도나 법률도 결국 인간의 가치와 존엄성을 높이고, 인간의 기본적 권리들을 보장하며 더욱 신장하기 위하여 만들어진 것들이다.

제1절 인간존중사상

인간존중사상은 근대 이후 계몽사상과 더불어 서양사회를 지배해 온 사회사상 내지 윤리사상의 출발점이 되어 왔다. 이처럼 인간존중사상은 민주주의이념을 가장 간결하게 표현한 것으로서, 민주주의의 토대를 이루는 기본사상이다. 즉, 인간은 세상에 태어나면서부터 다른 사람에게 양도할 수 없는 자연적 권리를 가지고 있으며, 인권은 모든 사람에게 고루 부여되어 있는 선천적 권리이자 무한의 권리이다.

1. 인간존중사상의 의미

인간존중사상은 일찍이 그리스의 소피스트(Sophists) 철학에서 비롯되어, 중세에는 기독교사상 및 근세 초기에 자연법에 기초한 법이론에 의하여 발전하였다. 그러나 그 당시만 하더라도 이것들은 단지 하나의 사상에 불과한 것이었으며, 그것이 인권을 보장하려는 정치적 운동으로 발전한 것은 특히 영국에서의 절대군주에 대한 항쟁에서 비롯되었다. 그 대표적인 예로서는 17세기 민권운동으로서 1628년에 「권리청원(the Petition of Right)」을, 1679년에 「인신보호법」을 그리고 명예혁명의 결과 1689년에는 「권리장전(the Bill of Right)」을 제정했던 사실을 들 수 있다.

이러한 과정에서 로크와 루소는 자연법사상에 토대를 두고 인권을 보장할 수 있는 이론적 기초인 사회계약론을 정립하였다. 예를 들어, 17세기 영국의 정치사상가인 로크(Locke)는 그의 자연법사상을 통해 "인권은 사유, 행동, 소유의 자유이다"라고 말하였다. 그러한 사상은 이후 미국의 독립혁명과 프랑스대혁명으로 구체화되었다. 미국의 「독립선언문」을 기초한 제퍼슨(Jefferson)은 "인권은 인간으로서 박탈당할 수 없는 기본 권리로서, 이는 생명, 언론, 집회, 종교 등의 자유 및 행복의 추구이다"라고 말한 바 있다.

이처럼 인권은 인간이 단지 인간이라는 이유만으로 누릴 수 있는 자연적이고 양도 불가능하며, 신성불가침한 자유와 권리를 말한다. 오늘날 민주주의국가의 헌법 속에는 국민 내지 시민으로서의 권리뿐만 아니라 인간으로서의 권리도 포괄되어 있다.

그런데 우리가 흔히 '인간은 존엄한 존재이다'라고 말하는 경우, 우리는 대체로 다음과 같은 생각을 하게 된다.[1)]

첫째, 인간은 본래 어떤 가치를 지니고 있으므로 존중해야 한다는 생각이다. 그러나 인간을 가치의 측면에서 비교하여 더 가치 있는 사람으로 혹은 더 가치 없는 사람으로 평가한다면 그것이 곧 인간의 존엄성을 해치고 말 것이다.

둘째, 인간은 여러 가지 가치를 실현시킬 가능성을 가지고 있기 때문에 존중해야 한다는 생각이다. 그러나 이러한 생각은 인간이 가치에 반하는 것, 즉 악을 실현할 가능성도 가지고 있기 때문에 '존엄성을 가지지 못하며, 비열한 존재'라고 생각할 수도 있을 것이다.

셋째, 인간의 존엄성을 인정한다는 것은 '인간을 존경심을 가지고 대한다는 것'을 의미하는 것이라고 생각하게 된다. 다른 사람을 존경하는 데에는 그 사람의 가치를 문제 삼지 않는다. 인간을 존엄한 존재로 혹은 존경심을 가지고 대한다는 것은 인간을 초월적인 존재로 신성시한다는 의미가 아니라 인간을 목적으로 대한다는 의미이다. "인간을 목적으로 대하라. 결코 수단으로 대하지 말라"는 칸트(Kant)의 말처럼, 인간은 모두 어떤 사물이나 가치보다 우위에 있는 목적 자체이며, 결코 다른 목적을 위한 수단이 될 수 없는 존재이다. 그런 면에서 모든 인간은 평등하다. 인간을 목적으로 대한다는 것은 곧 인간의 인격과 생명을 귀중하게 생각하고, 개개인의 개성을 존중

1) 이극찬(편), 『민주주의』(서울: 종로서적, 1983), pp. 41-42.

하며, 그들이 가장 만족스럽고 가치 있는 삶을 영위할 수 있도록 기회와 여건을 보장해 주어야 한다는 것을 의미한다.

민주주의는 인간을 수단시하는 모든 봉건제도, 독점자본주의, 전체주의, 독재정치 등과 싸우면서 인간 그 자체를 목적으로 할 것을 선포하였다. 그 대표적인 예로는 1789년 8월에 채택된 「프랑스 인권선언」과 1948년 12월 제3차 유엔총회에서 채택된 「세계인권선언」 그리고 1993년 6월 제2차 세계인권회의의 결과 채택된 「비인선언」 등을 들 수 있다.

이처럼 비록 시대와 환경에 따라 민주주의의 근본이념인 인간을 존중하는 방법과 제도 그리고 인권의 내용에 차이가 있었다고 할지라도, 어느 시대의 민주주의든지간에 그 근본원리와 기본정신이 인간존중임에는 변함이 없었다.

2. 세계 각국의 인권상황

오늘날 대부분의 국가들은 「세계인권선언」 등의 영향을 받아 외형적으로는 헌법과 각종 법률체계에 인권을 보장하는 내용들을 담고 있지만, 실상 인권탄압이 이루어지고 있는 경우가 허다하다. 이러한 점들은 세계 각국의 인권상황을 면밀히 추적하여 조사・발표하고 있는 국제적 인권단체들에 의해 부분적이나마 밝혀지고 있다.

국제앰네스티는 〈2004년 연례보고서〉를 통해서 21세기 초반 인권상황의 주요 특징으로 ① 이란, 이라크, 팔레스타인 등 중동지역에 있어서의 정치・종교적 폭력 증가, ② 수단, 앙골라 등 아프리카 여러 국가에서 발생한 내전으로 인해 수만 명의 민간인이 학살됨, ③ 러시아 내 체첸 분쟁지역에서 러시아군이 민간인을 공격하여 다수의 사람들이 실종되고 비(非)사법 처형되었을 뿐만 아니라 강간, 고문 등이 자행되었음, ④ 프랑스, 독일, 네덜란드 등 서유럽국가들에서 인종적 · 종교적 갈등과 관련된 폭력행위의 증가 등을 들었다. 또한 이 보고서는 미얀마, 인도네시아 등 아시아국가들에서도 여전히 실종, 고문, 양심수에 대한 구금, 불공정재판, 살상 등이 지속되고 있다고 우려하였다. 특히, 라틴 아메리카의 경우에는 콜롬비아, 페루, 과테말라 등에서 정규군, 경찰과 더불어 암살대가 계속 활개치고 있으며, 이로 인해 남미대륙 전역에서 최소한 수천 명이 약식 처형됐다고 폭로하였다.[2)]

또한 국제앰네스티는 2014년 한 해 동안 전 세계 160개 국의 인권 상황을 평가한 〈2014/15 연례보고서〉를 발표하면서 세계 지도자들이 변화하는 분쟁의 성격을 직시하고, 국가와 무장단체가 저지르는 끔찍한 폭력으로부터 민간인을 보호하기 위해 시급히 행동에 나서야 할 것이라고 촉구했다.

특히, 살릴 셰티(Salil Shetty) 국제앰네스티 사무총장은 "2014년은 수백만 명이 폭력사태에 휘말렸던 끔찍한 한 해였다. 그러나 국가와 무장단체 간의 분쟁 및 인권침해에 대한 국제사회의 대응은 초라하고도 무능한 수준이었다. 점차 악화되는 야만적인 공격과 억압에 사람들이 고통스러워하는 동안 국제사회는 아무런 역할도 하지 않았다"고 말했다.

이어 살릴 셰티 사무총장은 "70년 전 유엔이 설립된 것은 제2차 세계대전을 통해 목격한 끔찍한 공포가 다시는 재현되지 않도록 하기 위함이었다. 그런데 지금 우리는 대규모의 폭력사태와 이로

---

2) 이에 대해서는 〈2003년 국제앰네스티 연례보고서〉를 참고하기 바람.

인해 발생한 엄청난 난민 위기를 지켜보고 있다. 우리 시대의 가장 시급한 문제에 대해 실현가능한 해결책을 찾는 데 실패했다"고 말했다.[3)]

한편, 우리가 인간존중사상과 관련하여 결코 간과할 수 없는 점은 바로 북한의 인권상황이다. 그동안 우리 사회의 수많은 인권단체와 소위 '진보적 지식인'들은 재야인사나 양심수들의 인권문제에 대해서는 비교적 많은 관심을 보여 왔음에도 불구하고, 한 민족인 북한주민이나 탈북자들의 인권문제에 대해서는 매우 무관심한 태도를 보여온 것이 사실이다. 이웃 나라 일본에서는 이미 북송됐거나 북한공작원들에 의해 납치된 일본인들의 인권이 심각히 유린되고 있다고 우려하면서 정부차원에서는 물론 민간차원에서도 북한의 인권개선을 강력히 촉구해 왔지만, 정작 우리나라에서는 북한 내 인권상황에 대해서 미온적인 자세를 취해 왔다. 이러한 태도는 민주주의를 채택·추진하고 있는 우리로서는 매우 부끄러운 일로서, 이제부터라도 북한의 인권상황에 대한 각별한 관심이 필요하다고 하겠다.

북한은 그 체제의 폐쇄성으로 인해 인권실태를 정확히 파악하기가 힘들다. 그러나 국제앰네스티를 비롯한 여러 국제인권단체와 미국의 〈국무부 보고서〉 등을 살펴보면 북한의 인권상황이 상당히 심각한 상태에 놓여 있음을 알 수 있다. 미 국무부나 국제앰네스티는 각종 인권보고서를 통해 북한을 세계 최악의 인권탄압국으로 평가하고 있다. 2005년 1월 13일 국제 인권감시 보호단체인 '휴먼 라이츠 워치(Human Rights Watch)'는 〈연례 인권보고서〉를 통해 "북한은 일상적으로 그리고 터무니없이 거의 모든 국제인권기준을 위반하고 있다"

3) 이에 대해서는 〈2014/15 국제앰네스티 연례보고서〉를 참고하기 바람.

며 북한의 인권문제를 심각히 우려하였다.[4)]

또한 미 국무부는 2015년 6월에 발표한 〈2014 국가별 인권보고서〉에서 2014년에 발표된 유엔 북한인권조사위원회(COI)의 최종보고서를 폭넓게 반영해 "북한의 인권상황은 세계 최악"이라고 발표했다. 또한 보고서는 "북한당국은 숙청작업의 일환으로 2014년 적어도 50명을 처형했으며, 이러한 처형은 김정은의 권력 강화와 무관하지 않은 것으로 보인다"고 덧붙였다. 이어 보고서는 "탈북자들은 사법절차에 의하지 않은 처형을 비롯해 실종, 임의적 감금, 정치범 체포, 고문 등을 지속적으로 보고하고 있다"면서 "송환된 탈북자와 그 가족들은 중형에 처한다는 보도가 있다"고 지적했다.[5)]

현재 북한에는 정치범 및 감시대상 주민과 범법자 등을 격리 · 수용하는 각종 수용소가 있다. 이 가운데에 '특별독재대상구역'이라고 불리는 정치범수용소는 북한 인권의 열악성을 단적으로 드러내고 있다. 2011년 1월 우리나라 정부 소식통에 따르면, 북한에는 모두 6곳의 정치범수용소가 있으며, 수감 인원은 15만 4,000여 명에 달하는 것으로 추정된다고 밝혔다. 이 소식통은 "북한은 한때 정치범수용소 10곳을 운영한 적도 있다. 그러나 1990년을 전후해 국제 인권단체들이 수용소문제를 제기하고 실태조사를 요구하자, 북 · 중 국경지대의 수용소 4곳을 폐쇄한 것으로 안다"고 말했다. 현재 운영 중인 정치범수용소는 평안남도 개천(14호 관리소)과 북창(18호 관리소), 함경남도 요덕(15호 관리소), 함경북도 화성(16호 관리소), 청진(25호 관리소), 회령(22호 관리소) 등 6곳에 있다.

정치범수용소는 한번 수감되면 영원히 빠져나갈 수 없는 '완전

---

4) 〈중앙일보〉, 2005년 1월 17일.
5) 〈연합뉴스〉, 2015년 6월 26일.

통제구역'과 장기간의 강제노동이 끝나면 일말의 석방 가능성이 있는 '혁명화구역'으로 구분된다. '혁명화구역'으로는 15호 관리소(요덕)가 유일하고, 나머지 5개 수용소는 종신 수감되는 '완전 통제구역'으로 알려졌다. '완전 통제구역'의 경우 정치범으로 낙인찍힌 본인을 포함해 일가족 3대를 전부 수감하며 강제노동과 고문·폭력이 일상화되어 있다.6)

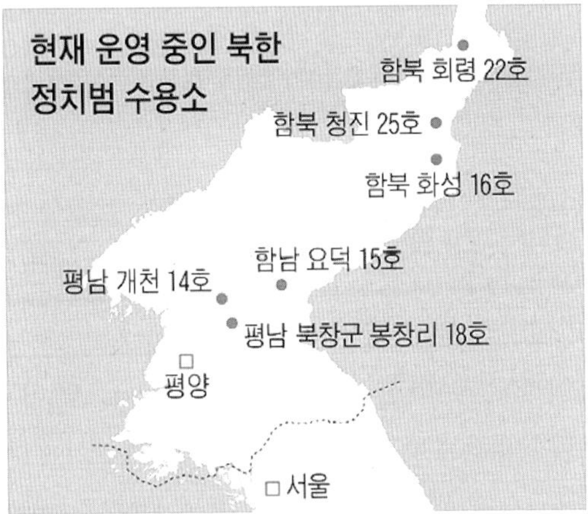

그림. 북한의 정치범수용소 현황

통일연구원이 발간한 『북한인권백서』에 따르면, 정치범수용소들은 삼엄한 경비와 3~4m 높이의 철조망으로 둘러싸여 있어 일반인들의 접근이 불가능하며, 무장경비원과 경비견이 끊임없이 순찰을 하고 지뢰가 매설돼 있다고 한다. 그런데 정치범과 그 가족이 수감되면 재산은 몰수되고, 가족의 공민권도 무효화된다. 어린이들도 취학이 금지되고, 그 가족에 대한 면회나 편지 및 기타 통신수단을 이용한

6) 〈조선일보〉, 2011년 1월 19일.

접촉도 불허한다. 이들은 생활필수품의 배급 및 의료보장 등 북한 정부에서 제공하는 모든 혜택을 박탈당한다. 또한 불만을 표시하거나 탈출을 기도한 사람은 총살당하거나 교수형에 처해진다. 수감자들은 중노동을 강요받는데, 그들은 주로 광산, 목재 벌채장, 채석장, 관개공사에 투입된다. 함경남도에 있는 요덕수용소의 경우, 하루 15시간 이상의 강제노역에 성인 1인당 하루 500g 정도의 강냉이만 지급되어 영양실조로 고통을 받고 있다고 한다.[7)]

이와 관련, 미국의 비영리 민간단체인 '북한인권위원회'를 통해 〈감춰진 수용소(*The Hidden Gulag*)〉라는 북한 정치범 수용소 내 인권 상황보고서를 발표했던 데이비드 호크(David Hawk) 씨는 기자회견을 통해 "북한은 별다른 사법적 절차도 없이 정치범들을 가두거나 가족 3대에 걸쳐 '연좌제'식 숙청, 탈북 임신부들의 강제 낙태나 영아 살해 등을 자행하고 있다"며 "이는 구소련이나 동구권, 심지어 중국 등에서도 존재하지 않았던 것으로, 도저히 이해할 수 없는 일"이라고 말했다.[8)]

심지어 국내 인권단체인 피랍탈북인권연대는 2004년 2월 북한당국이 정치범 수용소에 수용된 정치범을 화학무기 액체가스의 실험대상으로 삼고 있다는 것을 뒷받침해 주는 북한 내부문건을 공개하여 충격을 던져준 바 있다.[9)]

이러한 북한 내의 심각한 인권상황과 관련하여 2003년 4월 유엔 인권위원회는 처음으로 북한에 대한 결의안을 통과시켜 "구조적이고

---

7) 이에 대해서는 서재진·최의철 외(공저), 『북한인권백서 2002』(서울: 통일연구원, 2001)를 참고할 것.
8) 〈조선일보〉, 2004년 1월 19일.
9) 위의 신문, 2004년 2월 2일.

광범위하며 심대한 인권침해에 대한 깊은 우려"를 표명하였다. 또한 2004년 10월 18일 미국의 부시 대통령은 미국 상·하원을 만장일치로 통과한 '북한인권법'에 서명하였다. 부시 대통령의 서명으로 북한 인권상황의 개선과 탈북자의 망명 인정, 대북 인권단체에 대한 지원, 미 국무부 내 북한인권 담당특사 임명 등을 주요 내용으로 하는 '북한인권법'은 미국의 법률로 공식 발효되었다.[10)]

한편 2006년 3월 벨기에의 브뤼셀에서는 미국의 '프리덤 하우스', 벨기에의 '국경 없는 인권', 영국의 '세계기독연대', 프랑스의 '북한주민돕기위원회' 등 미국과 유럽 인권단체들의 공동 주최 하에 '북한인권대회'가 개최되었다. 이 대회에 참석한 인권단체들은 북한 인권개선을 위한 국제적 연대를 강화할 '브뤼셀 선언'을 채택하였다. 또한 이 대회를 계기로 유럽 의회는 유럽연합(EU)의 대북 인도적 지원을 북한 인권문제와 연계하는 등 조건부 지원을 적극 추진하기로 했으며, 유럽 의회에서 사상 최초로 북한 인권 청문회가 열렸다.[11)]

또한 일본과 유럽연합(EU)은 2015년 3월 19일 북한 인권문제를 국제형사재판소(ICC)에 회부하는 내용의 새 '북한 인권결의안 초안'을 제28차 유엔 인권이사회에 제출하였다. 유엔 인권이사회에 제출되는 북한 인권결의안에 ICC회부가 직접 거론되기는 이번이 처음이다. '북한 인권결의안 초안'은 ▲ 북한의 인권유린 책임자 처벌 ▲ 납치·강제실종 문제 해결방안 ▲ 북한인권 실태를 지속적으로 조사·기록할 유엔 인권최고대표사무소(OHCHR) 산하 현장사무소의 독립적 활동과 지원 보장 등을 골자로 하고 있다. 특히, 2015년에는 유엔 총회가 2014년 북한 인권결의안을 채택하면서 안전보장이사회

10) 〈중앙일보〉, 2004년 10월 19일.
11) 〈조선일보〉, 2006년 3월 23일.

표. UN총회에서의 북한 인권결의안 의결현황

채택기관	채택연월일	찬성	반대	기권	한국정부 입장
제60차 본회의	2005.12.16	88	21	60	기권
제61차 본회의	2006.12.19	99	21	56	찬성
제62차 본회의	2007.12.18	101	22	59	기권
제63차 본회의	2008.12.18	94	22	63	찬성, 공동 제안
제64차 본회의	2009.12.18	99	20	63	찬성, 공동 제안
제65차 본회의	2010.12.21	106	20	57	찬성, 공동 제안
제66차 본회의	2011.12.19	123	16	51	찬성, 공동 제안
제67차 본회의	2012.12.20	무투표			공동 제안
제68차 본회의	2013.12.18	무투표			공동 제안
제69차 본회의	2014.12.18	116	20	53	찬성, 공동 제안

*자료: 각종 언론보도내용을 바탕으로 저자가 작성함.

에 권고한 대로 북한 인권책임자를 국제형사재판소(ICC)에 회부하는 것에 '환영한다'는 문구를 추가했다.[12)]

그런데 우리 정부는 지난 2003년부터 2005년까지 유엔 인권위원회에서 세 차례 그리고 2005년 UN총회에서 한 차례 북한 인권결의안을 채택하는 동안 모두 불참하거나 기권했다가 2006년에는 이에 찬성표를 던졌다. 그러나 2007년에는 제2차 남북정상회담 개최와 비핵화 진행 등을 이유로 또다시 북한 인권결의안 표결에서 기권을 한 바 있다.[13)]

한편 우리나라의 인권상황과 관련하여 국제앰네스티 한국지부는 2015년 2월 〈2014/15 연례보고서〉를 통해 "박근혜 정부 2년에 접어

12) 〈연합뉴스〉, 2015년 3월 19일.
13) 〈조선일보〉, 2007년 11월 21일.

들면서 인권이 후퇴하는 경향을 보였다"고 평가했다. 2008년 이후 국제앰네스티가 연례보고서에서 경찰력 사용, 국가보안법 자의적 적용, 국가인권위원회 독립성 훼손 등 구체적인 인권 사안에 대해 우려를 표명한 바 있으나, 인권이 후퇴하는 경향을 보이고 있다고 직접 언급한 것은 이번이 처음이다.

이주노동자 인권에 대해서는 "농축산업 부분 이주노동자들이 사실상 강제노동이나 다름없는 열악한 노동조건에서 일하도록 고용주들로부터 강요당했다"고 지적했다. 이 외에도 〈2014/15 연례보고서〉에서는 결사의 자유, 표현의 자유, 무기거래 등과 관련한 국내 인권상황에 주목했다.

한편, 북한 내 인권상황을 조사한 〈북한 보고서〉에서는 표현의 자유, 종교와 이전의 자유 등 구조적으로 북한주민의 인권을 심각하게 제한한 사례를 다뤘다. 아놀드 팡(Arnold Fang) 국제앰네스티 동아시아 조사관은 "수백 명이 정치범수용소 및 기타 수용시설에 구금돼 있으며, 이들 중 다수가 기소 또는 재판 등의 절차를 거치지 않은 채 구금되어 있다"고 말했다.[14]

제2절 자유의 의미와 유형

민주주의는 인간의 존엄성을 구현하기 위하여 자유와 평등이라는 이상을 추구한다. 민주주의의 역사는 '자유에의 역사'요, 인간의 의지는 '자유에의 의지'라고 말할 수 있다. 이처럼 자유는 인간에게 고귀하

14) 〈2014/15 국제앰네스티 연례보고서〉, 2015년 2월.

고 값진 것이기 때문에 그것을 쟁취하는 것은 물론 지키기도 어렵다. 자유는 용기와 모험 속에서 쟁취되고, 책임과 인내 속에서 지켜진다. 그렇기 때문에 "자유는 그것을 지킬 줄 아는 사람들에게만 평안과 안락과 부를 가져다준다"라고 한 토크빌의 말은 우리들에게 많은 것을 암시해 주고 있다.

1. 자유의 의미

자유는 인간의 존엄성에 대한 신념을 실현하며 최선의 자아를 실현하는 데 필요한 인간의 기본권의 하나로 이해될 수 있다. 인간의 자유에 대한 중요성은 인간이 선택된 신(神)의 피조물이라는 점과 자신이 하고자 하는 행동을 자주적으로 결정하는 도덕적 주체라는 사실로부터 연유한다. 반면에 자유에 대한 제약은 인간이 사회적 피조물이며, 모든 유형의 사회적 속박에 의해 그들의 선택이 제한된다는 점에서 비롯된다. 역사적으로 볼 때, 이러한 자유의 제한은 집단의 관습, 종교의 교리에 따른 속박이나 지주의 소작농에 대한 속박, 독재적이거나 권위주의적인 정치지도자의 국민에 대한 억압과 통제 등을 들 수 있다. 근대 이후 국민들은 이러한 전통적인 속박에서 점차 벗어나고 있으나, 대신 국가권력에 의한 속박의 대상이 되어 왔다.

그런데 역사적으로 자유는 소극적 자유 또는 적극적 자유와 같이 다양한 형태를 띠면서 추구되어 왔다. 자유의 개념에 대해 홉스(T. Hobbes)는 "자유란 인간의 행위에 대한 외적인 장애의 부재"라고 보았다. 이를 바탕으로 페녹(J. R. Pennock)은 자유를 개인이 어떤 방향으로 행동하고자 하는 상황과 관련시켜 "개인이 의도하는 것을 할 수 있는 개인의 능력에 대한 간섭의 부재"로 보았다.[15] 이는 곧 신체의 자유가 자유의 최소한의 필요조건이라는 관점이다.

자유는 영어로 흔히 freedom과 liberty의 두 가지 단어가 사용된다. 『옥스포드(Oxford)사전』에서는 freedom을 개인적 자유, 시민적 자유, 행동의 자유라고 정의하는 데 비해, liberty는 통제로부터의 자유라고 정의하고 있다. 또한 피트킨(H. F. Pitkin)은 freedom을 자유의 적극적 개념으로 그리고 liberty를 자유의 소극적 개념으로 사용하였다.

또한 벌린(Isaiah Berlin)은 자유를 소극적 자유와 적극적 자유의 개념으로 발전시켰다. 그가 말하는 소극적 자유란 궁극적으로 외적인 제약이 없는 강제의 부재상태로서, 이는 어떤 사람이 다른 사람의 간섭 없이 무엇을 할 수 있도록 당연히 놓어지세 되는 상태를 의미한다. 즉, 소극적 자유는 외부로부터의 부당한 구속이나 통제에서 벗어나는 것을 의미한다. 반면에 적극적 자유란 완전한 인간의 존재로서 행동하는 자유로서, 자의에 따라 사고와 행동을 선택하는 자유를 말한다. 다시 말해서, 적극적 자유는 스스로의 이성적 통제나 자기제어로써 스스로를 발전시킬 조건들을 적극적으로 구비하는 것을 말한다.[16]

이런 점에서 자유의 개념은 일반적으로 다음 세 가지 측면에서 사용되는 경향이 있다.

첫 번째는 가장 일반적으로 사용되고 있는 freedom으로서, 이는

15) J. R. Pennock, *Democratic Political Theory*(Princeton, N.J.: Princeton University Press, 1979), pp. 18-35.
16) Isaiah Berlin, "Two Concepts of Liberty," Isaiah Berlin, *Four Essays on Liberty*(London: Oxford University Press, 1969), pp. 121-122.

적극적이고 절대적인 자유를 의미한다.

두 번째는 사회적 · 정치적 자유와 관련되는 liberty로서, 이는 소극적이고 상대적인 자유를 의미한다.

세 번째로 법률적으로 보장된 자유를 의미하는 right로서, right는 본질적 인권과 자연권을 포함하는 것으로 보다 확대되어 사용되고 있다. 예를 들어, '자연권(natural right)'이란 로크가 "인간은 모든 정부나 사회와 관계없이 결코 포기하거나 양도할 수 없는 인간으로서의 확실한 권리를 갖고 있다"고 표현한 것처럼, 인간으로서 당연히 누려야 하는 자유를 의미한다. 이에 비해 '시민권(civil right)'이란 시민이 정부로부터 취득한 자유를 의미한다. 그런데 오늘날에는 자연권의 개념을 사용하는 대신에 시민권의 개념을 보다 많이 사용하는 경향이 있다.

자유에는 소극적 자유와 적극적 자유 이외에도 생산적 자유와 파괴적 자유가 있다. 아무리 남에게 피해를 주지 않는다고 해도 그것이 자연의 이치에 어긋나고, 사회의 공존과 발전을 이룩하는 데 도움이 되지 않는다면 그것은 진정한 의미에서의 자유라고 할 수 없다. 예를 들어, 최근 우리나라의 청소년들은 입시에 대한 압박감 등으로 인해 자살의 충동을 많이 느끼고 있다고 종종 보도되고 있는데, 자살은 남에게 피해를 주지 않는다고 해서 마음대로 할 수 있는 것은 아니다. 자살은 자연의 질서에 어긋나는 것이고, 창조주의 섭리에도 어긋나는 것이다. 또한 자신이 경제적으로 부유하다고 해서 평생 놀고먹을 자유가 있는 것이 아니며, 정치에 무관심하다고 해서 유권자로서의 소중한 선거권을 포기할 자유가 있는 것이 아니다. 이러한 자유들은 파괴적인 자유로서, 이러한 자유들이 보편화될 때 결국 사회는 퇴보하거나 붕괴되고 만다.

자유의 고귀성은 바로 생산적인 자유에 있다. 자기 자신을 발전시키고, 이웃을 위해 봉사하며, 사회를 위해서 무엇인가 보람 있는 일을 하겠다는 자유가 바로 생산적인 자유이다. 정치인이 실현가능성 있는 복지정책을 수립해서 국민을 더욱 잘 살게 하겠다는 의욕, 사업가가 돈을 많이 벌어서 사회적으로 소외되고 빈곤한 사람들을 위해서 뭔가 의미 있는 일을 하겠다는 의욕, 예술가가 좋은 창작품을 만들겠다는 의욕, 학자가 열심히 학문을 탐구하여 후세에 남을 탁월한 업적을 남기겠다는 의욕 등은 모두 생산적인 자유이다.[17]

인간은 어떤 사물이나 다른 인간에 의해 구속당하지 않고 모든 것으로부터 자유롭게 되기를 원한다. 그러나 인간은 사회를 떠나, 즉 인간관계를 떠나서는 살아갈 수 없는 것이다. 한 사람이나 몇몇 사람들의 자유를 위하여 다른 사람들의 자유가 침해된다면 질서 있는 사회공동체를 이룰 수 없을 것이다. 모든 사람에게 무제한적인 자유를 허용한다면 다른 사람들의 자유를 침해할 수 있기 때문에, 홉스의 표현대로 '만인의 만인에 대한 투쟁상태'를 초래하여 강자가 약자를 지배하는 약육강식(弱肉强食)의 사태가 벌어질 것이다. 이러한 상황하에서는 모든 개인의 자유가 보장되기는커녕 오히려 침해되는 결과를 초래할 것이다.

그런데 자유의 무제한성을 주장한 대표적인 학자로는 하이에크(F. A. Hayek)를 들 수 있다. 그는 개인의 자유는 어떤 이유로도 침범되거나 제약되어서는 안 된다고 주장하였다. 즉, 하이에크는 보다 나은 사회를 건설하기 위해서는 자유를 제약해야 한다고 주장하는 것이야말로 전체주의를 야기시키는 장본인이라고 지적하였다.

---

17) 백완기, 『민주주의문화론』(서울: 나남출판, 1994), pp. 53-54.

이와 대조적으로 포퍼(Carl Popper)는 "완전한 자유는 자유의 종말이자 적"이라고 하여 무제한적인 자유가 자기 파괴적이라고 주장하였다. 또한 앤젤(R. Norman Angell)은 "모든 사람이 완전한 자유를 추구한다면, 아무도 자유를 향유할 수 없다"고 하였고, 리프만(W. Lippman)도 "무제한적인 자유를 추구하는 곳에는 자유가 있을 수 없다(There is no freedom in more freedom)"고 말하였다.[18] 따라서 우리가 자유를 확실히 보장하기 위해서는 자유에 대한 제한이 수반되어야 한다는 이른바 '자유의 역설(逆說)'이 성립된다.

그런데 우리가 자유의 개념과 관련하여 한 가지 명심해야 할 사항은 자유는 결코 방종적인 의미가 아니라는 점이다. 상당수의 사람들은 자유의 의미를 다른 사람에게 피해를 주든 말든 내가 하고 싶은 대로 한다는 뜻으로 이해하는 경향이 많은데, 이는 분명 잘못된 생각이다. 어떤 사람이 "당신이 팔을 흔드는 자유는 내 코앞에서 멈춘다"고 말한 것처럼, 자유는 모든 일을 처리함에 있어서 적절한 한계와 제한을 설정하고, 그것을 철저히 준수해 나가는 것을 의미한다. 사실상 무제한적인 자유가 부여된 사회는 결국 극심한 무질서상태나 무정부상태로 빠져 자유를 상실하고 말 가능성이 크다.

사회적 · 정치적 자유를 의미하는 liberty는 한계(limit)의 의미를 내포하고 있는 것으로서, 이는 동양사상에서 중시하는 중용(中庸)과도 일맥상통한다. 중용이란 개인이 어떤 일을 처리함에 있어서 자신이 처해 있는 상황과 조건 속에서 최적의 한계를 지키는 것을 말한다. 따라서 자유는 이러한 한계와 적절성을 스스로 발견하여 실제생활에서 실천하는 것을 의미하는 것으로서, 자유는 곧 서양의 중용이라고

18) 국민윤리편집위원회(편저), 『신국민윤리 I · II』(서울: 대왕사, 1981), p. 265에서 재인용.

할 수 있다.

또한 자유는 사회성과 책임성이라는 두 가지 기준에 의해서 제한을 받는다. 밀(J. S. Mill)에 의하면, 인간의 행동은 다른 사람들과는 직접적으로 관계없는 자기 본위적 행동과 다른 사람들에게 직접적으로 영향을 미치는 타인 본위적 행동으로 나뉘어진다는 것이다. 자기 본위적 행동에는 무제한의 자유가 허용될 수 있지만, 타인 본위적 행동에는 제약이 불가피할 것이다. 그러나 다른 사람들에게 전혀 영향을 미치지 않는 행동이란 현실적으로 찾아보기 힘들다.

따라서 자유는 사회 속에서 다른 사람들과의 관계를 통하여 실현되는 것이다. 현실적인 자유는 '사회에 있어서의 자유'여야 한다. 그래서 자유는 자유 자체의 실현을 위하여 질서 있는 사회공동체의 유지를 해치지 않는 범위 내에서만 행사되어져야 하는 것이다. 또한 자유, 그 중에서도 특히 적극적 의미에서의 자유(freedom)는 책임성을 수반해야 한다. 자신이 선택하고 결정한 행동의 결과에 대해서는 다른 사람들이나 사회에 책임을 져야 한다는 것이다. 무책임한 행동의 자유는 진정한 자유가 아니라 방종이 되고 말 것이다.

2. 자유의 유형

민주주의사회에서 살펴볼 수 있는 자유의 유형에는 여러 가지가 있는데, 여기에서는 ① 정치적 자유, ② 표현의 자유, ③ 언론의 자유, ④ 집회 및 결사의 자유, ⑤ 종교의 자유를 중심으로 살펴보기로 한다.[19)]

---

19) Lyman T. Sargent, *Contemporary Political Ideologies: A Comparative Analysis*(Chicago: The Dorsey Press, 1987), pp. 51-57.

(1) 정치적 자유

정치적 자유란 국민 각자가 정치현실에 적극적으로 참여할 수 있는 자유를 의미하는 것으로서, 이는 대체로 선거권 및 피선거권과 같은 참정권을 의미한다. 외부로부터의 부당한 간섭이 없는 자유로운 투표권의 행사는 정치체제를 변화시킬 수 있는 원동력으로서, 이는 현존 정부와 정치지도자를 견제할 수 있는 주요 수단이 되고 있다. 이러한 투표권을 행사하는 데 있어서 자유가 전제되지 않으면 그것은 아무 의미가 없는 공허한 힘에 불과하기 때문에 투표권은 권력이나 타인의 간섭 없이 자의에 따라 행사할 수 있어야 한다.

그런데 역사적으로 볼 때 독재정권이나 권위주의정권과 같은 비민주적인 정치체제나 또는 정치발전이 제대로 이루어지지 않은 나라일수록 법적으로는 투표권의 자유가 보장되어 있으나, 실제로는 유권자가 자유롭게 투표할 수 없는 분위기를 조성하여 통치자의 의도대로 국민들을 이끌고 가는 경우가 허다하였다. 예를 들어, 히틀러치하의 나치독일에서는 유권자들이 투표를 행할 때 투표장 주변에 무장한 군인들을 배치함으로써 유권자들의 자유로운 투표를 방해했으며, 북한과 같은 전체주의국가에서는 투표시 흑백투표함을 설치하고 있음은 잘 알려진 사실이다. 또한 민주정치의 선진국으로 일컬어지고 있는 영국의 경우에도 19세기까지는 극도의 타락선거로 인하여 투표권이 금품수수의 대상이 되기도 하였다.

또한 제3세계국가들에 있어서 투표권이 돈으로 거래되거나 권력에 의해 유린당하는 경우를 흔히 찾아볼 수 있다. 우리나라의 경우, 제1공화국의 이승만 정권하에서 투표권은 권력의 통제대상이었을 뿐만 아니라 통치자의 지나친 권력욕으로 인해 그들 스스로가 3 · 15 부정선거를 자행하기도 하였다. 또한 제3공화국의 박정희 정권은 정치적 정통성이 결여된 군부정권의 기반을 금권정치와 강압정치로 보완하려 하였으며, 유신체제 시기에는 소위 체육관선거를 통해 유권자들의 자유로운 의사표시를 원천봉쇄하였다.

현대사회에 있어서 유권자들의 교육수준과 정치의식수준이 높아짐에 따라 과거에 횡행했던 관권선거 및 금권선거와 같은 부정선거의 양상은 점차 사라지고 있으나, 아직도 우리 사회에서는 투표권의 행사가 혈연, 지연, 학연 등에 의해 좌우되는 경향이 많다고 하겠다.

한편 미국의 비영리 인권단체인 '프리덤 하우스(Freedom House)'는 2004년 12월 20일 세계 192개국의 자유수준을 조사한 〈2005년 세계의 자유〉라는 연례보고서를 통해 한국의 정치적 자유를 최상위급으로 분류하였다.[20] 이 보고서는 2003년 12월부터 2004년 11월까지 1년 동안 일어난 사건을 통해 국가별로 '정치적 자유(political rights)'와 '시민적 자유(civil liberties)의 수준을 1~7점으로 평가하고, 국가별 평균점수에 따라 ▶ 자유국(평점 1~2.5점) ▶ 부분적 자유국(평점 3~5점) ▶ 비자유국(평점 5.5~7점)으로 분류하였다. 그런데 조사대상국 중 89개국(46%)이 자유국, 54개국(28%)이 부분적 자유국, 49개국(26%)이 비자유국에 해당되었다. 한국은 정치적 자유에서 1점, 시민적 자유에서 2점을 받아 평점 1.5로 자유국으로 분류된 반면, 북한은 1994년 이래 최근까지 정치적 · 시민적 자유 모두 최하위인 7점을 받고 있다.

(2) 표현의 자유

표현의 자유는 민주주의에 있어 가장 중요한 자유의 하나로서,

20) 〈중앙일보〉, 2004년 12월 22일.

이는 집회의 자유를 전제로 한다. 그리스의 사상가인 플라톤은 일찍이 자유 가운데 표현의 자유를 필수적 자유로 간주한 바 있다. 또한 자유주의자인 밀(Mill)도 자신의 저서인 『자유론(*On Liberty*, 1859)』을 통해 표현의 자유에 대해 다음과 같이 말하였다.

> 의견의 표현과 발표의 자유는 다른 원리에 해당하는 것처럼 보이기도 할 것이다. 왜냐하면 그것은 다른 사람과 관련되는 개인행위의 부분에 속하기 때문이다. 그러나 사상 자체의 자유와 마찬가지로 표현의 자유는 중요하며, 실제적으로 표현의 자유는 사상의 자유로부터 분리될 수 없다.[21]

이처럼 밀에게 있어서 사상은 자기 자신의 생각을 말과 글로 표현하는 자유를 필요로 하였다. 사실상 표현의 자유가 없다면 진리는 상실되거나 또는 결코 발견되어질 수 없다. 따라서 진리가 발견되기 위해서는 표현의 자유가 필수적이다. 만일 발견될 진리가 없다면 표현의 자유는 나쁜 것과 좋은 것을 구분하는 데 사용될 수 있는 유일한 장치로써 오히려 더욱 중요한 것이다.

우리나라에서는 과거 3공화국과 5공화국과 같은 권위주의정권시절에 일부 반체제 지식인들과 대학생들이 정부와 통치자들을 자유롭게 비판하는 것을 엄격히 통제했던 적이 있었다. 심지어 일부 정권은 다소 반체제성향을 띠고 있는 노래를 금지시키고, 음반제작을 불허하는 강경조치를 취하기도 하였다. 그러나 이러한 문제는 1996년 6월 음반에 대한 사전심의제가 폐지됨으로써 일단락되어졌다.

그런데 현대사회에서는 표현의 자유 또는 예술의 자유를 빙자한

---

21) J. S. Mill, *On Liberty*, David Spitz, ed.(New York: W. W. Norton & Co., 1975), pp. 70-72.

저질・퇴폐문화가 범람하고 있고, 또한 이를 둘러싼 논쟁이 종종 벌어지고 있음을 살펴볼 수 있다. 예를 들어, 몇 년 전 마광수 교수는 소설 『즐거운 사라』의 외설시비로 사법처리를 받은 바 있다. 당시 검찰은 그 교수의 사법처리와 관련하여 "그 분이 현직 대학교수라는 점 때문에 사법처리여부를 놓고 신중한 검토를 했으나, 이 작품이 사회의 미풍양속과 윤리를 명백히 저해하고 있어 이를 더 이상 방치할 수 없다는 판단을 하게 되었다"는 입장을 밝힌 바 있다.

한편 문학계에서는 이 작품에 대해 "단순한 성표현의 노골성여부가 외설의 기준이 되기보다는 소설의 구성, 작가의 이전작품과의 상관성, 사회정서 등이 고려되어야 할 미묘한 문제를 법으로 가리는 것은 바람직하지 않다"는 신중한 입장과 "이 소설은 문학의 이름으로 포장한 포르노이다"라는 부정적인 입장이 상반되었다.

이러한 문학작품의 외설논쟁은 장정일 씨의 소설 『내게 거짓말을 해봐』를 둘러싸고도 재연된 바 있다. 또한 최근 외설시비를 몰고 온 연극 '미란다'에 대한 사법당국의 형사처벌도 표현의 자유와 그 한계를 둘러싼 논쟁을 불러일으켰다. 이에 대해 공연윤리위원회는 "이 연극은 예술성에 앞서 상업적 영리추구를 위한 연출이며, 여배우의 알몸연기는 우리 사회의 정서에 맞지 않는다"는 견해를 밝혔다. 한편 일부 연극인들은 "과다한 전라연기에 문제가 있지만, 이런 문제에 대해 공권력이 개입하는 것은 곤란하다"는 입장을 나타내어 보다 신중한 입장을 취했다.

이 밖에도 공연윤리위원회는 국내에서 제작되는 영화 중 절반 이상이 준포르노성 영화이고, 국내에서 유통되는 전체 비디오물량의 약 80% 가량이 음란・퇴폐비디오라고 밝히고 있어 우리 사회에서 표현의 자유를 빙자한 외설물의 범람이 심각함을 경고한 바 있다.

따라서 이러한 문제의 적절한 해결을 위해서는 우리 사회에서 표현의 자유를 어디까지 허용할 것이며, 또한 급속한 성개방 풍조 속에서 예술성과 외설의 기준을 어떻게 설정할 것인지를 명확히 규정지을 필요가 있다.

한편 최근 우리 사회에서는 표현의 자유를 내세워 악성댓글 — 일명 악플 — 을 통해 연예인을 비롯해 일반인들을 무차별 공격하는 사례가 빈발하여 커다란 사회문제가 되고 있다. 즉, 오늘날 인터넷상에는 상습적・집중적으로 악성댓글을 생산해 내는 '키보드 워리어(keyboard warrior)'가 활개를 치고 있다. 이들은 연예인과 관련한 각종 루머와 악담뿐 아니라 인터넷에서 화제가 된 일반인들의 프라이버시까지도 파악한 뒤 인터넷에 유포하거나 또는 정보를 악의적으로 가공하기도 한다. 이처럼 요즘 사회문제가 되고 있는 악성 댓글과 인터넷을 이용한 사생활 침해를 막기 위한 조치로서, 정보통신부는 2007년 7월부터 '제한적 본인확인제도(실명제)'를 시행하게 되었다.

(3) 언론의 자유

언론의 자유는 민주주의를 실현함에 있어서 필수적인 자유로서, 이는 기본적으로 어떤 사람이 다른 사람과 다른 의견을 말할 수 있는 자유 — 즉, 소수설의 자유 — 를 말한다. 예로부터 유태인사회에서는 만장일치(滿場一致)는 무효라는 관행이 존재해 왔다. 이러한 관행은 곧 개개인마다 사고와 행동에 차이가 있는 것처럼 의견에도 차이가 있을 수 있음을 인정한 것이라고 하겠다.

언론의 자유는 자신의 사상과 감정에 대한 외부의 표현을 보장하는 표현의 자유와 함께 그러한 표현을 교류 또는 공유하게 하는 수단이다. 「프랑스 인권선언」 제11조에서는 "사상과 의견의 자유로운 교환은 인간의 가장 고귀한 권리의 하나이다. 따라서 모든 시민은 자유로이 발언하고 쓰고 출판할 수 있다"라고 규정하고 있다. 이에 따라 프랑스에서는 1881년에 검열제도가 폐지되었다.

미국사회에서도 가장 자유가 많은 것이 바로 언론의 자유이다. 미국헌법은 "의회는 언론 및 출판의 자유를 제약하는 법을 만들 수 없다"라고 규정하고 있다. 이처럼 언론은 유보 없는 자유의 무한성을 보장받고 있지만, 언론의 자유는 진실을 밝히고 보도할 자유밖에 없다. 다시 말해서, 언론의 자유가 사실을 왜곡하고, 허위사실을 보도할 자유를 지니고 있는 것은 아니다.

현대사회에서 언론의 자유가 중요시되고 있는 이유 중의 하나는 언론이 권력에 대한 감시와 비판의 기능을 수행하고 있기 때문이다. 미국이나 영국과 같은 선진 민주주의국가들에서는 이미 오래 전에 언론의 자유가 정착되었다. 그러나 우리나라의 경우에 언론의 자유는 그동안 상당히 제약되어 왔으며, 아직도 해결해야 될 많은 과제를 안고 있다. 그동안 우리 사회에서 가장 커다란 과제로 지적된 것은 언론의 정치권력으로부터의 자유였다. 역대 권위주의정권들은 대체로 검열제도나 언론기관에 대한 압력 또는 언론 통폐합조치 등을 통해 정부나 특정 정치지도자에 대한 비판적인 기사나 정치권력에 대한 부정적인 내용의 보도를 통제해 왔다. 그러한 대표적인 사례가 1975년의 동아일보・조선일보사태와 1980년 제5공화국 출범 직후에 취해진 언론 통폐합조치이다. 심지어는 정치적 경쟁자에 대한 탄압의 수단으로 특정 정치인에 대하여 부정적인 내용은 확대보도하고, 긍정적인 내용은 축소하든가 아니면 보도 자체를 통제한 사례도 허다하였다. 이처럼 우리나라의 역대 독재정권이나 권위주의정권들은 자신들의 권력을 확대하거나 공고화할 목적에서 언론기관과 언론인에 대한 통제와 조작을 유용한 통치수단으로 이용해 왔던 것이다.

최근 노무현정부하에서는 소위 '취재지원 선진화' 방안을 통해 정부의 브리핑 룸을 통·폐합하고 기자들의 취재를 통제하는 조치를 취한 바 있다. 이에 대해 대다수 언론인과 언론단체들은 이러한 정부의 취재 통제조치가 "언론의 자유를 제약하고, 국민의 알 권리 등 기본권을 제한하는 것"이라며 크게 반발하기도 하였다.

한편 국제 인권단체인 프리덤하우스(Freedom House)는 한국의 언론자유 순위를 2013년보다 4계단 낮은 68위로 산정했다. 프리덤하우스는 2014년 5월 1일 발표한 「2014 언론자유 보고서」에서 한국의 언론자유 지수를 32점으로 매기며 이탈리아, 칠레 등 공동 64위에 오른 4개국보다 낮게 평가했다. 보고서에서 한국은 2014년에도 '부분적 언론자유국'으로 분류돼 2011년 상실했던 '언론자유국' 지위를 되찾는 데 실패했다. 총 23개 항목을 평가해 0~100점 사이로 산정되는 언론자유지수는 점수가 낮을수록 자유가 보장됨을 뜻한다. 2013년 한국의 언론자유 지수는 31점이었다.

국가별로는 네덜란드와 노르웨이, 스웨덴이 나란히 10점으로 세계에서 가장 언론자유가 보장되는 나라로 꼽혔다. 미국과 일본은 각각 21점(30위)과 25점(42위)으로 '자유국'에 포함됐지만, 중국은 84점(183위)으로 '부자유국'의 불명예를 안았다. 북한은 97점으로 조사대상 국가들 중 가장 낮은 197위를 차지하였다.[22]

또한 국제 언론 감시단체인 '국경 없는 기자회'(RSF)가 2015년 2월 12일 발표한 '2015 세계 언론자유지수' 순위를 보면, 한국은 전체 180개 조사대상 국가 가운데 60위를 차지했다. 한국은 2012년과 2013년 연속

22) 〈연합뉴스〉, 2014년 5월 2일.

50위를 차지했다가 2014년 57위로 내려갔고, 2015년 또 3단계나 떨어졌다.

한국은 RSF의 언론자유지수가 처음 발표된 2002년 39위로 출발해 노무현 정부 시절인 2006년 31위에 올라 최고를 기록했으나, 이명박 정부 때인 2009년에 역대 최하위인 69위로까지 주저앉았다. 북한은 180개국 중 2014년과 같은 179위로 최하위권에 머물렀다.[23)]

그런데 언론의 자유는 결국 언론기관 자체의 자유만이 아니라 그를 통하여 일반대중들이 그러한 자유를 향유할 수 있어야 한다. 따라서 언론기관에게 부여되는 최대의 자유는 무엇보다 책임을 전제로 해야 한다. 즉, 언론의 자유가 국민 개개인의 자유로운 사생활을 침해하는 일이 있어서는 안 된다. 이러한 경우는 언론의 오보나 개인의 사생활에 대한 무분별한 보도에서 자주 제기되는 문제이다. 최근 우리나라에서도 무책임한 언론보도로 인해 피해를 입는 사람들의 권익보호를 위해 언론중재위원회가 활발한 중재활동을 벌이고 있다. 이 밖에도 1980년대 말 이후에는 언론기관의 급증에 따라 언론의 자유를 빙자한 사이비 언론기관과 기자들의 횡포가 잇따르고 있는데, 이에 대한 체계적인 대책마련이 시급하다고 하겠다.

(4) 집회 및 결사의 자유

「프랑스 인권선언」 제2조에는 "모든 정치적 결사의 목적은 인간의 소멸될 수 없는 자연권을 보전함에 있다. 그러한 권리란 자유, 소유권, 안전 그리고 압제에 대한 저항이다"라고 규정하고 있다.

자신의 의견을 자유롭게 표현하고, 정치적 문제를 토론하기 위하여 서로 모일 수 있는 자유는 인간의 기본적인 권리에 속한다. 즉,

---

23) 〈연합뉴스〉, 2015년 2월 12일.

청중의 없는 표현의 자유는 무의미한 것이기 때문에 집회 및 결사의 자유와 표현의 자유는 상호 불가분의 관계를 지니고 있다.

권위주의 정치체제에서 통치자가 자신의 권력기반을 공고히 하는 데 있어 가장 민감하게 반응하면서 억제하는 대상이 바로 언론의 자유에 대한 제한과 집회의 금지이다. 권위주의적인 통치자는 대중동원을 통하여 자신의 권력을 강화하는 한편, 자신의 반대세력이 갖고자 하는 집회는 철저히 봉쇄하는 경향이 있다. 우리나라의 경우, 역대의 권위주의정권은 통치수단으로 집회의 허용여부를 적절히 활용하여 야당세력이나 반체제세력의 집회를 엄격히 통제해 왔다.

1987년 6·29선언 이후 우리나라에서 집회의 자유 폭은 점차 넓어지게 되었으나, 집회를 일종의 체제비판 내지는 저항으로 인식해온 우리의 집회문화는 집회가 의사표현의 수단에서 일탈하여 사회질서의 혼란으로까지 발전하는 경우도 흔히 있다. 선진 민주주의국가에서는 일반대중이 집회 및 결사의 자유의 중요성을 깊이 인식한 나머지 불법적이고 폭력적인 형태가 아닌 평화적인 시위나 집회가 주로 이루어지고 있다. 이런 점에서 볼 때, 민주주의로의 공고한 이행이 이루어지고 있는 상황하에서 우리도 사회의 변화에 걸맞는 새로운 집회 및 시위문화를 정착시킬 필요성이 있다고 하겠다.

(5) 종교의 자유

대한민국헌법 제20조 제1항에는 "모든 국민은 종교의 자유를 가진다"라고 규정하고 있고, 제2항에는 "국교는 인정되지 아니하며, 종교와 정치는 분리된다"라고 규정하고 있다. 이처럼 정부는 국민 개개인의 종교적 진리추구를 억제해서는 안 되며, 단지 중립적인 방관자의 역할을 하는 것이 바람직스럽다. 특히, 이러한 점은 우리나라의 경우

대통령선거나 국회의원 선거 시에 입후보자들에 의해서도 두드러지게 강조되고 있다.

그런데 그리스는 20세기 초부터 그리스 정교도의 이교도 개정을 법으로 금하고 있다. 이에 따라 외국인 이교도 성직자는 허가 없이 입국이 불가능하며, 가톨릭이나 유태교 등 그리스 정교 이외의 종교단체는 그리스 내에 교회를 마음대로 세울 수 없다. 또한 그리스 의회는 1993년부터 모든 시민들의 신분증에 종교사항의 기재를 의무화하고 있다.

대부분의 국가들은 대체로 국민 개개인의 종교의 자유를 인정하고 있으나, 특정의 종교활동이 사회의 기본적인 질서를 해치거나 국민들을 그릇된 방향으로 이끌 우려가 있을 때에 정부는 이에 적극적으로 대처하는 경우가 있다. 사이비 종교의 대표적인 피해사례로서, 외국에서는 1978년의 인민사원사건과 1993년 미국 텍사스 주에서 발생한 다윗파 집단난동사건, 1995년 일본에서 발생한 오움진리교 사건을 들 수 있다. 한편 국내에서는 1987년의 오대양사건과 1992년 휴거설을 주장한 일부 개신교 집단의 소동, 1994년의 영생교사건 그리고 1995년의 아가동산사건 등을 들 수 있다.

그런데 대부분의 사이비 종교들은 신도들을 말세의 환란으로 겁을 먹게 하고, 그 해소책으로 금품을 갈취하거나 신도들을 폭행, 농락하는 공통적인 수법을 사용하고 있다. 우리나라에서는 정부당국이 지난 1992년 10월 28일 개신교 일부집단의 휴거설에 대해 공권력을 동원한 바 있고, 최근 영생교를 비롯한 일부 사이비 종교집단들에 대해서도 사법처리를 하는 등 적극 대응을 하고 있다.

국내에서 사이비 종교의 실태를 연구해 온 신학자, 불교학자 등과 같은 종교전문가들은 사이비 종교의 특징으로서 다음과 같은 몇 가지 사항을 지적하고 있다. 그것들은 ① 시한부 종말론의 주장, ② 카리스마적인 교주에 대한 개인숭배, ③ 열광적이고 주술적인 종교의례, ④ 신비주의적 체험 강조, ⑤ 종교성 상실과 마술성이 지배, ⑥ 정통교리를 무시한 경전 해석, ⑦ 무속 종교와의 기묘한 배합, ⑧ '나만 구원'한다는 선민사상 주입, ⑨ 치병 강조와 헌금 종용, ⑩ 배타적 성격의 공동체 형성 등이다. 이러한 사이비 종교의 특징과 관련하여 종교전문가들은 우리나라에서는 기독교든 불교든 신도들의 70~80%가 부녀층이라는 사실이 한국종교의 취약한 구성과 사이비 종교가 창궐하는 배경이 되고 있다고 분석하면서 사이비 종교의 창궐을 막기 위해서는 무엇보다도 사회 지도층인사와 종교지도자들의 도덕성 회복이 필요하고, 소외된 사람들에 대한 애정 어린 관심이 필요하다고 강조하고 있다.

제3절 평등의 의미와 유형

자유와 더불어 민주주의의 기초가 되는 또 하나의 이념은 바로 평등(equility)이다. 인간은 그 존엄성에 있어 모두 평등하다고 생각하는 민주주의는 현실적인 인간관계가 대등한 것이어야 한다는 평등의 이념을 추구한다.

민주주의는 역사적으로 평등이념에서 출발하였다. 인간은 태어날 때부터 누구나 다 동등한 대우를 받을 권리를 가지고 있다는 생각은 민주주의가 태동할 때부터 있었다.

평등은 자유와 더불어 인간의 가치를 높이고, 각자의 자아실현을 통한 행복한 생활을 영위할 수 있게 하는 민주주의이념을 구현하기 위한 기본적 조건이다. 모든 사람들이 똑같은 정도의 자유를 향유하고 행사할 수 있게 하기 위해서는 평등의 조건이 요청된다. 따라서 자유와 평등의 개념은 민주주의에 있어서 동전의 양면과 같은 것이기 때문에 상호 연관되어 이해되어져야 한다.

1. 평등의 의미

평등의 이념은 자유와 더불어 수세기 동안 토론의 대상이 되어왔으나, 민주주의의 이론과 실제에 있어 중요한 사항으로 다뤄진 것은 비로소 20세기에 들어와서부터이다. 그런 가운데에서도 평등은 근본적으로 견해가 일치되지 않는 개념들 중의 하나이다.

본래 평등은 자유보다 더 과격한 개념이라고 할 수 있다. 자유가 체질적으로 완만하고 신축적이며 여유가 있다고 한다면, 평등은 급진적이고 과격하며 획일적인 성격을 지니고 있다. 대부분의 인간은 다른 사람이 나보다 얼마나 더 가졌고, 그 지위가 얼마나 더 높은가에 민감한 반응을 보인다. 여기서 평등의식은 자유의식보다 더욱 절박성을 지닌다. 사실 똑같이 나누어 갖고, 똑같이 대우를 받겠다는 생각보다 더 과격한 개념은 없는 것이다.[24]

이와 관련하여 토크빌(Tocqueville)은 평등이 양면성을 지니고 있다고 말하였다. 하나는 미천한 자를 높은 곳으로 끌어올리는 상향성의 평등이고, 다른 하나는 높은 곳에 있는 자를 낮은 곳으로 끌어내리는 하향성의 평등이라는 것이다. 그런데 인간은 후자에 더욱 습성화되어 있으며, 인간이 하향성의 평등의식에 젖어 있을 때 노예상태 속에서 평등을 누리게 된다는 것이다.[25]

---

24) 백완기, 앞의 책, pp. 58-59.

이처럼 인간은 근본적으로 평등의 욕구와 불평등의 욕구를 동시에 지니고 있다. 다시 말해서, 인간은 한편으로는 동등성을 추구하면서, 다른 한편으로는 차별성을 원하고 있다. 동등성을 추구하는 것이 평등의 논리라면, 차별성을 추구하는 것은 불평등의 논리라고 할 수 있다. 대체로 인간이 평등성의 욕구를 지니는 것은 남보다 못한 수준에 있을 때이며, 오히려 남과 동등한 수준에 있을 때에는 차별성이 있기를 바라는 경향이 있다.

로크(Locke)는 "자연상태에서 인간은 그들이 원하는 대로 할 자유가 있다. 모든 권력과 지배는 상호적이며, 어느 누구도 이를 다른 사람보다 더 많이 갖지 않은 평등상태에 있다"고 주장하였다. 즉, 로크는 인간이 선천적으로 자유롭고 평등하며 독립적인 존재이기 때문에 인간은 자신의 의지와 관계없이 다른 사람에게 복종되어서는 안 된다고 강조하였다.26)

또한 루소(Rousseau)도 그의 저서인 『불평등기원론』(1755)에서 인간의 불평등에 대하여 다음과 같이 기술한 바 있다.

> 나는 인간에게 두 가지 불평등이 존재한다고 생각한다. 하나는 자연적 또는 신체적 불평등이라고 부를 수 있는데, 이것은 자연에 의해 정해지는 것으로 나이, 건강, 체력의 차이와 마음 또는 정신의 질의 차이로 이루어졌기 때문이다. 다른 하나는 도덕적 또는 정치적 불평등이라고 부를 수 있는 것으로 일종의 관습에 의하며, 인간의 동의에 의해 확립되거나 적어도 인정된다. 후자는 다른 사람들의 희생 위에 일부 사람들이 누리는 여러 특권들, 이를테면 다른 사람들보다 더 많은 부, 명예, 권력을 가지거

---

25) 노재봉, 『시민민주주의: 토크빌연구』(서울: 박영사, 1988), pp. 31-32.
26) John Locke, *The Second Treatise of Civil Government*(London: Blackwell, 1946), chap.II.

나 심지어는 남들을 그들 자신에게 복종시키는 것 등으로 이루어진다.[27]

이러한 루소의 관점은 그의 주관적인 독단이 많이 개재된 것임에도 불구하고, 불평등을 자연적 불평등과 인위적 불평등으로 구분함으로써 인위적 불평등은 인간에 의해 변화될 수 있다는 견해에 이르게 된다. 즉, 자연적 불평등은 인간이 만든 것이 아니기 때문에 변경시킬 수 없는 반면, 인위적 불평등은 인간에 의해 선택된 것이기 때문에 인간이 바라는 대로 변경이 가능하다고 생각할 수 있는 것이다. 물론 자연적 불평등도 현대사회의 발달된 과학기술에 의해 개선될 수 있는 가능성을 지니고 있다.

사실상 민주사회에 있어서 평등은 엄격히 말해서 '평등해질 수 있는 가능성'을 의미하는 것이지, '누구나 평등하고 평등해야 한다'는 선언적인 의미는 아니다. 여기에서 말하는 '평등해질 수 있는 가능성'이란 기회의 균등을 말한다. 즉, 차별을 정당화하기 위해서 기회를 똑같이 주자는 것이다. 그러나 기회를 동등하게 주어야 한다고 해서 대우도 동등해야 한다는 의미는 아니다. 개인의 능력과 실적에 따라서 대우는 다를 수밖에 없기 때문에 사실상 평등한 대우는 있을 수 없다. 따라서 민주주의에서 다루는 평등은 기술적(記述的)이라기보다는 처방적일 수밖에 없다. 이것은 평등이 자연적이라기보다는 감지적이라는 의미를 갖고 있음을 나타내준다.

---

27) J. J. Rousseau, "Discourse on the Origin of Inequility," trans. by Donald A. Cress, *J. J. Rousseau: the Basic Political Writing*(Indianapolis: Hackett Publishing Co., 1987), pp. 37-38.

2. 평등의 유형

민주주의의 이상인 평등과 관련하여 미국의 「독립선언문」과 「프랑스 인권선언」 그리고 「세계인권선언」 등에는 모든 인간이 동등하게 창조되었음을 분명히 밝히고 있다. 그런데 평등의 유형으로는 ① 정치적 평등, ② 법 앞의 평등, ③ 경제적 평등, ④ 사회적 평등 등을 들 수 있다.[28]

(1) 정치적 평등

정치적 평등이란 모든 국민이 정치에 참여할 평등한 기회를 요구하는 것으로, 이는 모든 사람이 참정권을 가지고 있을 뿐만 아니라 각 개인의 권리가 평등한 척도로써 측정된다는 사실에 의해 증명된다. 이런 점에서 정치적 평등이란 주로 투표함에서의 평등과 공직에 선출될 수 있는 자격에 관한 평등을 의미한다.

그런데 정치적 평등의 문제는 봉건체제하에서 정치권력이 귀족계급에게 한정되어 있는 것을 평민에게까지 동등하게 확대하고자 하는 움직임에서 비롯되었다. 정치적 평등에 있어서 중요한 사항은 투표함에서의 평등으로서, 이는 유권자 개개인이 투표장소에 합리적으로 쉽게 접근할 수 있어야 하며, 자기 의사대로 자유롭게 투표권을 행사할 수 있어야 한다는 것을 의미한다. 또한 이는 '각자의 투표에는 동일한 가치가 주어져야 한다는 것(one man one vote, same value)'을 의미한다.

제2차 세계대전 이후 서구 각국에서는 보통선거권이 확립됨으로써 국민의 정치적 참여의 평등이 실현되었다. 그러한 대표적인 예로

28) Sargent, *op. cit.*, pp. 42-47.

서는 영국과 미국에서의 선거권 확대과정을 들 수 있다.

먼저 영국에서는 1832년에 최초로 선거권이 확대되었으나, 여전히 재산상의 자격요건을 필요로 하였다. 그 후 1867년에는 대부분의 도시노동자들에게 선거권이 부여되었고, 1884년에는 농민과 광산노동자에게까지 선거권이 확대되었다. 또한 제1차 세계대전 후인 1918년에는 「인민대표법(The Representation of the People Act)」을 통해 비로소 일정한 결격사유를 가진 자를 제외한 인구비례적이고 지역구적이며 남성에 한하는 보통선거제가 실시되었다. 그러나 영국에서도 오늘날과 같은 남녀평등의 보통선거제가 실시된 것은 1928년의 보수당정권 때에 마련된 「플래퍼 법안(Flapper Bill)」에 의해서였다. 이로 인해 당시 영국 전체 인구의 60%에 해당되는 사람들이 유권자로서 정치에 참여할 수 있게 되었다.

미국의 경우에는 건국 초기에 선거권은 일반적으로 재산과 납세요건은 물론이고, 때로는 종교적 요건까지도 필요로 하였다. 그러나 프론티어정신의 발흥과 함께 1850년까지 4개 주(州) — 오하이오 주, 매사추세츠 주, 노스캐롤라이나 주, 델라웨어 주 — 를 제외한 모든 주에서 드디어 남성에 한하는 보통선거제가 실시되었다.

그 후 1870년에는 연방헌법 제15조의 수정을 통해서 그 때까지 대부분의 주에 여전히 남아 있던 인종적 차별요건 — 특히, 흑인에 대한 차별요건 — 이 사라지게 되었다. 그러나 이러한 헌법수정은 문맹자에게 선거권을 주지 못하도록 하는 것을 금하지는 않았기 때문에 남부의 7개 주에서는 흑인이 그 대부분을 차지하는 문맹자들에게는 사실상 선거권을 주지 않았다.

또한 미국에서는 부녀자의 참정권 부여운동이 약 1세기 동안이나 전개되었는데, 1920년에 연방헌법 제19조의 수정을 통해 비로소 여성에게도 선거권이 부여되었다. 그 후 1944년에는 조지아 주에서 그리고 1955년에는 켄터키 주에서 18세 이상의 남녀에게 선거권이 부여되었고, 나머지 주에서도 원칙적으로 21세 이상의 남녀에게 선거권이 부여되었다. 그리하여 미국 전체 인구의 겨우 10%에 불과했던 유권자는 30%로 늘어나게 되었다.

이상에서 살펴본 바와 같이, '1인 1표주의'는 오랜 기간 동안 민중들의 투쟁을 통하여 계급과 신분의 차별을 극복하였고, 1990년대에 들어와 남아프리카공화국에서는 참정권이 제한되었던 흑인에게도 선거권이 부여됨으로써 보편화되기에 이르렀다.

또한 정치적 평등에 있어서 가장 커다란 논쟁거리가 되고 있는 것은 정치자금의 형평성에 관한 문제이다. 각국의 헌법에는 대체로 공직에 선출될 수 있는 기회가 누구에게나 평등하게 보장되어 있음에도 불구하고, 선거과정에서 소요되는 막대한 정치자금으로 인해 능력은 있으나 돈이 없는 사람은 선거운동을 제대로 전개하기가 어려운 형편이다.

우리나라의 경우, 지난 2004년 여당과 야당 간의 합의로 「정치개혁관계법」을 통과시켜 '깨끗하고 돈 안 드는 선거'를 치르기 위한 법적 장치를 마련했으나, 정치인들의 위법행위로 인해 그다지 큰 실효를 거두고 있지는 못한 편이다.

(2) 법 앞에서의 평등

법 앞에서의 평등이란 모든 사람들이 헌법이나 각종 법률체계에 의해 동등하게 대우받아야 한다는 것을 의미한다. 법은 몇몇 특수계층이나 소수 지배계급을 위해서 만들어진 것이 아니라, 한 나라를 구성하는 모든 국민을 위하여 제정된 것이기 때문에 만인은 법 앞에서 평등한 대우를 받아야 한다. 민주사회는 불공평한 사람의 대우를 부정하고, 만인이 법 앞에서 평등한 대우를 받을 것을 요구한다. 이런 점에서 법 앞에서의 평등은 평등의 정의와도 일치하는 것이다.

1789년에 채택된 「프랑스 인권선언」 제6조에는 "법은 보호를 부여하는 경우에도, 처벌을 가하는 경우에도 모든 사람들에게 동등해야 한다"고 규정하고 있고, 또한 제7조에는 "그 누구도 법과 법에 규정된 수속절차에 의하지 않고서는 고소, 체포, 구금되지 않는다. 자의적인 명령을 간청하거나 발령하거나 집행하는 자는 처벌된다"고 규정하고 있다. 이 밖에도 제9조에는 "모든 사람은 유죄판결이 있기 전까지는 무죄로 간주된다. 체포할 수밖에 없다고 판정되더라도 신병을 확보하는 데 불가결하지 않은 모든 강제조처는 법에 의해 엄격히 금지된다"고 밝히고 있다.

사실상 미국과 같은 선진 민주주의국가에서는 사건현장에서 피의자를 체포할 때에도 의무적으로 '미란다원칙'을 고지하도록 하고 있다. 여기에서 말하는 '미란다원칙'이란 범죄피의자를 연행하거나 또는 긴급 구속할 때 그 사유와 변호사의 도움을 받을 수 있는 권리가 있음을 피의자에게 알려주는 원칙이다. 보다 구체적으로 말해서, '미란다원칙'은 1966년 미국 대법원의 판례로 확립된 것으로서, 경찰관이 피의자를 체포·조사하기 전에 묵비권과 변호사 선임권이 있음을 알려줘야 하며, 그렇지 않으면 범행을 자백하더라도 증거능력을 인정치 않는다는 원칙을 말한다.

우리나라 헌법 제11조에도 "모든 국민은 법 앞에 평등하다. 누구든지 성별, 종교 또는 사회적 신분에 의하여 정치적·경제적·사회적·문화적 생활의 모든 영역에 있어서 차별을 받지 아니한다"라고 규정하고 있다. 그럼에도 불구하고, 우리 사회에서는 '유전무죄 무전

유죄(有錢無罪 無錢有罪)'라는 말이 나돌 정도로 특수한 신분에 있는 사람과 그렇지 못한 사람에 대한 법적용에 있어서 불평등함이 있다는 불만이 많이 제기되어 왔다.

2009년 한국법제연구원이 발표한 '한국인의 법의식'에 관한 조사결과에 따르면, "법이 공정하지 않다"고 답한 응답자가 조사대상의 70%에 달했다. 또 3명 중 1명은 "법대로 살면 손해"라고 여겼다. 이처럼 국민 대다수가 법 적용의 공정성과 일관성 결여를 문제 삼고 있는 것이다.

또한 2012년 법률소비자연맹에서 고등학생 3천 명을 대상으로 조사한 결과, 조사대상의 94%가 "권력과 돈이 재판에 영향을 미치며, 10명 중 7명은 법이 공평하지 않다"고 답했다. "법이 잘 지켜지지 않고 있다"고 한 응답자는 무려 90%에 달했고, 법을 안 지키는 사람들로는 정치인과 고위 공직자가 가장 많이 꼽혔다.[29)]

사실상 그동안 우리 사회에서는 지도층인사들인 전직 대통령이나 고위 공직자, 정치인들이 5공비리사건이나 수서비리사건 등과 같은 부정을 저질렀을 경우에 이들에 대한 법적용이 공정치 못하다는 비판이 많이 있어 왔다. 이는 각종 부정부패와 비리사건에 연루된 고위 공직자와 정치인들에 대한 '봐주기식의 선고'가 이루어지고 있다는 것으로서, 그들 중 대다수는 1심에서 실형을 선고받았음에도 불구하고 항소심에서 잇따라 집행유예나 보석으로 풀려남으로써 그들에 대한 선고과정에 있어서 정치적 고려가 이루어지고 있는 것이 아니냐는 지적이 나오고 있다.

또한 최근 우리 사회에서 법 앞의 평등에 위배되는 사항으로 많은

29) 이에 대한 구체적인 내용은 한국법제연구원, "한국인의 법의식 조사", 2009를 참고하기 바람; 〈신동아〉, 2015년 4월호, pp.188-190.

관심을 끌고 있는 것으로는 법조계의 전관예우(前官禮遇) 관행을 들 수 있다. 이는 '국민은 법 앞에 평등하다'고 하는 헌법조항을 정면으로 무시한 법원의 남용된 재량권 행사로서, 형사사건으로 구속된 피의자가 전직 판・검사출신 변호사에게 구속적부심 등을 의뢰했을 때 재판부에서 유리한 판결을 내리는 것을 말한다. 이러한 그릇된 전관예우의 관행이 제대로 개선되지 않는 한 '법 앞의 평등'이란 말은 일반국민들에게 있어서 한낱 그럴 듯한 구호에 그치고 말 것이다.

이 밖에도 일부 역대 통치자들에 의해 남용되어 온 무분별한 사면권 행사도 '법 앞의 평등'과는 거리가 먼 것으로 국민들에게 인식되고 있다. 사면권은 분명 헌법이 부여한 대통령의 권한임에 틀림없다. 그런데 대통령의 임기 만료를 불과 몇 달 남겨둔 상태에서 불법 정치자금 수수 등 각종 정치적 비리와 부성부패를 저지른 자신의 측근인사들에 대해 국회의 동의를 요하지 않는 특별사면을 단행하는 것은 '법 앞의 평등'을 명시한 헌법정신에도 맞지 않을 뿐만 아니라 선량한 국민들을 분노케 하는 것이다. 따라서 대통령의 사면권 행사는 국민들의 법 감정을 고려하여 신중하게 단행될 필요가 있다.

(3) 경제적 평등

자본주의사회에 있어서 경제적 평등이란 사회주의국가에서 표방하는 것처럼 생산수단의 공유나 부의 완전한 동등을 의미하는 것이 아니라, 공평한 부의 분배와 경제적 기회의 평등을 의미하는 것이다. 다시 말해, 자본주의에서 말하는 경제적 평등이란 사회 내의 모든 개인은 경제적 안정의 최저수준이 보장되어야 한다는 것을 의미한다. 만약 어느 정도의 경제적 안정이 이루어지지 않은 상태에서 개개인은 유권자로서의 제한된 역할조차 효과적으로 수행하지 못할 것이라는 점이다.

우리나라의 경우, 지난 1960년대 초반 이래 급속한 경제성장으로 인해 절대빈곤층이 감소하고, 국민들의 개인소득이 증대되는 등 전반적으로 생활수준이 향상되었으나, 오히려 상대적 빈곤감과 상대적 박탈감의 증대와 같은 빈부격차는 날이 갈수록 커지고 있는 실정이다. 그러한 대표적인 예로서 다음과 같은 사항을 들 수 있다. 통계청의 조사결과에 의하면, 절대빈곤층은 1996년 우리나라 전체 가구의 5.9%에서 2000년에는 11.5%로 급증했다는 것이다.[30] 이는 불과 4년 만에 절대빈곤층이 2배 이상 증가한 것이다. 또한 우리나라 국민 6명 중 1명은 '상대적 빈곤'에 처해 있는 등 갈수록 분배구조가 악화되고 있는 것으로 나타나고 있다. 한국보건사회연구원과 한국노동연구원이 2007년 10월 기획예산처에 제출한 '소득분배 및 공적 이전 · 조세 재분배'라는 용역보고서에 따르면, 도시가구의 시장소득 기준 상대빈곤율 — 중위소득 50%가 안 되는 가구소득 인구의 비율 —은 2006년에 16.42%였다. 이러한 상대빈곤율은 관련통계가 나온 1999년 이후 최고치이다. 첫 통계가 나온 1999년 상대빈곤율은 15.01%에서 2002년 13.63%로 떨어졌다. 그러나 노무현정부 출범 이후 상대빈곤율은 지속적으로 상승하여 2006년 16.42%로 2002년보다 2.79%포인트 올랐다.

한편 한국보건사회연구원이 2015년 4월에 발간한 〈우리나라 가계소득과 자산 분포의 특징〉이라는 보고서에 의하면, 우리나라의 경우 자산 불평등이 소득 불평등보다 훨씬 심각하다는 분석결과를 내놓았다. 즉, 이 보고서에 따르면 가처분 소득은 상위 10%가 전체 가처분

30) 〈중앙일보〉, 2004년 6월 10일.

소득의 29.1%, 하위 40%는 13.4%를 갖고 있는 것과 대조적으로, 순자산은 상위 10%가 전체의 43.7%를 하위 40%는 5.9%만 보유하고 있는 것으로 나타났다. 자산 가운데서도 특히 금융과 부동산자산의 불평등도가 높았다. 금융자산의 경우 상위 20%가 63.8%를 갖고 있는 반면, 하위 20%는 0.8%를 갖고 있는 데 머물렀다. 또한 부동산자산의 경우 상위 20%가 66.1%를 보유한 반면, 하위 40% 그룹에서 2.2%를 보유하고 있는 것으로 나타났다.[31)]

이처럼 분배구조가 점차 악화되고 있는 것은 고소득층이 돈을 많이 벌었기 때문이기도 하지만, 그보다는 저소득층의 소득이 악화된 데 따른 영향이 크다. 외환위기 때 가장 큰 격차를 보인 후 조금씩 줄어들던 고소득층과 저소득층 간의 소득격차가 다시 확대되면서 양 계층 간의 의료비 및 교육비 지출격차도 최대수준으로 벌어졌다. 불황의 골이 깊어져 소득이 줄어드는 바람에 경제적으로 어려운 사람은 아파도 병원에 가지 못 하고, 미래를 위한 교육투자도 줄일 정도로 허리띠를 졸라매고 고통 받고 있는 것이다.

1990년대 이후 역대 정부는 그동안 빈부격차를 해소하고, 분배의 정의를 실현하기 위한 법적 · 제도적 장치를 마련할 필요성에서 토지공개념을 도입하였고, 1993년 8월부터는 금융실명제를 그리고 1995년 7월부터는 부동산실명제를 실시하고 있다. 그러나 여러 통계자료에 따르면 아직도 우리 사회의 지하경제 규모는 상당한 것으로 알려지고 있으며, 금융실명제 실시 이후에도 각종 비자금 마련 등을 위해 여전히 가명계좌와 차명계좌가 건재하고 있다는 것이다. 이는 법과 제도의 시행취지와 목적과는 달리, 그동안 정부의 제재가 미온적이

31) 〈중앙일보〉, 2015년 4월 8일.

었고, 은행 등 금융기관도 제도 정착에 비협조적이었음을 반증하는 것이다.

따라서 우리 사회에 있어서 경제적 평등을 실현해 나가기 위해서는 분배의 정의를 실현하기 위한 법과 제도를 만들어 나가는 것도 나름대로 의미가 있지만, 이를 공정하고 철저하게 시행해 나가는 것이 더 중요하다고 하겠다.

(4) 사회적 평등

사회적 평등이란 공적 혹은 사적인 단체가 국민 개개인이 그 안에서 취하는 활동을 인위적으로 방해할 수 없다는 것을 의미한다. 다시 말해서, 사회적 평등이란 인종, 종교, 계급, 신분 등이 개인의 천부적 능력에 영향을 미치지 않는다는 것을 의미하는 신분상의 평등개념으로서, 이는 특권이 아닌 기회의 평등을 의미한다.

특히, 사회적 평등의 한 형태로서의 기회의 평등은 사회적 계층의 이동체계와 관련되는 것이다. 따라서 기회의 평등은 첫째, 사회의 모든 개인은 자신의 능력여하에 따라 계급이나 또는 신분체계 내에서 상하로 자유롭게 이동할 수 있으며, 둘째, 어떤 사람이 자신의 능력과 노력으로 달성할 수 있는 것을 억제하는 인위적 장벽이 존재해서는 안 된다는 것을 의미한다.

그런데 현대사회에는 남녀평등주의(feminism)에 반대되는 여성차별주의(sexism)가 분명히 존재하고 있다. 예를 들어, 시사주간지인 『뉴스위크(Newsweek)』에 따르면, 제3세계의 여성들은 남성들보다 40%나 적은 임금을 받으면서도 노동시간은 오히려 25%나 많으며, 그 밖에 교육과 정치참여, 토지소유 등에서 많은 제한을 받고 있다는 것이다.[32] 국제앰네스티도 1995년 〈여성 인권보고서〉를 통해 "전쟁과 뿌리 깊은 차별의식, 여성운동에 대한 억압 때문에 오늘날 여성은 인권유린의 대상이 되고 있다"고 밝힌 바 있다.[33)]

전 세계는 남녀평등한 사회를 지향하기 위해 1979년 유엔총회를 통해 「여성차별철폐협약」을 채택하였으며, 지난 1995년에 열린 제4차 세계여성회의에서는 「북경행동강령」을 채택하여 여성발전을 위한 효과적인 이행을 촉구하였다. 우리나라는 1984년 「여성차별철폐협약」에 가입하였으며, 정부는 여성발전에 대한 국내외적 여건의 변화에 맞추어 「여성발전기본법」을 제정하였다. 「여성발전기본법」에 따르면, 국가 및 지방자치단체는 남녀평등의 촉진 등을 위해 필요한 법적 · 제도적 장치의 마련과 재원을 조달할 책무를 지며, 장관과 시 · 도 지사는 여성정책의 기본계획을 수립 · 시행해야 한다.

그럼에도 불구하고, 우리나라에는 여성에 대한 차별이 가정, 학교, 직장 등 사회 도처에서 나타나고 있다. 우리나라 여성들은 자신들의 능력과는 상관없이 정치참여는 물론, 취업과 임금, 대우의 측면에서 남성들에 비해 차별을 받고 있으며, 때때로 성희롱과 성폭력에 시달리고 있다.

한국노동연구원이 개발한 '성별 고용평등지표'에 의하면, 여성의 노동 위상도(관리직 비율)는 2006년 8.1%로서 여성의 관리직 비율이 남성의 10분의 1 수준에도 미치지 못하는 것으로 파악돼 여성에 대한 승진 차별관행이 여전한 것으로 분석되었다. 또한 여성의 노동 보상도(시간당 임금비율)도 남성에 비해 69.4% 수준에 그쳤고, 노동 참여도(임금근로자 비율)와 직업 안정도(상용직 비율)는 각각 68.7%와 61.3%를 기록하였다.[34)]

---

32) *Newsweek*, March 11, 1992.

33) 〈동아일보〉, 1995년 3월 9일.

스위스의 민간 싱크탱크인 세계경제포럼(WEF)이 2014년 10월에 발표한 〈남녀 격차 보고〉에서 조사대상 142개국 중 한국은 117위를 차지하여 2013년의 111위에서 6계단 더 내려갔다. WEF는 고용, 취학기회, 건강, 정계진출 등을 둘러싼 성별 간 격차를 수치화해서 이와 같은 순위를 매겼다. 참고로 1위 아이슬란드, 2위 핀란드, 3위 노르웨이, 4위 스웨덴, 5위 덴마크 등 북유럽국가들이 최상위권을 차지했으며, 미국은 20위, 중국은 87위, 일본은 104위를 차지하였다.[35]

한편 2012년 4월에 실시된 제19대 국회의원 선거를 통해 모두 47명의 여성의원들이 국회에 진출하게 되었다. 이는 비율로 보면 전체 국회의원의 15.7%로서, 16대 국회의 여성의원 비율인 5.9%(16명)와 비교해 볼 때 2배가 훨씬 넘는 약진이다. 이에 따라 국제의회연맹(IPU)이 집계하는 국가별 여성의원 순위에서 한국은 세계 평균치에 도달하게 되었다. 이처럼 19대 총선을 계기로 우리나라 여성들의 정계 진출은 급증했지만, 아직도 서유럽국가 등 선진국들에 비해서는 여성들의 정계진출이 저조한 편이다.[36]

이 밖에도 오늘날 우리나라는 고학력 여성들이 많이 양성되고 있으나, 실제 활용실태는 경제협력개발기구(OECD) 회원국 중 최하위 수준에 머무르고 있으며, 특히 대졸 이상 여성의 경제활동참가율은 54%로 OECD 회원국(평균 78.4%) 중 최하위에 속한다.

한편 우리 사회와 기업체에서 점차 보편화되고 있는 능력본위제도(merit system)와 1988년부터 실시되고 있는 「남녀고용평등법」은 바

---

34) 〈연합뉴스〉, 2006년 11월 6일.
35) 〈연합뉴스〉, 2014년 10월 28일.
36) 〈중앙일보〉, 2012년 4월 28일.

로 기회의 평등을 보장하기 위한 법적 · 제도적 장치라고 할 수 있다. 또한 우리 사회에서는 효과적인 성매매행위의 예방과 성매매에 종사하는 여성들의 인권보호를 위해 2004년 9월부터 「성매매방지특별법」이 시행되고 있다. 이 밖에도 여성단체를 비롯한 여러 시민단체는 오래 전부터 호주제 폐지를 위해 많은 노력을 기울여 왔는데, 만약 호주제가 폐지되면 우선 차별적 가족문화에서 벗어나 평등한 가족문화가 창출될 것으로 기대된다. 다시 말해, 호주제 폐지를 통해 차별 없는 가족문화를 경험하게 되면 우리가 지향하는 양성평등한 사회와 탈권위주의적 사회, 더 나아가 모든 유형의 차별이 없는 선진사회로 진입하게 될 것이다.[37)]

이처럼 남녀평등의 사회를 이룩하기 위한 각계각층의 노력에도 불구하고, 우리 사회에서 남존여비(男尊女卑)의 전통적인 가부장제 풍습이 존속하고, 많은 여성들이 가정과 학교, 직장 등에서 그러한 잘못된 풍습을 당연한 것으로 받아들이는 한 우리 사회에서 여성들의 진정한 기회의 평등은 결코 이루어질 수 없다. 다시 말해서, 기회의 평등을 포함한 사회적 평등은 단순히 법적 · 제도적 장치의 마련을 통해서만 보장되는 것은 아니며, 사회구성원의 그릇된 성차별의식의 타파와 같은 의식구조의 변화가 선결과제라고 하겠다.

이상에서 민주주의의 이상과 관련하여 인간존중사상뿐만 아니라 자유와 평등의 의미와 유형을 사례분석을 통해 살펴보았다. 자유는 어느 특정인만이 향유할 수 있는 전유물이 아니다. 모든 사람들이 똑같은 정도의 자유를 향유하고 행사할 수 있게 하기 위해서는 평등의 조건이 요청된다. 따라서 자유의 개념은 평등의 개념과 연관되어

---

37) 한국여성개발원, "2004~2005 여성정책의 평가와 전망," 『제24차 여성정책포럼 자료집』, 2004. 12, pp. 7-8.

이해되어져야 한다. 그러나 우리의 현실생활에서는 자유와 평등이 어느 정도 상충되는 제로 · 섬(zero-sum)관계에 있다. 이와 관련하여 세바인(George H. Sabine)은 "자유가 증대되면 될수록 평등은 줄어들고, 평등이 증대되면 될수록 자유는 줄어든다"[38]고 표현한 바 있다. 이는 인간이 자유를 지나치게 강조하다보면 불평등해지기 마련이고, 평등을 지나치게 강조하다보면 더 이상 자유롭지 못하게 된다는 것을 의미하는 것이다.

만일 우리가 자유를 절대시하여 무제한의 자유를 추구한다면, 다른 사람들의 자유를 침해할 수 있고, 무질서한 경쟁상태를 초래하여 평등이 보장될 수 없게 된다. 이와 반대로 공산주의사회처럼 평등을 절대시하여 개인의 육체적 · 정신적 능력 차이를 무시하고 외부의 강제력에 의해 획일적으로 개인의 활동을 규제하려고 한다면, 개성의 말살은 물론 자유를 구속하는 결과를 초래할 것이다.

따라서 어떤 사람들은 어떤 형태의 평등의 달성은 필수적이라고 주장하는 반면, 다른 사람들은 그것은 불가능하다고 주장한다. 또한 평등의 어떤 형태가 가능하다고 하여도 그것은 바람직스럽지 않다는 견해도 있다. 이처럼 평등에 관한 견해가 제각기 다른 것은 매우 다른 종류의 평등을 하나의 개념으로 묶은 데서 비롯되는 것이다. 생활방식으로서의 자유와 평등은 어느 정도 제약성과 차별성을 띠지 않을 수 없다. 자유가 제약성을 띠고, 평등이 차별성을 띨 때에 양자는 조화되고 양립될 수 있는 것이다.

민주주의는 '자격 있는 대다수 국민들이 자유롭고 평등하게 의사결정에 참여하는 정치'를 의미하지만, 모든 정치적 의사결정에 모든

---

38) George H. Sabine, "The Two Democratic Traditions," *The Philosophical Review*, vol. 61(October 1952), p. 452.

시민들이 참여한다는 이른바 '전체시민(total citizen)'이란 환상일 뿐 현실적으로 존재할 수 없다.

그러나 자유와 평등은 인간의 가치를 높이고, 각자의 자아실현을 통한 행복한 생활을 영위할 수 있게 하는, 다시 말해서 민주주의이념을 구현하기 위한 이상이기 때문에 이들 양자간의 조화를 이루어 나가는 것이 매우 어렵지만 아주 중요한 일이라고 하겠다. 따라서 자유와 평등의 구현은 사회 내의 다른 부분들에서 제기된 욕구의 충족과 목표의 달성을 동시에 고려하면서 이루어져야 한다.

제4장
민주주의의 정신적 토대와 원리

민주주의를 달성하기 위한 조건에 대해서는 학자들에 따라 다소 관점의 차이가 있지만, 그 중에서도 가장 핵심을 이루는 것은 정신적 조건이라고 할 수 있다. 왜냐하면 아무리 제도적 · 법률적으로는 민주적인 사회라고 할지라도, 그러한 사회의 구성원들이 비민주적인 사고와 행태를 지니고 있는 한 그것은 진정한 의미에서 민주사회라고는 일컬을 수 없기 때문이다. 특히, 민주주의란 각 개개인의 신념과 태도, 습관, 행동의 다양성에 토대를 두고 있기 때문에, 이러한 다양성을 용인하는 정신과 태도야말로 민주주의에 있어서 매우 중요한 조건이 되는 것이다.

이러한 관점에서 여기에서는 민주주의의 정신적 토대가 되고 있는 관용의 정신과 자율정신에 대해 살펴보고, 이와 더불어 민주주의의 주요 원리이자 특징인 다수결원리와 권력분립론에 대해서도 다루어 보기로 한다.

제1절 관용의 정신

민주주의에 있어서 핵심사항 중의 하나는 사람들간의 기본적인 신념이나 태도, 견해의 차이에 대한 인정이고, 더욱 중요한 것은 이러한 차이를 수용하는 것이기 때문에 관용은 현대민주주의의 기본적이고도 중요한 정신적 토대가 되고 있다. 그러나 역사적으로 볼 때, 대다수의 사람들은 자신과 다른 성(性), 피부색, 종교, 의견 등을 갖고 있다는 이유만으로 상대방을 차별하고 멸시하고 혐오하는 등 관용과는 거리가 먼 불관용적인 태도와 정신을 지녀 왔다.

특히, 이러한 점은 오늘날 민주주의의 모델국가로 간주되고 있는 미국이나 서유럽국가들에서도 보편적인 현상이 되어 왔다는 사실은 일종의 아이러니라고 할 수 있다. 더욱이 인종적 · 성적 · 종교적 문제에 대한 불관용적인 태도는 거의 대부분 파괴와 테러 그리고 분쟁이라는 비민주적이고 폭력적인 양상을 수반해 왔다는 점에서 이는 민주주의가 지향하는 주요 가치들과는 완전히 배치되는 것이다.[1)]

따라서 여기에서는 관용의 본질을 살펴보기 위해 먼저 관용의 개념과 상황 그리고 범위에 대해 고찰해보고, 현실사회에서 불관용적인 정신과 태도가 실제로 어떻게 나타나고 있는가 하는 점을 인종적 · 성적 · 종교적인 세 가지 유형으로 나누어 구체적으로 살펴보기로 한다.

---

1) 강석찬, "민주주의의 정신적 조건으로서의 관용에 관한 연구," 『국민윤리연구』, 제31호(1992), p. 190.

1. 관용의 개념

오늘날 관용이라는 개념은 종교문제 이외에 정치적 문제와 다른 신념 및 생활방식에까지 확대되어 사용되는 경향이 있다. 우리가 민주주의와 관련하여 흔히 사용하는 자유라는 개념은 비록 우리가 다른 사람들과 견해를 달리하여도 그들을 받아들이는 많은 영역을 포함하게 된다.[2] 그렇기 때문에 자유의 개념이 표현되는 또 다른 측면은 다양한 신념과 삶의 방식에 대한 관용이다.

이런 점에서 볼 때, 관용(toleration or tolerance)이란 일반적으로 자기가 나쁘다고 믿는 것을 다른 사람이 믿을 때 이를 용인하는 것을 의미한다. 다시 말해서, 관용이란 자기와 다른 생활태도, 신념, 습관, 행동양식 등을 갖고 있는 사람들에 대해 반대하거나 차별하는 태도, 즉 획일적인 사고방식을 갖지 않는다는 것을 의미한다.[3] 종교적인 관용은 그러한 가장 명백한 사례이자, 어떤 점에서 그것은 또한 가장 어려운 사례이기도 하다.

관용의 정신은 본질적으로 모든 사람들이 서로 대등한 입장에서 진리추구를 위하여 노력해야 한다고 보는 곳에서 나타난다. 따라서 개별적인 입장을 유일하고 절대적인 것으로 확신하고, 다른 사람의 입장을 부정하는 경우에는 진리라는 공통의 기반이 상실되기 때문에 자기의 입장도 역시 부정되는 것이다.

그러나 관용이라는 것은 아무런 원칙도 없이 잠자코 받아들이는

---

2) 이에 대해서는 Preston King, *Toleration*(New York: St. Martin's Press, 1976) 및 Glenn E. Tinder, *Tolerance: Toward a New Civility*(Amherst: University of Massachusetts Press, 1975)를 참고할 것.

3) William F. Russell & Thomas H. Briggs, *The Meaning of Democracy*(New York: The Macmillan Co., 1967), pp. 116-128.

묵인(acquiescence)과는 다르다. 단순한 묵인의 경우에 각자는 제각기 자기의 편의를 생각해서 그렇게 하는 것이지, 결코 진리를 생각해서 그렇게 하는 것은 아니다. 이와는 달리 관용은 자기의 신념을 공통의 기반인 진리에다 기초를 두려고 하는 마음이며, 또한 이러한 공통의 기반이 있기 때문에 그것은 다른 사람의 의견을 존중하는 입장이기도 한 것이다.

따라서 이와 같은 공통의 기반을 벗어나는 것, 즉 인간의 대등성을 부정한다든가 혹은 인간의 존엄성을 부정하는 곳에서는 결코 관용이라는 것은 보여질 수 없다. 즉, 그것은 관용이 아니라, 단순한 무정견(無定見)일 뿐만 아니라 도리어 관용 그 자체를 불가능하게 만드는 것이기 때문이다.[4)]

역사적으로 볼 때, 관용의 기원은 아담이 선악과(善惡果)를 따먹고 하느님의 계명을 어긴 죄에 대한 대가로서 에덴동산으로부터 쫓겨난 데에서부터 찾아볼 수 있으며, 철학적으로는 이상국가로부터 예술가들을 추방시켜야 한다고 주장한 플라톤(Platon)의 저서 『국가론(The Republic)』에서 찾아볼 수 있다.

그러나 보다 구체적으로 살펴볼 때, 관용의 역사는 로크(J. Locke)가 저술한 『관용에 관한 서한(Letter on Toleration, 1689)』이 발간된 17세기로부터 시작된다고 할 수 있다. 이러한 로크의 저서가 지니는 중요성은 그것이 종교개혁기에 있어서 영국과 유럽에서의 종교적 관용에 대한 특수하고도 실제적인 문제들을 다루고 있을 뿐만 아니라 그것은 특히 종교적 다양성에 대한 관용의 보다 일반적이고도 철학적인

---

4) Gunzo Kojima, ed., *The Philosophical Foundations for Democratizations for Democratic Education in Japan*(Tokyo: The Institute of Educational Research and Service, International Christian University, 1960), pp. 52-53.

정당성을 제시하고자 했던 데 있다. 가장 중요한 점은 이러한 로크의 정치철학이 자유주의 탄생의 시발점이 되었을 뿐만 아니라 그의 저서인 『관용에 관한 서한』은 관용의 자유주의적 정당성을 최초로 제시했다는 점에 있다.

그런데 17세기 말까지만 하더라도 관용이라는 용어는 대체로 부정적인 의미를 지니고 있었고, 오히려 불관용이 긍정적인 의미를 지니고 있었다. 그러나 시대가 흐름에 따라 그러한 용어의 함축적인 의미는 변화되어 관용이 선이고 불관용은 악으로 간주되었다.

비록 로크는 밀(J. S. Mill)에 비해 관용에 대해 덜 강조했지만, 그가 주장했거나 의미했던 관용은 질서와 평화로 이끄는 것이라고 보았다. 즉, 로크는 관용이 종교적 파벌을 인정함으로써 사회적인 혼란을 초래한다는 그의 시대의 통념을 반박하고, 오히려 사람들을 선동적인 폭동으로 이끄는 것은 곧 억압이라고 주장하였다.[5] 이처럼 억압이 관용에 의해 대체되어질 때 비로소 폭동은 사라지게 된다고 그는 보았다.

이에 비해 밀은 관용이 단순한 질서 이상의 보다 커다란 선(善), 즉 진보(progress)를 가져다줄 것이라고 생각하였다. 그는 진보의 확실하고도 영구적인 원천은 자유라고 말하였다. 왜냐하면 여러 개개인들이 존재하는 것처럼, 진보의 많은 독립적 요소들은 자유에 의해 존재하기 때문이라는 것이다.[6] 그런데 이러한 밀의 주장에는 다소의 부적절함이 있다. 왜냐하면 자유가 단순히 진보에 있어 바람직하다

---

5) John Locke, *On Politics and Education*, edited by Howard Penniman(New York: D. Van Nostrand, 1967), p. 61.

6) John Stuart Mill, *Utilitarian Liberty and Representative Government,* introduced by A. D. Lindsay(New York: E. P. Dutton & Co., 1951), p. 171.

거나 진보의 필요조건이 되는 것은 아니기 때문이다.

이러한 개념상의 차이점에도 불구하고, 로크와 밀은 관용이 역사적으로 유익한 것이라는 공통된 신념을 지니고 있었다. 비록 그들은 다른 시대에 살았기 때문에 자신들이 생각했던 이익의 내용은 상이했지만, 관용의 역사적 결과에 대한 양자의 태도는 만족할 만한 것이었다.

사실상 민주주의에 있어서 자유의 개념 속에는 외부의 간섭 없이 자기가 하고 싶은 대로 생활하고 행동할 수 있는 자유가 포함되어 있다. 그렇기 때문에 자신의 행동이나 습관이 다른 사람들의 자유를 침해하거나 방해하지 않는 범위 내에서는 개인 고유의 사고, 행동, 습관이 허용되어야 하며, 이것이 바로 민주사회에서 시민이 지녀야 할 관용의 태도인 것이다.

2. 관용의 상황과 조건

일반적으로 말해서, 관용이란 단순히 상대방을 가만히 내버려두거나 또는 상대방을 괴롭히지 않는다는 것을 의미하는 것으로서, 관용이 이루어지는 상황에는 대체로 다음과 같은 두 가지 공통된 특징이 있다.

첫째, 관용의 문제는 다양성의 상황에서 나타난다. 둘째, 관용은 불승인이나 반감, 혐오 등과 같이 다양성이 전개되고 있는 상황에서 나타난다. 예를 들어, 동성애(同性愛)에 대한 불관용은 그것이 비정상적인 성적 관행이라고 하는 사실과 그러한 관행은 좋게 말해서 이성애보다 못하고, 가장 나쁘게는 역겨운 성적 도착증세(性的 倒錯症勢)라고 하는 신념에 근거를 두고 있다. 이러한 특징들, 즉 불승인이나 반감 또는 혐오 등과 결부된 다양성은 자유나 승낙 또는 무관심과는 반대되는 것으로서, 관용을 말하는 조건들과는 동떨어진 것이기 때문에 관용의 상황이라고 불리어질 수 있다. 다른 사람들의 상이한 관습이나 행동을 단순히 허용한다는 것은 그것들에 대해 반대하거나 그것들을 승인하지 않는다는 것은 아니지만, 그렇다고 해서 그것은 관용을 베푸는 것이라기보다는 단지 자유를 지지하는 것이다. 이에 대해 크랜스턴(M. Cranston)은 다음과 같이 말하였다.

> 관용이란 일치되지 않는 문제이다. 이는 관용의 문제가 단지 일치되지 않는 사항들 — 즉, 반론, 파괴, 매춘, 약물남용, 낙태 등 — 과 관련되어 나타나고 있기 때문이다. 만약에 우리가 찬성하지 않는 사항들이 존재하지 않는다면, 관용이라는 개념은 결코 도입될 필요가 없다. 왜냐하면 그것은 자유라고 부르는 것으로 충분할 것이기 때문이다. 우리가 사람들의 자유에 대해 말할 때 그것은 그들이 자신들의 자유를 누리는 데 대해서 어떠한 비판도 내포돼 있지 않은 것이다. 그러나 단지 바람직스럽지 않은 것은 관용의 대상이 될 뿐이다.[7)]

관용의 보다 큰 필요조건은 관용을 베푸는 자는 관용되어지는 자의 행위에 대해 영향을 미치는 위치에 있어야 한다는 것이다. 예를 들어, 종교문제의 경우에 있어서 많은 사람들은 자신과 다른 종교를 갖고 있는 사람들을 배척하거나 박해하는 경향이 있다. 우리는 이러한 사실을 인류역사상 무수히 많이 경험해 왔으며, 현재에도 이러한 박해와 핍박이 도처에서 나타나고 있다.[8)] 그러나 비록 우리가 다른 종교를 인정하거나 또는 그것을 박해할 만한 힘을 갖고 있다고 할지

---

7) M. Cranston, "John Locke and the Case of Toleration," in S. Mendus and D. Edwards, eds., *On Toleration*(Oxford: Clarendon, 1987), p. 101.
8) Russell & Briggs, *op. cit.*, pp. 120-128.

라도 그것을 삼가는 경우에 있어서만 단지 관용을 베푼다고 말할 수 있을 것이다. 이러한 힘은 법률적인 힘이 될 수도 있고, 그렇지 않을 수도 있다.

비록 개개인으로서의 우리들은 동성애를 금지하는 법률을 변경시킬 만한 위치에 놓여 있지 않다고 할지라도, 동성애를 즐기는 사람들에게 영향을 미치는 사회적 압력을 가함으로써 그들에 대해 관용을 베풀지 않을 수도 있다. 예를 들어, 미국 전체에서 관용과 진보정치의 표본이라고 알려져 온 오레곤(Oregon) 주의 유권자들은 1992년 11월 동성애를 '비정상적이고 잘못되었으며, 부자연스럽고 변태적인 것'으로 간주하고, 주 의회에서 성적 취향을 근거로 동성연애자들을 보호하는 법안을 통과시키지 못하도록 하는 찬반투표를 실시한 바 있다.[9] 또한 밀이 주장한 '여론의 지배'라고 하는 것도 1967년 영국에서 「성범죄법령(the Sexual Offences Act)」이 채택되기 이전까지는 동성애에 대한 불관용의 분명한 표현이 되어 왔다.

다시 말해서, 관용의 필요조건은 관용을 베푸는 자가 각종 행위에 대해 간섭하거나, 영향을 미치거나 또는 그것을 제거할 만한 힘을 갖고 있되, 그러한 힘의 행사를 삼가야만 한다는 것이다. 관용이 간섭하는 것에 대한 단순한 거절 이상의 것 — 즉, 단순히 가만히 내버려두는 것 이상의 것 — 을 요하는가 그렇지 않은가 하는 것은 중요한 문제이지만, 그러한 거절은 최소한 관용의 필요조건이라고 할 수 있다.[10]

이상에서 살펴본 관용의 상황이나 조건과 더불어 학자들은 관용의 범위에 대한 문제들을 제기하고 있는데, 여기에는 두 가지의 상이한

---

9) *Newsweek*, September 23, 1992.

10) 강석찬, 앞의 논문, p. 179.

주장을 하는 학파가 존재하고 있다.

첫 번째 학파는 관용이란 우리가 도덕적으로 인정하지 않는 사항들에 대해서만 적절히 적용될 수 있는 개념이라고 믿고 있는 데 반해, 두 번째 학파는 관용이라는 개념이 우리가 단순히 싫어하는 것들에도 똑같이 적용될 수 있는 개념이라고 주장하고 있다. 즉, 전자는 관용을 좁은 의미에서 파악하고 있고, 후자는 이를 보다 광범위하게 파악하고 있는 것이다.

이러한 두 학파의 장점을 논함에 있어서 후자의 입장은 그것이 관용의 일반적인 사용에 보다 잘 들어맞는다는 점 때문에 부분적이나마 지지를 받고 있다. 그러나 이처럼 관용을 광범위하게 해석하는 것은 종교적 관용에 대한 이해에 있어서 여러 가지 문제들을 제기한다.

그 반면에 관용을 좁은 의미로 또는 도덕적인 토대에서 설명하는 사람들은 종교적인 불관용에 관해 말하는 타당성에 대해서 부정적인 태도를 지니는 경향이 있다. 왜냐하면 인종적인 차별이나 불관용을 도덕적인 불승인과 연결시키는 것은 아주 미묘한 문제이기 때문이다. 또한 인종차별주의자들은 아주 종종 반감이나 또는 혐오에 의해 자극되어진다. 즉, 편견이나 도덕적인 불승인이 아닌 완고함은 인종차별의 징표가 되고 있다.[11)]

이처럼 관용의 범위를 어떻게 정하느냐 하는 것은 사람들 각자가 처해 있는 상황이나 입장 또는 이해관계에 따라 제각기 상이하기 때문에 오늘날 많은 논란거리가 되고 있다.

---

11) Susan Mendus, *Toleration and the Limits of Liberalism*(London: Macmillan Education, Ltd., 1989), pp. 15-16.

3. 불관용의 유형과 사례

(1) 인종적 불관용

현대사회에 있어서 관용의 문제는 아주 종종 인종적인 문제와 관련되어 나타난다. 그 대표적인 실례는 세계에서 가장 인종차별적인 국가라고 알려져 있는 남아프리카공화국에서 찾아볼 수 있다. 2014년 기준 남아프리카공화국의 인종구성을 살펴보면, 흑인이 전체의 79.4%, 백인이 9.2%, 혼혈인 8.8%, 아시아계 2.6%를 차지하고 있다.[12] 남아프리카공화국에는 흑백간의 인종차별법률인 「아파르트헤이트(Apartheid)법」이 존재해 왔다. 남아프리카공화국 정부는 1949년에 「인종간 혼인금지법」을, 1950년에는 「거주지 구획법」, 「반(反)윤리법」 등을 제정하여 흑인들에 대한 인종차별정책을 시행한 데 이어, 1970년에는 소위 「반투족 시민권 소지 의무화법」을 제정하여 흑인들의 남아프리카공화국 시민권을 박탈한 바 있다.

그런데 1992년 3월 당시 남아공의 데 클레르크(Frederik W. De Klerk) 대통령이 인종차별정책의 철폐와 '다인종 민주주의'의 실현을 목표로 흑인들의 참정권 허용여부를 묻는 국민투표를 실시하여 60% 이상의 지지를 받아 통과되었다. 그런데 아이러니컬한 것은 그러한 국민투표에 정치참여의 대상이 되고 있는 흑인을 배제한 3백 30만 명의 백인 유권자들만이 참여했다는 사실이다.[13] 결국 1994년 4월에는 남아공에서 제헌의회를 구성할 다인종 자유총선이 실시되었다. 이는 3백 50여 년에 걸친 소수 백인의 다수 흑인들에 대한 통치역사에 종지부를 찍는 총선으로서, 총선결과 만델라(Nelson R. Mandela)가

---

12) 이에 대해서는 외교부 홈페이지의 '국가 및 지역 정보', 2015를 참고.

13) 〈조선일보〉, 1992년 3월 19일.

62.6%의 지지율을 얻어 최초의 흑인대통령에 당선되었다.

이러한 사실을 통해서도 살펴볼 수 있는 것처럼, 남아프리카공화국에서는 1990년대 이후 과거의 인종차별정책에서 탈피하여 인종적인 관용정책을 펼치고 있지만, 아직도 인종적인 차별과 편견은 완전히 사라지지 않고 있다.

한편 영국에서는 1981년 4월 브릭스턴(Brixton)에서 대규모의 소요가 발생했는데, 그러한 소요사태는 바로 인종적인 불관용과 매우 깊은 연관성을 지닌 것이었다. 이에 대해 스카맨(Scarman)은 다음과 같이 언급하였다.

> 인종적인 불이익문제에 관해 내가 수집한 모든 증거들을 살펴볼 때 흑인들에 대한 인종적 편견과 차별 — 그것들은 종종 가리어지고, 또한 무관심상태에 놓여지게 되지만 — 은 사회적 긴장과 갈등의 주요 요인이 되고 있다 …… 흑인과 같은 소수 인종들은 일단 박탈감을 느끼게 되면, 그들은 참을 수 없을 정도로 분노를 일으키게 된다.[14]

스카맨이 지적한 것처럼, 인종적인 불관용과 차별은 무질서의 직접적인 요인으로 확인되고 있지는 않지만, 흑인들은 대체로 자신들의 빈곤과 결핍을 인종적인 차별 탓으로 돌리는 경향이 있다.

그런데 인종적인 불관용은 다인종국가인 미국의 경우에 그 역사가 훨씬 더 오래되었다. 즉, 지난 1917년 이후에만 하더라도 미국 전역에서는 모두 10여 차례의 흑백간의 인종분규가 발생하였다. 그 대표적인 사례가 1965년 8월에 발생한 로스앤젤레스에서의 '와츠폭동사건'과 1968년 4월 킹(Martin Luther King) 목사의 암살 직후 미국 1백

---

14) Lord Scarman, *The Scarman Report: The Brixton Disorders, April 10~12, 1981*(Harmondsworth: Penguin, 1986), pp. 172-175.

25개 도시에서 발생한 대규모 인종폭동사건이다. 또한 1982년 11월에는 미국 수도 워싱턴에서 백인우월주의를 내세우는 극우 테러집단인 '3K단(Ku Klux Klan, KKK)'의 시위에 반대하는 흑인들의 움직임이 경찰의 과잉대응으로 인해 대규모 폭동으로 발전하기도 하였다.

한편 1992년 4월 29일부터 5월 2일까지 나흘간 미국의 로스앤젤레스를 비롯한 서부지역에서는 대규모의 흑인폭동이 발생한 적이 있다. 이러한 폭동은 1991년 승용차를 과속으로 몰던 흑인운전자를 무차별 구타하여 기소된 네 명의 백인 경찰관들이 주로 백인들로 구성된 배심원들에 의해 무죄평결을 받은 것이 직접적인 계기가 되어 발생한 것이다. 이와 같은 대규모 폭동사태로 인해 로스앤젤레스를 비롯한 미국 전역에서 51명이 죽고 2천여 명이 부상당했으며, 로스앤젤레스의 코리아타운을 비롯한 7천여 개의 점포가 파손되어 약 10억 달러 상당의 재산손실이 발생한 것으로 알려졌다.[15]

이러한 흑인폭동사태에 대해 세계적으로 권위 있는 민간단체인 로마클럽(the Club of Rome)은 『생존의 문제들』이라는 책자를 통해 "미국 전체인구의 10%가 넘는 3천 7백만 명이 절대빈곤상태에 놓여 있으며, 로스앤젤레스의 흑인폭동도 이런 맥락에서 파악될 수 있다"[16]고 하여 미국사회에 내재하고 있는 '부익부 빈익빈'의 심화현상이 흑인에 대한 인종차별과 결부되어 대규모의 폭동으로까지 발전되었던 것으로 분석하였다.

2014년 기준 미국의 전체인구는 약 3억 명으로서, 이 중 백인이 77.7%로 다수를 차지하고 있고, 그 다음 흑인이 13.2%, 아시아계 5.3%, 원주민 1.4%, 기타 2.4%를 차지하고 있다.[17] 그런데 1960년대

15) *Newsweek*, May 13, 1992.

16) 〈한국일보〉, 1992년 6월 30일.

이후 흑인 민권운동이 벌어진 지난 30여 년간 흑인과 백인간의 경제적 격차는 크게 벌어져 흑인의 평균소득은 백인의 57%선에 불과하며, 흑인 어린이의 50% 정도가 빈곤선(貧困線) 이하에서 생활하고 있다. 특히, 1990년의 경우 미국 전체인구의 12%인 흑인이 교도소 수감자의 45.3%를 차지하고 있고, 그로 인해 흑인가정 가운데 여성세대주로 구성된 가정은 1950년의 17.2%에서 1990년에는 56.2%로 급증하는 등 가정파괴현상까지 심화되고 있다.[18)]

물론 미국사회에는 표면적으로 볼 때 인종차별적인 법이나 제도 그리고 정책이 존재하지 않는다. 그럼에도 불구하고, 미국사회는 지도층으로부터 사회 하층부에 이르기까지 현실적으로 상당한 인종차별현상이 나타나고 있다. 미국사회에 있어서 흑인을 비롯한 유색인종에 대한 차별현상이 두드러지게 나타나고 있음은 다음과 같은 실례를 통해서도 명확히 살펴볼 수 있다. 미국의 『월 스트리트 저널(The Wall Street Journal)』지는 미국 내에서 유색인종들에 대한 불공평한 대우가 얼마만큼 극심하게 나타나고 있는가 하는 점을 각종 통계자료를 인용하여 보도하고 있다.

첫 번째로 지적할 수 있는 것은 유색인종들에 대한 불공정한 재판이 이루어지고 있다는 점이다. 앞에서도 살펴본 것처럼, 미국 전체인구의 13%에 불과한 흑인이 전체 수감자 중 차지하는 비율이 45% 이상에 이르고 있다는 것이다. 이는 흑인들의 범죄율이 그 만큼 높기 때문이 아니라 불공평한 재판 때문이라는 것이다. 『월 스트리트 저널』이 동일범죄에 대한 재판을 분석한 결과, 흑인들은 백인들보다 49% 이상의 형기를 더 많이 선고받는다는 것이다.

---

17) 외교부 홈페이지의 '국가 및 지역 정보', 2015.
18) 〈한겨레신문〉, 1992년 5월 2일.

두 번째로는 미국사회에 있어서 권력핵심의 하나가 되고 있는 법관의 수에 있어서 인종간의 뚜렷한 불평등현상을 들 수 있다. 미국 각 주의 대법관 3백 56명 중 백인은 전체의 96%인 3백 40명을 차지하고 있는 데 반해, 흑인은 15명 그리고 중남미계는 1명으로서 나머지 4%를 차지하고 있을 뿐이다. 더욱이 대통령이 임명하는 연방법원 재판관의 경우, 카터행정부 때에는 전체 재판관 중 흑인이 37명, 중남미계가 16명, 아시아계가 2명이었으나, 레이건행정부 때에는 흑인 8명, 중남미계 13명, 아시아계 2명으로 급격히 감소하였다. 그러다가 부시행정부가 출범한 이후에는 흑인 8명, 중남미계 4명, 아시아계는 단 한 명도 없는 등 계속 감소추세를 보이고 있다.[19)]

이러한 사실은 백인을 제외한 유색인종들의 지적 수준이나 업무추진능력 등이 백인들에 비해 월등히 떨어지고 있기 때문이라기보다는 오히려 미국사회 내에 만연해 있는 백인우월의식과 소수를 지배하려는 다수의 본능적인 성향 때문이라고 할 수 있다. 다시 말해서, 미국사회에 있어서 인종적인 불평등과 불관용의 근원은 다수 백인들의 소수 유색인종에 대한 우월의식과 그에 따른 유리현상 그리고 자신들의 기득권을 보호 · 유지하기 위한 욕구 등에 기인하고 있다고 할 수 있다.

이 밖에도 최근 인종적인 불관용과 관련하여 주목을 끌고 있는 것은 1990년 10월 독일통일 이후 독일 전역으로 점차 확산되고 있는 극우파에 의한 극심한 외국인 테러행위이다. 이들 극우파는 스스로를 '신나치주의자'라고 자처하며 외국인 난민수용소에 대한 습격과 외국인에 대해 무차별 테러를 가하는 등 외국인 추방을 강력히 요구

---

19) *The Wall Street Journal*, May 8, 1992.

하고 있다. 그 한 예로서, 1992년 8월부터 독일 20여개 도시에서는 외국인 난민수용소에 대한 투석과 화염병 공격이 자행된 바 있으며, 동년 8월 30일에는 서베를린에 있는 유태인 학살 희생자 추모비가 폭탄공격으로 파괴되는 등 극우파에 의한 폭동사태는 인종문제로 비화될 조짐을 보였다.[20]

이러한 폭동사태의 원인에 대해서는 다양한 시각이 나타나고 있는데, 공통적인 분석은 독일인들의 극우 민족주의성향이 점차 두드러지고 있다는 점이다. 예를 들어, 독일의 『슈피겔(Der Spiegel)』지가 폭동사태 직후 실시한 여론조사결과에 따르면, 외국인에 대해 혐오감을 느낀다는 독일인은 1991년의 24%에서 1992년에는 38%로 크게 늘어났다는 것이다.[21] 사실상 당시 독일의 콜(Kohl) 정부는 통독 이후 알바니아, 유고슬라비아 등과 같은 동유럽국가 난민들의 독일로의 정치적 망명을 대거 허용했는데, 이는 구 동독인을 비롯한 많은 독일인들로 하여금 정부가 자신들을 빈곤과 실업의 불안 속으로 몰아넣고 있다는 인식을 갖게 만들었다.

이상의 몇 가지 실례를 통해서도 확인할 수 있는 것처럼, 오늘날 인종적인 차별과 편견으로부터 기인되는 인종적 불관용은 특히 실업, 빈곤, 복지혜택의 축소 등 경제적·사회적인 문제들과 결부되면서 폭동으로까지 발전하는 경향을 보이고 있다.

(2) 성적 불관용

사상적으로 볼 때, 자유주의는 개인적 자유와 관용의 가치들과 상당히 동일시되어 왔다. 분명히 관용이란 자유주의자들의 배타적인

---

20) 〈동아일보〉, 1992년 9월 1일; 〈조선일보〉, 1992년 9월 8일.
21) 〈동아일보〉, 1992년 9월 5일.

전유물은 아니다. 관용에 대한 논쟁은 자유주의의 발생보다도 앞서는 것이지만, 관용은 자유주의적 전통에 있어서 특수한 위치를 차지하고 있다. 자유주의자들이란 종종 가치를 존중하는 사람들로, 관용이란 자유의 증진을 위해 필요한 것으로 정의되고 있다.[22] 비록 다른 정치이데올로기도 관용의 가치에 대해 다루고 있기는 하지만, 그것에 대해 가장 중점을 두는 것은 바로 자유주의이다. 더구나 관용을 단순한 실용적인 도구나 편의의 수단으로서가 아니라 선(善) 그 자체로서 가장 강력히 옹호해 온 것도 바로 자유주의적 전통이다.

불관용의 문제가 발생하는 한 가지 영역이 인종적 불관용이라면, 또 다른 영역은 성적 불관용이다. 특히, 이러한 성적 불관용의 문제는 미국이나 서유럽과 같이 성적 개방이 두드러지게 나타나고 있는 서구사회에서도 흔히 찾아볼 수 있다. 영국의 경우, 전술한 바와 같이 「성범죄법령」이 법률로 정착된 1967년까지 동성행위는 범죄행위로 간주되었으며, 심지어 오늘날까지도 동성애의 허용연령은 이성애의 허용연령보다 높은 21세에서 25세까지이다.

현재 미국을 비롯한 서구 선진국들에서는 동성연애자들의 차별철폐와 인권확대를 요구하는 운동이 활발하게 전개되고 있다. 예를 들어, 미국의 경우 정치·사회단체들을 포함해 전국에 있는 동성연애자단체의 수는 약 1천 6백여 개에 달하고 있으며, 하원의원, 판사, 시장, 시의원 등 자신이 동성연애자임을 밝히고 당선된 전국의 공직자수도 꽤 많은 것으로 알려지고 있다.

미국사회에서 동성연애자들이 이성부부와 마찬가지로 살아가는 모습은 그리 낯설지 않다. 문제는 동성커플들에게도 '결혼'이라는

---

22) J. Waldron, "Theoretical Foundations of Liberalism," *Philosophical Quarterly*, vol. 37, no. 147, pp. 127-150.

명칭과 그에 따른 제반 법적 권리를 부여할 것인가이다. 그런데 여론은 동성결혼에 반대하는 편이다. 2004년 2월 여론조사기관인 '갤럽'이 성인 1,008명을 대상으로 실시한 조사에 따르면, 응답자의 59%가 동성결혼 합법화에 반대하였다. 동성연애자들은 법의 테두리 밖에 있기 때문에 온갖 불이익을 감수해야 한다고 주장한다. 사실상 부부나 다름없는데도 상속권을 인정받지 못하고, 배우자로서의 의료보험 혜택도 받지 못하며, 세금감면도 받지 못한다는 것이다.[23)]

미국사회에서 동성연애자에 대한 주요 반대세력은 기독교 신자들

표 4-1. 동성연애자에 대한 여론조사내용

설 문 내 용 I	그렇다	아니다
1. 동성연애자에게도 균등한 취업기회가 주어져야 하는가?	78%	17%
2. 동성애란 용인될 수 있는 생활방식의 하나인가?	41%	53%
3. 동성연애자들의 권익이 미국인 가정과 가치관에 위협이 되는가?	45%	51%
설 문 내 용 II	**찬 성**	**반 대**
※ 동성연애자들의 권익에 대한 귀하의 견해는?		
1) 동성배우자에 대한 의료보험	67%	27%
2) 동성배우자의 상속권	70%	25%
3) 동성배우자에 대한 사회보장	58%	35%
4) 동성연애자간의 법률혼	35%	58%
5) 동성배우자의 양자(養子) 입양권	32%	61%

*자료: 〈뉴스위크〉지가 갤럽연구소를 통해 1992년 8월 27일 미국 전역에 살고 있는 5백 47명의 등록유권자를 대상으로 전화인터뷰한 여론조사 결과임. 오차율은 ±5%(Newsweek, September 23, 1992.)

---

23) 〈조선일보〉, 2004년 2월 17일.

을 비롯한 보수주의자들로서, 이들은 자신들이 혐오스러운 것으로 간주하는 성행위를 하는 자들에 대한 법적 보호에 반대하고 있다. 또한 일반시민들의 경우에 동성연애자들의 권익에 대해서는 비교적 긍정적인 태도를 취하고 있지만, 그것을 하나의 생활방식으로 인정하는 문제에 대해서는 대체로 부정적인 입장을 나타내고 있다. 이를 구체적으로 살펴보면 위의 〈표 4-1〉과 같다.

한편 젊은이들의 결혼 기피와 동거문화가 일반화된 유럽 각국은 동거를 결혼에 준하는 법적 관계로 인정하는 추세를 보이고 있다. 하지만 동거자가 이성이냐 동성이냐에 따라 나라별로 합법화범위는 다르다. 이탈리아의 경우, 이성동거는 합법화했지만, 동성커플은 여전히 불법이다. 반면 독일과 덴마크의 경우에 동성커플은 인정하되, 이성끼리는 결혼 이외의 법적 결합을 인정하지 않고 있다.

표 4-2. 동성결혼이 합법화된 나라들

연도	나라	연도	나라
2001	네덜란드	2012	덴마크
2003	벨기에	2013	브라질, 잉글랜드와 웨일스, 프랑스, 뉴질랜드, 우루과이
2005	캐나다, 스페인	2014	룩셈부르크, 스코틀랜드
2006	남아프리카공화국	2015	아일랜드
2009	노르웨이, 스웨덴	2017	(법적 효력을 갖는 시기) 핀란드
2010	아르헨티나, 아이슬란드, 포르투갈	2015	미 연방대법원은 미국 전역에서 동성결혼이 합헌이라고 판결함

*자료: 〈한겨레신문〉, 2015년 5월 24일; 〈중앙일보〉, 2015년 6월 28일.

위의 표에서도 살펴볼 수 있는 것처럼, 사실상 불관용은 여러 형태를 취할 수 있으며, 심지어 동성애에 대한 법적 제재가 거의 없는 곳이라고 할지라도 사회관습은 여전히 불관용을 위한 강력한 힘이 될 수 있다. 이와 관련하여 밀은 『자유론』을 통해 자신이 말한 '여론의 지배'란 어떤 법률과 같이 널리 확산되어 있고, 억압적인 불관용의 원천을 이룰 수도 있다고 강조하였다.

한국의 전통사회에서도 성에 따라 관용의 폭이 달랐다. 임금은 무치(無恥)라 하여 누구든 원하는 여성과 성관계를 가질 수 있었다. 남성들의 후처도 정당화되었다. 반면에 여성은 단 한 명의 남성에게 정절을 바쳐야만 했다. 청상과부라는 말은 젊은 나이에 남편을 여읜 여인이 한 평생 혼자 사는 것을 의미하며, 봉건사회에서 이것은 당연한 규범이자 미덕이었다. 이처럼 남성중심 또는 남성우월의 사고는 아직까지도 우리 사회에 여전히 남아 있다. 예컨대, 우리 사회에서는 아내의 불륜은 용납되지 않고 있으나, 남편의 불륜은 대부분 그냥 넘어가는 경우가 허다하다.[24]

한편 2007년 10월 우리나라 법무부는 '차별금지법안'을 입법예고한 바 있다. 이 법안의 핵심은 "합리적인 이유 없이 성별, 장애, 연령, 인종 등을 이유로 정치적 · 사회적 · 경제적 · 문화적 생활의 모든 영역에서 차별을 금지한다"는 내용이다. 그런데 법안에 명시된 차별사유를 둘러싸고 논란이 일고 있는데, 그 배경은 원안에 명시되었던 20개의 차별사유 중 성적 지향, 출신국가, 가족상황 등 7개 사유를 삭제하였기 때문이다. 특히, 논란의 핵심이 되고 있는 것은 '성적 지향'에 관한 것이다. 동성애자 인권단체는 우리 사회에 동성애자를

24) 최한수, 『민주주의와 민주정치』(서울: 대왕사, 1994), p. 121.

비롯한 사회적 약자에 대한 차별이 엄연히 존재하는 만큼, 이들이 우리 사회의 일원으로 살아갈 수 있는 여건을 마련해 주어야 한다는 입장을 보이고 있다. 그러나 보수적인 기독교단체를 비롯한 일부 종교계에서는 동성애를 사회악으로 규정하면서 청소년 교육에 미치는 영향 등을 우려해 '성적 지향' 차별 금지는 아직 시기상조라고 주장하고 있다.[25)]

사실상 불관용의 가장 결정적인 형태의 하나는 그것이 법적인 제재에 의해 뒷받침되든 그렇지 않든간에 사회적인 불승인이라고 할 수 있다. 따라서 불관용이 나타날 수 있는 두 가지의 측면이 있는데, 그 하나는 법적인 측면이고, 다른 하나는 사회적인 측면이다. 법은 개인적인 다양성을 제한한다는 점에서 불관용적이거나 억압적일 수 있지만, 사회적 태도 내지 관습은 법적 상황이 어떻든간에 불관용의 징표로 기능할 수 있는 것이다.

(3) 종교적 불관용

17세기 초반 유럽대륙을 분쟁의 소용돌이에 휘말리게 한 '30년 종교전쟁(1618~1648년)'의 경우에서 단적으로 살펴볼 수 있는 것처럼, 관용의 역사는 사실상 종교적인 불관용과 박해에 대한 투쟁사라고 해도 과언이 아니다. 관용의 성격과 정당성에 대한 많은 중요한 개념적 사항들이 처음으로 형성된 것도 바로 이러한 맥락에서이다. 더구나 종교적인 불관용의 사례들은 관용의 개념이 무엇을 내포하고 있으며, 그것은 자유와 같은 유사개념들과 어떻게 다른가 하는 점을 보여주고 있다.

---

25) 이재경, "차별금지법이 낳은 차별," 〈조선일보〉, 2007년 12월 27일; 〈연합뉴스〉, 2007년 10월 31일.

역사가인 보시(J. Bossy)가 지적하고 있는 것처럼, 16세기는 분명 유태인의 세기였다.[26] 이 시기에 있어서 종교적인 불관용은 비단 유태교도와 기독교도들 간에만 국한된 것은 아니었다. 프랑스의 경우에는 개신교도와 가톨릭교도들 간에 종교분쟁이 발생했었는데, 그것은 개신교도들에게 완전한 시민권과 개신교를 공개적으로 믿을 수 있는 권한을 인정한 1598년의 「낭트칙령(the Edict of Nantes)」에 의해 마침내 진정되었다. 그러나 그러한 휴전상태는 그리 오래 지속되지 못했다. 가톨릭교회는 어느 정도 개신교에 대해 불관용적이었으며, 따라서 「낭트칙령」은 불과 1세기도 안 된 1685년에 철회되어 또다시 종교적 불관용으로의 회귀를 가져왔다. 개신교 성직자들에게는 그들의 직업을 포기하든가 혹은 죽음을 택하든가 하는 문제를 선택하는 데 불과 2주라는 기간이 주어졌을 뿐이다.

영국도 프랑스와 마찬가지로 종교문제에 대해 매우 불관용적이었다. 예컨대, 영국 국교회와 로마교황청 그리고 청교도운동세력은 서로간에 상당히 적대적이었다. 각각의 종교집단들은 자신의 신도들에 대해서는 관용을 베풀라고 역설하면서도 다른 종교의 신도들에게는 그와 같은 관용을 베풀려고 하지 않았다.

이러한 경향은 비(非) 기독교국가들에서도 종종 나타나고 있는데, 그 대표적인 실례가 인도와 파키스탄간의 해묵은 종교분쟁이다. 2006년 현재 인도 인구 11억 명 중 82%가 힌두교도이고, 12%만이 회교도이다. 그런데 회교도의 대부분은 회교국가인 파키스탄과의 접경지대인 카슈미르에 모여 살고 있다. 카슈미르는 지난 1947년 인도와 파키스탄이 영국으로부터 분리·독립하면서 그 귀속문제를

26) J. Bossy, *Christianity in the West 1400~1700*(London: Oxford University Press, 1985), p. 86.

둘러싸고 분쟁이 끊이지 않고 있는 지역으로, 인도와 파키스탄 양국은 카슈미르를 둘러싸고 영토적·종교적 갈등이 고조된 나머지 지난 1947년과 1965년 두 차례 전쟁을 치른 바 있다. 그 후 1980년대 말부터 인도령 카슈미르지역에 살고 있는 회교도들이 인도로부터 분리·독립하려는 움직임이 거세게 일기 시작하여 1990년 이래 회교 민병대와 힌두교도인 인도정부군간의 충돌로 6천 명 이상이 사망하였다.

그런데 종교분쟁의 양상은 비단 인도와 파키스탄의 경우에만 국한된 것이 아니고, 레바논내전이나 이스라엘과 아랍국가들간의 수차례에 걸친 중동전쟁을 통해서도 살펴볼 수 있는 것처럼 세계 도처에서 끊임없이 발생하고 있다.

최근의 대표적인 사례가 바로 전 세계의 이목을 집중시킨 바 있는 유고내전이다. 연방 붕괴 이전의 유고슬라비아는 다민족국가로서 슬라브족, 마케도니아족, 세르비아족, 크로아티아족, 몬테네그로족과 그 밖의 소수 민족으로 구성되어 있었을 뿐만 아니라 각 공화국은 주로 민족별로 구성되어 있었다. 또한 종교도 그리스정교, 로마가톨릭교, 회교, 개신교 등 민족에 따라 차이를 보이고 있었다. 특히, '발칸반도의 화약고'라고 일컬어지고 있는 보스니아에서는 1992년 3월 이후 이민족간의 참혹한 유혈참극이 벌어졌다. 인구 4백 50만 명의 보스니아는 이슬람계 43%, 세르비아계 32%, 크로아티아계 17% 등으로 이루어져 다민족국가인 유고슬라비아의 축소판으로 불리고 있을 뿐만 아니라 종교적으로는 거의 대부분의 국민들이 회교도들이다. 그런데 이러한 보스니아내전에서는 기독교도인 세르비아 민병대가 회교도들을 대량학살하여 수만 명에 달하는 사람들이 사망하는 결과를 가져왔다.

그런데 1990년대 이후 발생한 국지적 분쟁의 대부분은 처음에는 종교적 이질성과 민족문제로부터 비롯되어 점차 영토문제로 확산되고 있다는 점에 그 특징이 있다.

한편 최근 서유럽에서는 회교도인 무슬림에 대한 혐오와 공포감이 급속히 확산되는 모습을 보이고 있다. 특히, 2003년 3월에 스페인의 마드리드에서 발생한 열차 폭발테러사건은 유럽인들이 무슬림을 새롭게 보는 출발점이 되었다. 2004년 11월에는 네덜란드에서 무슬림 사회의 여성에 대한 차별과 폭력을 고발한 다큐멘터리 영화를 제작한 영화감독 테오 반 고흐가 과격 무슬림 청년에게 무참히 살해 당한 사건이 발생함으로써 무슬림에 대한 공포심이 증대되었다.

현재 프랑스, 독일, 영국 등 서유럽국가에는 1천 5백만 명 가량의 무슬림이 거주하고 있는 것으로 알려지고 있다.

표 4-3. 서유럽 각국의 무슬림 수와 인구 비율

(단위: 만명)

국 가	무슬림 수	국 가	무슬림 수
프 랑 스	600(10%)	스 페 인	80(2%)
독 일	410(5%)	이탈리아	60(1%)
영 국	150(2.5%)	스 웨 덴	40(2%)
네덜란드	100(6.25%)	덴 마 크	17(3%)

*자료: 〈중앙일보〉, 2004년 12월 6일.

그런데 전통적으로 무슬림에 대해 가장 관용적이고 우호적인 나라인 이탈리아에서조차도 최근 여론조사결과 48%의 국민이 "이슬람은 다른 종교보다 더 광적"이라고 대답하였다. 네덜란드에서는 무슬림의 폭력에 항의하는 시위와 모스크를 불태우는 사건이 잇따라 발생했으며, 스페인의 세비야에서는 수천 명이 시내 중심가에 모스크를 지으려는 계획을 무산시키기 위한 가두시위를 벌였다.

서유럽인들은 자신들이 다양한 문화와 민족을 존중하고 인정하는 관용정신이 있지만, 이를 이용해 사회에 파고든 무슬림들이 자신들에 대한 배타적 자세를 버리지 않고 있다는 것이다. 무슬림에 대해 가장 적극적인 포용을 주장해온 프랑스 좌파조차 "우리의 관용이 무슬림의 배타성에 농락당했다"고 주장할 정도이다.[27)]

이상에서 살펴본 바와 같이, 종교문제와 관련해서 세계 여러 국가나 국민들은 자신들의 종교와 다른 종교를 믿고 있는 사람들에 대해 배타적이고도 불관용적인 태도를 취하고 있다. 즉, 종교적인 구원에 대한 고려와는 별도로, 이교도는 신에 대해 죄를 범하는 것으로 간주되고 있으며, 이러한 이유 때문에 종교적으로 관대히 다루어지지 못하고 있는 것이다.

그렇기 때문에 역사적으로 볼 때 관용을 베푼다는 것은 자신과 반대되는 집단의 구성원들을 인정·고무한다거나, 하물며 그들에게 동등한 기회를 부여한다는 것을 의미하는 것이 아니라 단지 법률에 의해서 그것을 허용한다는 것으로 이해되어 왔던 것이다.[28)]

한편 여러 가지 관용 가운데에서 정치적 관용은 그 현상이 가장 분명한 유형이다. 정치적 관용은 크게 두 가지 측면에서 논의될 수 있다. 하나는 정치권력에 대한 반대의 용인이다. 물론 이것은 정치적 자유의 전제이다. 대표적으로는 집권세력이 야당의 주장과 언론기관 및 시민들의 정치권력에 대한 비판을 인정하여야 한다. 다음으로

27) 〈중앙일보〉, 2004년 12월 6일.

28) 강석찬, 앞의 논문, p. 190.

여당과 야당 등 정치적 경쟁이나 대립관계에 있는 정치인과 정치집단 그리고 정치에 참여하는 시민들이 서로 상대방의 정치적 주장에 대해 이해하고 인정하는 것이다. 나의 주장에 대하여 스스로 타당성을 고집하는 것처럼, 상대방의 주장도 타당성이 있다고 하는 상호인정의 정신이 바로 관용이다. 이러한 바탕 위에서만 서로 양보하고 또한 타협하여 합의에 도달할 수 있는 것이다.[29)]

민주주의란 획일성이 아닌 다양성과 다원주의에 그 토대를 두고 있다. 만약 어떤 사람이 사회 내에 존재하고 있는 모든 가치는 일치되어질 수 있고, 또한 도덕적이거나 정치적인 문제들에 대해 단 하나의 정답만이 존재한다고 믿는다면, 그러한 신념은 필연적으로 전제와 억압을 낳게 된다. 그 반면에 다양성이나 다원주의는 모든 가치가 조화롭게 일치되어질 수는 없다고 주장하기 때문에 그것은 관용을 요하게 된다.

이처럼 민주주의를 실현함에 있어서는 법률적이거나 제도적인 측면의 민주화도 중요하지만, 정신적인 측면의 민주화도 매우 중요한 것이다. 특히, 민주적인 기본질서를 저해하지 않는 범위 내에서 관용을 통한 인종적 · 성적 · 종교적 문제들에 대한 다양성의 보호는 매우 중요하다. 만약 현대 민주주의사회에 있어서 자신 이외의 다른 사람이 지니고 있는 생활방식이나 습관, 태도 등에 대해 무조건적으로 비판하고 배척하는 불관용적인 태도와 정신만을 지니고 있다면, 민주주의는 그것이 지향하는 가치목표의 실현은 물론이거니와 그 자체의 기능도 제대로 발휘하지 못하게 될 것이다.

---

29) 최한수, 앞의 책, p. 124.

제2절 다수결원리

현대사회와 같이 다양하고도 복잡한 인간집단이 하나의 통일체로서 행동하려면 무엇보다도 먼저 그 집단 자체가 통일적인 단일의사를 형성할 필요성이 있다. 다시 말해서, 어떤 집단이 하나의 통일체로서 객관적이고 조화로운 질서를 유지해 나가기 위해서는 먼저 그 집단구성원의 다양한 개별적 의사를 지양한 하나의 통일적인 단일의사를 필요로 한다. 그런데 그와 같은 단일의사가 과연 어떻게 형성되는가는 해당 집단의 성격에 따라 각각 달라지게 될 것이다. 예컨대, 전제군주체제나 독재정치체제 또는 공산주의체제에서는 한 사람의 전제군주나 독재자의 개인적 의사 또는 소수 정당의 의사가 곧 국가의 의사가 되므로 개인의 의사는 완전히 무시되는 경향이 있다.

그러나 현대민주주의에서는 다수의 의사를 전체의사로 간주하고 있다. 전제군주와 독재자와 같은 지배자의 의사를 곧 국가의사로 간주하는 것을 '지배자원리'라고 한다면, 이와 대조적인 '다수결원리'는 현대 민주주의국가에 타당한 유일의 민주적 집단의사 형성원리라고 할 수 있다.[30] 왜냐하면 현대 민주주의국가에 있어서는 국가를 비롯한 모든 집단의 의사는 그 집단구성원의 다수의사에 따라 형성되는 것이 가장 정당시되고 있기 때문이다.[31] 이처럼 다수결원리는 다양한 국민의 의사를 집약하여 집단의 단일의사를 결정하는 방식인 동시에, 현대 대의제 민주주의 운영의 기초원리가 되고 있다.

---

30) Ernest Barker, *Reflections on Government*(London: Oxford University Press, 1942), p. 65.

31) John Locke, *The Second Treatise of Government*(New York: The Liberal Arts Press, 1952), p. 55.

1. 다수결원리의 발달과정

고대 그리스의 아테네에서는 중요한 사항을 결정할 때나 또는 범법자에 대한 형을 결정함에 있어서 만장일치(滿場一致)의 방법이나 어떤 중요한 인물의 의사가 전체의사로 간주되는 경향이 있었다. 이러한 의사결정방식은 중세 봉건시대에까지 그대로 이어져 강력한 힘을 지니고 있는 왕이나 영주 등의 의사가 전체의사가 되기도 하였다.

그러나 중세 이후 특권 계급사회인 봉건제도에 도전하여 국민이 선출하지 않은 부당한 소수의 정치가 아니라 국민이 선택한 지도자에 의한 정치를 추구하게 되면서 선거제도가 등장하였고, 선거제도는 필연적으로 다수결원리를 필요로 하게 되었다. 물론 그 이전인 6세기부터 가톨릭교회에서는 교황과 같은 주요 성직자를 선출함에 있어 이미 다수결원리를 활용하였고, 14세기에 들어와서는 다수결원리에 의한 의회선거를 실시하는 등 이러한 원리가 지속되어 왔다.

소수 엘리트의 우수성과 다수 대중의 어리석음을 강조했던 고대사상과는 달리, 근대의 평등사상은 사회구성원의 평등성을 강조하게 되면서 다수결원리는 민주주의의 주요 원리로 인정받게 되었다. 특히, 17세기 영국의 시민혁명시대에 다수(의회파)는 소수(왕당파)보다 양적・질적으로 우수하다는 신념을 가지고 있었던 영국의 사상가 로크(J. Locke)에 의해 다수결원리가 이론화되었다.

그리하여 현대사회에 들어와서는 대다수의 평등한 구성원들이 원하는 것이 전체의사가 된다는 다수결원리는 민주주의에 있어 최선의 의사결정방식이라고 간주하게 된 것이다.

2. 다수결원리의 의미와 조건

인간존중을 근본정신으로 하는 민주주의는 많은 사람들이 제각기 무엇인가 좋은 의견을 갖고 있는 것으로 믿는다. 그러므로 적어도 공공의 복지에 위배되는 결과를 실제로 초래하지 않는 한, 각 개인에게는 자신이 생각하고 믿는 것을 발표할 수 있는 자유가 보장되고 있다.

그런데 각 개인은 제각기 서로 다른 입장에서 다른 의견을 표명하게 되므로 여러 가지 견해의 대립이 발생할 뿐만 아니라 이해의 충돌도 발생되는 것이다. 이러한 점은 때로는 골치 아프고 비능률적인 것으로 생각될 수도 있지만, 이러한 곤란을 극복해 나아갈 때 비로소 각 개인의 자주성도 견지될 수 있는 것이므로 이러한 과정이야말로 민주주의를 지탱해 나아가기 위한 필수불가결의 요건이라고 할 수 있다.

그러나 법률을 제정한다든가 또는 어떤 정책사항을 결정할 경우, 각자가 서로 다른 의견을 주장하며 제각기 자기의 생각을 끝까지 고집하게 된다면 좀처럼 합의를 이룰 수 없게 된다. 그러므로 민주주의는 전체의사의 내용과 그 의사내용의 정당성의 근거를 집단구성원 속에서 구하면서 의사결정을 이루기 위해 다수결이라는 방법을 사용한다. 왜냐하면 충분한 토의를 거친 후에 최종적인 결정은 다수의 의견에 따르는 것이 바로 민주주의방식이기 때문이다.

물론 통일적인 전체의사를 형성하는 방법의 하나로서 만장일치라는 의사결정방식은 가장 바람직스러운 이상일 뿐만 아니라 가장 합리적이라고 말할 수 있다. 왜냐하면 만장일치의 결의에 따라서 행동한다는 것은 개인의 존엄성과 자치와 자율성을 표방하는 민주주의의 요구를 완전히 충족시켜 주기 때문이다. 그러나 이러한 이상은 당장에는 현실화되지 않는다. 주관적 개체와 객관적 전체간의 구별 없이 개체는 곧 전체를 표현하며, 전체는 곧 그대로 개체 속에 실현되고 있는 미분화사회(未分化社會)라면 모르지만, 개인의 권리가 확립되어 다양한 의사와 이해의 대립이 예상되는 자유로운 사회에서는 어떤 결정을 이룰 때마다 만장일치를 기대할 수는 없다. 오히려 자유로운 사회에서는 만장일치로 되지 않는 것이 통례로 되어 있다. 그러나 독재국가에서는 마치 군대가 상관의 명령에 따라서 기계적으로 움직이는 것처럼, 국민은 독재자의 명령에 따라 형식적으로 표결에 임하게 되므로 만장일치주의야말로 통례가 된다.

또한 만장일치는 단체를 구성하는 성원 각자의 개별적 의사가 모두 동일한 내용을 갖게 될 때 비로소 이루어질 수 있는 것이다. 따라서 성원 중 단 한 사람이라도 반대하는 자가 있을 경우에는 만장일치는 결코 기대할 수 없다. 즉, 만장일치주의에 따르면, 1백명 중 단 1명이라도 반대한다면 나머지 99명의 의사는 실현되지 못하며, 1명에게 99명의 자유를 억압하는 부당한 힘을 부여하게 된다. 뿐만 아니라 경우에 따라서는 반대자의 속출로 인하여 영영 통일적인 전체의사를 형성할 수 없게 되어 마침내 혼란사태를 야기하게 될 수도 있기 때문이다.[32)]

만약 이러한 사실을 무시한다면, 실제로는 도리어 힘에 의한 의견의 통일, 즉 소수자의 의견을 억압하여 다수자의 의견을 강제하는 것이 된다. 이것에 대해서 만장일치를 성급히 바라지 않고 각 개인의 의견의 차이를 전제로 하는 다수결은 최선은 아니라고 할지라도

32) 이극찬, 『정치학』(서울: 법문사, 1987), pp. 410-411.

언제나 차선을 추구하는 실제적이며 경험적인 방법인 것이다.[33)]

현대 민주정치를 다수파에 의한 '수의 정치'라고 부르는 이유도 바로 다수결원리 때문이다. 개인의 견해와 이익, 이해, 주장의 다양성 속에서도 개인의 인권이 존중되는 민주주의사회에서의 단일의사의 형성이란 매우 어려운 일이다. 앞에서 살펴본 것처럼, 민주사회에 있어서 만장일치는 현실적으로 많은 문제와 어려움을 지니고 있기 때문에 사회구성원의 다양한 의사를 집약·결정하는 원리로서 가장 합리적이고 현실적인 방법으로 강구해 낸 절차가 바로 다수결원리이다.

일반적인 의미에서 볼 때, 다수결이란 3명 이상의 모임에서 일정한 사항에 관해 그 구성원 다수의 일치된 의사로써 모든 성원들을 구속하는 집단의사로 인정하는 의사결정방법이다. 즉, 다수결원리의 적용은 결국 다수의 의사는 소수의 반대에도 불구하고 전체의사로 간주된다는 의미이다. 다수결의 사명은 다양한 구성원의 의견을 통합하는 데 있으며, 그러기 위해서는 다음과 같은 점이 전제되어야 한다. 즉, 각자의 주장은 그 내용상의 불일치가 있음에도 불구하고, 이를 무시하지 않고 동등한 권리를 부여하지 않으면 안 된다는 것이다. 이와 같은 문제를 주장에 대한 수의 계산으로써 해결하려는 것이 곧 다수결이다.[34)]

그런데 다수결에도 전혀 문제가 없는 것은 아니다. 다수라고 하더라도 그것은 상대적인 것으로 단순 다수결, 절대 다수결, 조건부 다수결의 종류가 있으며, 그 의미가 각각 달라지게 된다.

첫 번째의 단순 다수결은 소선거구제하의 선거에서 흔히 볼 수

---

33) Kojima, ed., *op. cit.* p. 74.

34) 이극찬, 앞의 책, pp. 412-413.

있는 현상이다. 예를 들어, 총인원 1백 명이 25명, 20명, 15명, 10명 등으로 나뉘어지게 되면, 이때에는 전체의 불과 1/4에 해당되는 25명의 지지를 얻은 의견이 집단의사로 결정될 것이다.

두 번째의 절대 다수결의 경우에는 집단의사가 과반수로써 결정되지만, 1백 명이 50 대 50이라고 할 때에는 단지 1명의 동향에 따라서 균형이 달라지게 될 것이다.

세 번째의 조건부 다수결의 경우에는 다수결이 아니라 소수결이 된다고 볼 수 있다. 예컨대, 헌법개정과 같은 국가의 중대한 문제의 결정에는 될수록 많은 수의 찬성이 바람직하므로 2/3의 다수결로 하는 것이 상례로 되어 있다. 이처럼 2/3의 다수결로 할 경우, 1/3+1명의 소수로써 그 개정안을 부결시킬 수도 있을 것이다. 이와 같이 다수결의 경우에는 조건이 엄격하게 되면 소수결이 된다고 볼 수 있는 모순을 갖고 있다.[35)]

그런데 다수결에 의한 결정방식은 어리석은 다수가 탁월한 소수를 지배할 수 있는 모순도 가능케 할 수 있기 때문에 민주주의에 있어서의 '다수의 횡포'나 우민정치 또는 '수의 냉혹성' 등의 비판이 나타나기도 한다.

원래 다수결에서 나타나는 다수 또는 소수라고 하는 수는 결과로서 나타나는 것이지, 결코 전제로서 사전에 형성되는 것은 아니다. 즉, 다수 또는 소수라고 하는 수는 토론과정을 거치기도 전에 미리부터 고정된 것은 아니라는 점에 유념해야 한다. 왜냐하면 만일 그렇게 생각한다면 소수파는 극심한 좌절감과 패배감에 사로잡히게 되어 일체의 토론과정은 아무런 존재의의도 없게 될 것이기 때문이다.

---

35) 위의 책, p. 412.

바로 이런 관점으로부터 민주사회에 있어서는 비록 다수파와 소수파로 분리된다고 할지라도, 그것은 절대로 고정된 것이 아니라 유동적일 수 있는 것으로 보는 관점이 생겨난다.

그러므로 현재의 다수파는 소수파에 대해서 적어도 그들이 국가의 기본원칙에 동의하고 있는 한 최대의 자유를 부여하여, 비록 현재는 소수파의 지위에 머물러 있다고 할지라도 미래에는 합법적으로 의회의 다수파가 될 수 있다는 가능성을 보장해 주는 동시에, 끊임없이 자기파를 감시해 주며 비판해 주는 데 대해서 진심으로 고맙게 생각하는 마음을 가져야 할 것이다. 소수파는 바로 이와 같은 가능성이 보장되어 있다고 믿기 때문에 희망을 안고 현재의 다수결에 복종하게 되며, 또한 테러와 같은 일체의 비합법적 수단에 호소하지 않겠다는 신성한 의무도 지니게 된다. 바로 이러한 점에 의회운영에 있어서 가장 중요한 심리적 요소인 균형감각이 나타나게 되는 것이다.

민주주의의 주요 원리의 하나가 되고 있는 다수결원리가 질적 선택을 위한 양적 수단이 되기 위해서는 수의 계산뿐만 아니라 질적 선택의 측면이 똑같이 작용해야만 한다.[36] 이러한 다수의사의 양과 질의 조화문제에 대해 제퍼슨(Thomas Jefferson)은 "다수의 의사가 타당하려면 무엇보다도 그러한 의사가 합리적이어야 한다"고 강조하였다.[37]

다수결의 원리는 많은 의사결정방법 중에서 가장 결점이 적은 방법이라고 말할 수 있으나, 그것은 어떠한 경우에도 통용이 되는 만능적인 수단은 아니다. 다수의사가 양적으로나 질적으로 우수성,

---

36) Giovanni Sartori, *Democratic Theory*(Detroit: Wayne State University, 1962), p. 64.

37) S. K. Padover, *The Complete Jefferson*(New York, 1943), p. 384.

보편성, 공정성을 지니기 위해서는 다음과 같은 몇 가지 조건들이 전제되어야 할 것이다.

첫째, 자유토론이 필수불가결한 조건이다. 민주주의에 있어서는 자유로운 토론과정을 통하여 자기 의견을 발표하고, 다른 사람의 의견을 경청함으로써 소수파의 의사를 최대한 반영하는 과정이 결과보다 중요한 것이다.[38] 다시 말해, 중요한 것은 토론과정을 통한 설득과 양보 그리고 타협과정이겠지만, 무엇보다도 자유로운 분위기를 통한 토론과정이 없이는 '다수의 횡포'와 소수의 극한투쟁양상을 초래하게 된다.

둘째, 이성과 합리성을 지닌 인간을 전제로 한다. 아무리 다수결원리에 입각한 결정이라고 할지라도, 그러한 결정과정에 참여한 사람들이 비이성적이고 불합리한 사고를 지니고 있다면 결코 올바른 결정이라고는 할 수 없기 때문이다.

셋째, 일단 다수결에 의해 내려진 결정은 결정과정에 참여한 모든 사람이 존중해야 한다는 점이다. 특히, 소수파는 다수결에 깨끗이 승복하는 태도를 가져야 한다. 만약 소수파가 다수결에 의한 결정에 불만을 느끼는 나머지 이를 무시해버린다면, 다수결원리는 근본적으로 그 의미를 상실하게 될 것이기 때문이다.

넷째, 다수와 소수의 위치는 상호유동적이어야 한다. 왜냐하면 민주주의사회에 있어서는 만년 여당이나 야당이 결코 있을 수 없기 때문이다.

이러한 일반적인 전제조건 외에도 다수결원리가 그 나름대로의 효과를 거두기 위해서는 다음과 같은 조건들이 충족되지 않으면

---

38) Barker, *op. cit.*, pp. 63-72.

안 된다.[39)]

첫 번째 조건은 다수결이 구체적이며 현실적인 문제에 적용되는 한에 있어서 그 효력이 발휘된다는 것이다. 이데올로기나 근본적 목적을 둘러싼 대립에 관해서 다수결에 의한 해결은 불가능하다. 왜냐하면 각 개인의 신념은 지지자 수의 과다에 의해 쉽게 움직여지는 것이 아니기 때문이다. 신념의 차이를 결의나 또는 투표로써 통일시키는 것은 불가능하다. 다만 이러한 신념의 차이를 감정적 대립으로 끝나지 않게 하기 위해서는 자기로서는 받아들일 수 없는 생각이라고 할지라도 다른 사람의 신념으로서 그 존재를 인정해 준다고 하는 관용의 정신이 필요하다. 그러나 구체적이며 실천적인 목적에 대해서 보다 더 좋은 수단을 강구하려는 경우에는 다수결원리가 그 본래의 효과를 드러낸다.

두 번째 조건은 다수결이 일반적인 공통의 문제에 대해서 행해지지 않으면 안 된다는 것이다. 극히 전문적인 문제에 대해서 먼저 그 방면의 전문가의 의견을 물어봄으로써 특수한 문제를 공통의 문제로 일반화시켜서 전개하는 것과 같은 절차를 밟지도 않고, 처음부터 특수한 문제에 정통한 사람이나 또는 전문가가 아닌 일개의 보통사람도 같은 자격으로 한 표를 던져 다수결로써 이러한 문제를 결정하려 하는 것은 민주주의적 방법을 오용하는 것이라 할 것이다. 그러나 이러한 경우에는 그다지 중요하지도 않은 문제를 새삼스럽게 전문적인 것처럼 가장한다든가 또는 전문가의 의견이라고 해서 무비판적으로 추종하는 것과 같은 위험을 경계해야 할 것이다.

세 번째 조건은 다수결이 유효하게 운영되기 위해서는 어떤 결정

---

39) Kojima, ed., *op. cit.*, pp. 77-78.

에 참여하는 개인이 자주적으로 문제를 생각하며, 적극적으로 그것에 참여하려는 의지와 식견을 갖는 것이 필요하다는 것이다. 이것이야말로 다수결의 원리, 나아가서는 민주주의 그 자체의 사활을 좌우하는 근본적인 문제이다. 만약 이러한 조건이 충족되지 못한다면 다수결을 방법으로 하는 민주주의도 쓸모없이 형식화되어 중우정치(衆愚政治)나 또는 이것을 이용하는 선동적인 정치인들의 독재정치로 변하게 될 것이다. 바로 이러한 점이 민주주의에 있어서 교육이 중요시되지 않으면 안 되는 가장 큰 이유가 되는 것이다.

3. 다수결의 정당성 문제

다수결원리에 있어서 중요한 문제로 등장하는 것은 다수의 의견이 언제나 합리적이고 정당할 수 있겠느냐 하는 것이다. 뛰어난 소수의 의견이 어리석은 다수의 의견보다 정당할 것이라는 점은 쉽게 생각할 수 있다. 불합리하고 잘못된 의견이 다수에 의해서 지지를 받는 대신, 합리적이고 올바른 의견이 소수의 의견으로서 배척을 받게 될 경우에 민주정치는 중우정치로 타락하게 된다. 따라서 '탁월한 소수에 의한 지배'가 고대사회에서부터 종종 거론되어 왔던 것이다. 예를 들어, 플라톤이 자신의 저서인 『국가론』에서 주장한 철인정치가 그 대표적인 것이다. 또한 나치독일 치하의 이른바 총통체제(總統體制)라는 것도 실제로는 히틀러의 권한이 법을 초월하기 위한 필요성에서 만들어졌음에도 불구하고, 일종의 철인정치인 것처럼 설명됨으로써 그 체제의 정당성을 뒷받침하려고 했던 것이다.

이런 경우에 철인이라고 생각되는 독재자는 일반인보다는 뛰어난 사람이기 때문에 그런 사람을 추종하기만 하면 아무런 잘못이 없을 것으로 생각되고 있다. 그러나 그것은 불합리하다는 사실을 곧 알 수 있다. 왜냐하면 가장 뛰어난 인물이 존재한다고 할지라도 그가 오랫동안 권력의 자리에 앉아 있어도 절대로 타락하지 않을 것이라는 점은 어느 누구도 장담할 수 없기 때문이다.

우리가 다수결에 대해서 한 가지 고려해야 될 사항은 다수에 의해서 지지되는 의견이 절대적으로 정당하다고 말할 수는 없다는 점이다. '다수이다' 혹은 '소수이다'하는 것은 상대적인 양에 관한 것에 지나지 않기 때문에, 질로서의 진리와는 직접적으로 관계가 없다. 그것은 현 단계라는 조건하에서는 어떤 결론에 동의하는 사람이 비교적 많다는 것에 불과하다.

그런데 다수결의 원리를 잘못 이해한 나머지 다수파가 된 것을 계기로 모든 문제를 비합리적으로 결정하게 된다면, 다수는 언제나 정당하다고 보는 '다수의 횡포(tyranny of majority)'나 또는 오직 수에만 의존하는 '군중에 의한 지배(rule by the mob)' 현상이 나타나게 된다.[40] 예컨대, 원내에서 과반수의 의석을 차지하고 있는 다수당이 표결의 승패는 처음부터 이미 정해져 있는 것이나 다름없다고 생각하여 토론과정을 단순히 그것에 이르기까지의 절차에 지나지 않는 것으로 무시해 버린다면, 그것은 분명 '다수의 횡포'라 할 것이다. 이처럼 다수의 횡포현상이 나타나게 되면 소수파는 정책대결보다는 오히려 극한투쟁의 방법을 택하게 될 것이다. 또한 합리적인 토론과정을 거치지 않고 어떤 법안이 다수파의 동의에 의해서 무모하게 통과된다면, 그 곳에는 '법적으로는 유효이지만, 정치적으로는 무효'라는 감정이 널리 확산될 것임에 틀림없다.[41] 이러한 다수파의 횡포

40) J. S. Mill, *On Liberty*(London: J.M. Dent & Sons, Ltd., 1957), p. 68.
41) 이극찬, 앞의 책, pp. 414-415.

현상은 우리나라의 역대 의회정치를 통해서도 여러 차례 찾아볼 수 있었다.

결국 이와 같은 감정이 널리 확산되어 있는 곳에서는 정국의 안정은 물론 정치발전도 기대할 수 없게 될 것이다. 사실상 현대 의회정치의 주요 표결원리가 되고 있는 다수결원리가 의회 내에서 성실히 지켜지지 않는다면, 절대다수의 출현은 언제나 정국의 불안을 초래하게 될 것이며, 이러한 의회정치 부재의 현상은 민주정치의 발전을 저해하는 주요 요인으로 작용하게 될 것이다.

이와 관련하여 바커(E. Barker)는 다수결원리에 대해 다음과 같이 말하였다.

> 다수결원리는 두 가지 측면을 지니고 있다. 한 가지 측면은 누구나 알기 쉬운 표면적이고 형식적인 측면으로서, 가(可) · 부(否)의 수를 헤아리는 양적 혹은 수적인 면이다. 또 다른 측면은 잘 알기 어려운 본질적인 측면으로서, 가 · 부의 내용과 성격이 문제되는 질적인 면이다. 형식적인 측면에서 보면, 다수결원리는 다수파의 결정을 전체의 결정으로 인정하는 데 합의하고, 이에 복종하는 것을 의미한다 …… 다수파의 의사가 사회 전체의 의사로 인정되려면 단순한 다수파의 의사에 그치지 않고, 보다 많은 사람의 의사를 포함하는 어떤 특성을 구비하지 않으면 안 된다. 그렇다면 그러한 특성이란 대체 무엇일까? 다수파의 의사는 그것이 다수의 의사이면서도 공정한 의사일 때에만 모든 사람의 인정을 받을 수가 있다고 주장하는 자들이 중세에도 있었다. 이처럼 공정이라는 말을 부가한 것은 다수파의 의사는 양과 동시에 질이 필요하다는 것을 의미한다.[42]

---

42) Barker, *op. cit.*, pp. 65-67.

그런데 다수결에 의한 결론의 진리성이 상대적인 것에 지나지 않는다고 할지라도, 이것을 단순한 수로서 무시해 버릴 수는 없다. 다수가 문제시되는 것은 바로 이러한 점에서이다. 즉, 현재 단계에서 어떤 결론에 동의하는 사람들이 많다고 하는 사실은 이러한 조건하에서는 움직일 수 없는 엄연한 사실이기 때문에, 비록 반대하는 사람이라도 이러한 결론이 소수자 — 즉, 반대하는 소수자 — 의 존재를 부정하지 않는 한 이러한 사실을 솔직하게 인정하지 않으면 안 된다.

따라서 현실의 구체적인 사정이 더 한층 분명하게 된다든가 또는 사정이 변경된다든가 하는 경우에는 정반대의 사태가 벌어질 수 있을 것이다. 다수결에 의해서 내려진 결론은 가정에 기인되는 것이므로 현실적으로 실행해 봄으로써 그 진리성이 검증되어야 할 것이나. 즉, 만약 다수의 의견이 채택되어 실천에 옮겨졌지만 소기의 성과를 거둘 수 없는 경우에는 이미 배척되었던 소수의견이 다시 거론되어 다수의 찬성을 얻을 수 있게 될지도 모른다. 소수의 의견이 언제까지나 소수로 머물러 있으란 법은 없으며, 언젠가는 다수의 의견이 될 수 있는 가능성도 있는 것이다.

이런 관점에서 볼 때, 다수결의 본질은 단순한 '수의 지배(dominance of number)'나 '힘의 지배'가 아니며, 토론을 통한 '이성의 지배(dominance of reason)'이다. 이념적으로 말하면, 그것은 개개의 의견의 유한성과 상대성을 인정함으로써 도리어 의견의 상호교류의 길을 터주게 되는 것이며, 구체적인 문제해결을 통해서 나타나는 진리의 지배에 복종하는 것을 의미한다. 이러한 경우에는 소수의 의견도 다수의 의견과 마찬가지로 진리를 드러내는 하나의 계기로서 마땅히 존중되어야 한다. 또한 현실적으로 말하면, 다수결은 수많은 의견들이 토론과 타협의 과정을 통해서 구체적인 방안 속에서 조정

되어가는 것이기도 하다.[43)]

그럴 경우, 다수파의 존재는 언제나 소수파의 존재를 전제로 해서 성립되는 것이며, 다수파의 권리도 소수파의 권리를 전제로 함으로써 비로소 확보될 수 있는 것이다. 따라서 소수의 의견을 존중할 때 비로소 다수의 의견도 하나의 결론이 되기에 충분한 근거를 갖게 되는 것이다.

민주주의는 집단의 의사를 결정하는 방법으로서 다수결원리에 입각하고 있기 때문에 궁극적으로 다수파에 의한 '수의 정치'라고 할 수 있지만, 그러한 다수가 이치에 맞는 방법에 의해서 얻어진 것이 아니라면 절대로 민주적이라고 간주할 수 없다. 즉, 다수결에 있어서는 수를 많이 얻는 것이 중요한 일이라고 할지라도, 그러한 수는 수단과 방법을 가리지 않고 어떻게 해서든 얻어도 된다는 것은 결코 아니다. 그것은 어디까지나 이치에 맞는 다수가 되어야 한다. 그런데 이런 경우에 가장 중요한 것은 소수의견을 존중하는 원칙하에서의 다수결이 되어야 한다는 것이다. 소수의 의견을 존중한다는 것은 토론과정을 자유롭게 만드는 것을 의미하는 것이므로, 다수결원리는 자유로운 토론과정과 분리해서는 그 의미를 상실하게 된다.

그러므로 민주정치는 단순히 '수의 정치'일 뿐만 아니라 '이성의 정치'가 되지 않으면 안 된다. 따라서 다수결원리의 본질도 단순한 '수의 지배' 또는 '힘의 지배'가 아니라, 자유로운 토론을 통한 '이성의 지배'에서 찾아야 할 것이다. 그렇게 될 때에 비로소 민주정치는 그 본래 의미가 퇴색되지 않은 채 제 기능을 발휘할 수 있을 것이다.

---

43) Kojima, ed., *op. cit.*, pp. 75-76.

제3절 권력분립론

근대 민주주의의 기본 특징인 권력분립론은 입헌 민주정치체제의 본질이 되고 있다. 일찍이 영국의 역사학자인 액튼 경(Lord Acton)은 "모든 권력은 부패하기 쉬운 경향을 지닌다. 절대적인 권력은 절대적으로 부패한다"고 말한 바 있다. 권력분립론은 바로 권력의 부패를 막기 위한 제도적 관심이 그 배경이 되었으며, 이와 같은 속성을 지닌 권력에 대한 불신 또는 권력을 행사하는 인간에 대한 불신으로부터 출발하고 있다.

1. 권력분립의 개념

권력분립이란 정부의 권력을 입법, 행정, 사법의 셋으로 나누어 이것을 각각 독립된 기관에 속하게 하여 그들 상호간에 '견제와 균형(checks and balances)'의 원칙을 보유케 함으로써 정치권력이 절대화되는 것을 막고, 권력의 집중으로 인한 권력의 남용을 방지하며, 개인의 정치적 자유를 확보하고자 하는 제도를 말한다.

입법・행정・사법권의 기능적 분화가 없는 정치제도하에서는 군주나 특권 귀족계급의 정치의지가 곧 법이었으며, 그들의 수중에 권력이 집중되어 있었다. 따라서 개개인의 정치적 자유의 보장은 오직 정부권력을 제한하거나 견제할 때 가능하며, 정부권력의 제한은 권력의 배분으로만 가능하다는 논리에서 절대군주의 권력을 제도적으로 제한하려는 시도가 권력분립론을 낳게 되었다.

2. 권력분립론의 역사적 배경

아리스토텔레스는 자신의 저서인『정치학』에서 권력의 세 가지 요소를 ① 공사(公事)를 심의하는 심의권, ② 권위를 행사하는 집행권, ③ 법을 적용하는 사법권으로 나누어 분석했으며,[44] 로마시대의 폴리비우스(Polybius)는 권력을 집정관, 원로원, 민회로 배분하였다. 그러나 그들은 단순히 국가기능을 이론적으로 분류하는 데 지나지 않았으며, 그러한 세 가지 기능이 각각 다른 기구나 개인에게 배분되어야 한다는 점에 대해서는 언급이 없었다.

따라서 현대적 의미의 권력분립론은 영국의 정치사상가인 로크와 프랑스의 법률학자인 몽테스키외의 권력분립론에서부터 비롯된다고 할 수 있다.

(1) 로크의 이권분립론

로크는『시민정부론(Of Civil Government)』이라는 저서를 통해 국가의 권력을 다음과 같은 두 가지로 분류하였다.[45]

첫 번째는 입법권으로서, 이는 국민의 생명, 자유, 재산을 보호하기 위하여 국가의 권력이 어떻게 행사되어져야 할 것인가를 정하는 것이다.

두 번째는 집행권으로서, 이는 국내에 있어서 실정법의 집행을 확보하는 권력이다.

이 밖에도 로크는 외국에 대한 전쟁, 평화 및 조약체결권을 의미하는 동맹권을 내세워 집행권과 구별하기는 했지만, 그 양자의 분립을

---

44) Aristoteles, *The Politics*, Part Ⅳ 14.

45) John Locke, *The Second Treatise of Government*(New York: The Liberal Arts Press, 1953), Part Ⅹ~Ⅻ.

주장하지는 않았다.

또한 로크는 정부를 입법부, 행정부, 연방부로 구분하고, 외교권(동맹권)을 의미하는 연방부와 행정부를 구분하지 않고 집행권과 입법권의 분립을 강조하는 이권분립론(二權分立論)을 주장하면서도 그는 입법권의 최고성을 인정하였다. 즉, 그는 입법권을 유일 · 최고의 권력으로 규정하여 입법부가 상위를 차지해야 한다고 주장하였다. 이런 의미에서 그의 권력분립론은 이권분립론이라고 할 수 있다.

그런데 로크는 입법권과 집행권의 분립이유를 동일인이 법의 제정권과 집행권을 동시에 행사한다는 것은 권력욕이 강한 인간에게 있어서 너무나 커다란 유혹이 되기 때문이라고 주장하였다. 그의 이권분립론은 의회제 민주주의의 이론을 제시한 것으로서, 영국 의원내각제의 이론적 토대가 되었다.

(2) 몽테스키외의 삼권분립론

18세기 중엽 영국을 방문한 프랑스의 법률학자 몽테스키외(Montesquieu)는 영국에는 의회의 권한이 확립되어 있을 뿐만 아니라 그것이 군주의 권한과 분리된 상황을 보고나서, 프랑스의 절대군주의 폭정을 시정하는 방법으로 삼권분립론(三權分立論)을 주장하였다. 그는 “권력은 권력만이 멈출 수 있다”라는 대전제하에 권력집중으로 인한 권력남용현상 혹은 독재정치를 권력분립으로 시정할 수 있다고 믿었다. 그러나 그는 그 후 영국에서 입법부와 행정부의 융합관계로 이루어진 내각책임제의 등장을 예견치는 못했다.

1789년 프랑스 혁명의회는 「프랑스 인권선언」 제16조에 “권력분립규정이 없는 국가는 헌법이 없는 국가와 같다”라고 선언하였다. 특히, 몽테스키외의 삼권분립론은 미국의 헌법기초자들에게 지대한 영향을 미쳤다. 예를 들어, 제퍼슨은 "삼권이 동일인 수중에 집중된 제도는 독재정부와 같다"고 말했으며, 매디슨(James Madison)도 "입법부의 권력집중은 행정부의 권력남용으로 인한 전제정치와 다를 바 없다"고 말하였다.[46)]

또한 미국의 『연방제문서(The Federalist Papers)』에 따르면, 권력분립론은 상호 견제와 균형을 통해 권력집중으로 인한 전제를 회피할 수 있을 뿐만 아니라 정부의 효율성과 전문성을 증대시키고, 또한 역할의 자부심을 증대시킬 수 있다는 점에서 그 장점을 찾고 있다.[47)]

몽테스키외는 1748년 『법의 정신(De L'esprit des lois)』을 통해 "사법권이 입법권과 행정권으로부터 분리되지 않는 한 자유는 존재하지 않는다"고 하여 소위 삼권분립론을 주장했는데, 그가 말한 삼권이란 입법권, 행정권, 사법권을 말한다.[48)] 이는 로크의 이권분립론을 발전시킨 것으로서, 전제정치의 자의성을 방지하고 개인의 자유와 권리의 확보에 중점을 둔 것이다. 이러한 삼권분립론은 18세기 말경 대부분 국가의 헌법에 보장되었다.

한편 몽테스키외의 삼권분립론과 로크의 이권분립론간의 차이점을 살펴보면 다음과 같다.

첫째, 몽테스키외는 삼권분립을 주장했던 반면, 로크는 입법권과 집행권 이외에 동맹권(외교권)을 인정하면서도 동맹권을 집행권에 포함시키는 이권분립을 주장했다는 점이다.

둘째, 몽테스키외는 삼권이 서로 대등한 입장에서 균형과 견제를

---

46) 이범준·신승권(공저), 『정치학』(서울: 박영사, 1992), p. 142에서 인용.

47) Richard C. Schroeder, *An Outline of American Government*(United States Information Agency, 1979), p. 42.

48) Montesquieu, *The Spirits of the Laws,* translated by Franz Neumann & Thomas Nugent(New York: Hafner Publishing Co., 1949), pp. 151-152.

이루어야 한다고 주장했던 반면, 로크는 입법권을 집행권보다 상위에 두는 상호 견제와 균형을 주장했다는 점이다.

3. 권력분립론의 문제점

현대사회에 있어서 권력분립론은 정치형태의 변화에 따라 상호 견제와 균형이라는 기본원칙으로부터 벗어나 상당한 변화를 가져오게 되었다.

첫째, 가장 대표적인 현상 중의 하나는 적극적인 정치의 전개로 말미암아 행정권의 강화를 가져왔다는 점이다. 이는 현대국가가 점차 행정국가화하는 경향을 보이고 있다는 점에서 어떻게 보면 당연한 현상으로 간주될 수도 있지만, 이러한 현상이 지나치다보면 행정독재의 현상을 가져오게 된다. 특히, 우리나라의 경우, 제3공화국 이후 행정권이 지나칠 정도로 비대·강화된 반면, 입법권이나 사법권이 제 기능을 충실히 수행하지 못하게 되자 "사법부는 행정부의 시녀(侍女)이다"라는 말까지 나오게 되었다. 이와 관련하여 1993년 김영삼 정부 출범 이후 소장 판사들을 중심으로 사법부의 개혁을 요구하는 움직임이 나타나게 되었다.

둘째, 행정권의 강화는 위임입법(委任立法)을 증가시킴으로써 그 결과 법치주의의 수정을 가져오게 되었다. 다시 말해, 위임입법으로 인해 입법권이 행정부에 분할되는 현상이 나타나게 되었다.

셋째, 사법부의 위임심사권 인정으로 말미암아 사법부의 권한이 강화되었다.

이처럼 현실적인 측면에서 입법권, 사법권, 행정권의 삼권은 사실상 대등한 권력을 지니고 있지 않다고 하겠다. 원칙적으로는 입법부가 우위에 있지만, 어떤 경우에는 행정부가, 또 어떤 경우에는 사법부가 우위를 지니게 된다. 이러한 점에서 권력분립제도는 비대해지는 현대 국가의 행정업무 수행에 있어 부적합한 제도라는 비판이 가해지고 있기도 하다. 즉, 엄밀한 의미에서의 삼권분립제도는 자유방임을 원칙으로 하는 이른바 소극정치시대에서만 타당성을 가질 뿐이라는 것이다.

몽테스키외가 주장한 삼권분립론은 현대 정당제도가 등장하기 전에 다만 권력기구의 견제만이 가능하던 시대의 소산이기 때문에 권력분립이 곧 삼권분립이라는 식의 사고방식은 옳지 않다고 하겠다. 미국은 전형적인 삼권분립제도를 채택하고 있으나, 다른 나라에서는 이와는 다른 형태의 권력분립제도도 많이 나타났다. 예를 들어, 영국의 내각책임제를 흔히 권력분립이 아닌 행정부와 입법부 권력융합의 민주정치제도라고 이해하고 있지만, 영국에는 사법부의 독립이 보장되어 있고, 무엇보다도 보수당과 노동당의 양당제도하에 주기적인 정권교체를 가능하게 하는 양당간의 상호 견제와 균형이 권력분립의 기능을 수행하고 있다.[49]

오늘날과 같이 국내외적으로 정치·경제·사회문제를 비롯한 수많은 문제들이 산적되어 있고, 비대해진 행정부의 기능으로 입법부의 권한이 행정부로 이양되는 시대에 있어서는 오히려 능률적인 민주정치가 더 필요하다는 것이다. 따라서 오늘날에 있어서는 국민주권을 기본으로 하는 삼권분립원칙을 지켜나가면서 현대사회가 요구하는 능률적인 정치를 어떻게 해나가느냐 하는 것이 주요 관심사로 등장하고 있다.

---

49) C.J. Friedrich, *Constitutional Government and Democracy*(Boston: Ginn, 1950), p. 179.

제5장
민주주의의 달성조건

민주주의는 각 개인에게 인격의 자유로운 발전을 위한 조건을 보장하고, 그러한 조건을 발견하기 위해서 개인들 사이에 허용되는 자유로운 논쟁과 토론의 방법을 그 주된 원리로 하고 있다. 즉, 민주주의사회에 있어서 각 개인은 모두 사회의 일반적인 문제에 대해서 자기 나름대로의 견해를 표명할 권리가 있으며, 또한 정책결정을 위한 토론과정에 참여할 권리도 갖고 있다.

민주주의란 바로 이러한 권리의 구체적인 행사의 방법인 것이다. 그렇기 때문에 민주주의는 사회 내의 공통문제에 모든 사람들이 참여하여 토론하는 정치적 결정의 방법, 즉 '토론에 의한 정치'라고 할 수 있다.

제1절 민주주의의 가능조건

한 나라에서 민주주의를 가능케 하고, 성공적으로 발전시켜 나가기 위해서는 어떠한 조건들이 필요한가? 이에 대해서는 많은 학자들이 제각기의 관점에 따라 여러 가지 조건들을 제시하고 있는데, 여기에서는 ① 정치적·문화적 조건, ② 경제적 조건, ③ 역사적·문화적 조건, ④ 안보적 조건의 네 가지 측면으로 나눠 살펴보기로 한다.

1. 정치적·문화적 조건

민주주의는 국민들 대다수가 지적으로 현명하고, 성격적으로 유덕하며, 정치적으로도 유능하고, 공동의 문제와 이해관계를 충분히 인식할 수 있는 상황하에서 제대로 운영될 수 있다. 이와 관련하여 쉴즈(Edward A. Shils)는 민주주의를 가능하게 하는 정치문화적 조건들로서 다음 사항들을 지적하고 있다.

첫째, 국민들은 개인이나 집단을 초월하는 국민의식을 갖고 있어야 한다.

둘째, 국민들은 정부에서 행하는 공공업무에 관한 관심이 높아야 한다.

셋째, 정부의 정통성에 대한 국민적인 신념과 합의가 있어야 한다.

넷째, 국민들이 인간존엄에 대한 의식뿐만 아니라 개인의 권리와 의무에 대한 의식을 가져야 한다.

다섯째, 정치적 가치와 제도에 대한 국민적 합의기반이 있어야 한다.

여섯째, 자기의 역할과 사명에 대한 과대망상을 억제하는 일반화

된 상식이 있어야 한다.[1)]

제2차 세계대전 이후에 독립을 획득한 신생국가들, 특히 권위주의적인 정치전통 속에서 살아온 역사를 가진 국민대중에게서는 이러한 정치문화적 풍토를 기대하기 어렵다. 국민이 정부의 영도력을 신뢰하고 유순하게 복종하면 후견민주주의(後見民主主義)는 실현할 수 있다. 특히, 언론자유의 전통이 없고, 지식인들이 유순하고 탈정치적일 때에는 후견민주주의가 더 적합하다. 그러나 후견민주주의에서 벗어나 성숙된 민주주의로 발전할 수 있으려면, 지도층은 물론 국민들 모두가 정치적 · 정신적 · 도덕적으로 성숙하여야 한다. 왜냐하면 민주주의의 생명은 정신적 · 도덕적으로 성숙된 개인에 달려있기 때문이다. 개인은 질서를 지키고, 다른 사람들의 인격을 존중할 수 있는 자질과 능력을 갖추었을 때 비로소 민주시민의 자격을 갖추게 된다.

특히, 민주주의의 정신적 조건을 중시하는 더빈(E.F.M. Durbin)은 민주주의의 가능조건으로서 다음 세 가지 사항을 지적하고 있다.

첫 번째, 민주주의의 가장 중요한 조건으로서 국민이 정부를 자유롭게 선택할 수 있는 자유가 보장되어야 할 뿐만 아니라 국민들이 또한 그러한 능력을 갖추고 있어야만 한다는 것이다. 이는 국민이 높은 정치의식수준을 갖추고 있어야 하며, 또한 국민에게 선택의 자유가 부여되어야 한다는 것을 의미한다.

두 번째, 국민이 현 정부에 대해 반대할 수 있는 자유를 가지고 있어야 한다는 것이다. 이를 위해서는 정부와 정치지도자를 자유롭게 감시 · 비판할 수 있는 언론의 자유뿐만 아니라 집회 및 결사의

---

1) Edward A. Shils, *The Political Development of the New States*(Hague: Mouton, 1964), p. 34.

자유가 보장되어야만 한다.

세 번째, 정치권력을 획득하려고 경쟁을 벌이는 정치인이나 정당들 사이에 서로 상대방을 박해하지 않겠다는 묵시적인 약속이 이루어져야 한다는 것이다. 이는 바꿔 말해 정치보복을 행하지 않겠다는 것을 의미하는 것으로서, 이를 위해서는 타협과 양보 그리고 관용의 정신이 필요하다고 하겠다. 더빈은 정치적 반대파에 대한 관용이야말로 진정한 국민통합을 확보하기 위한 유일한 방법이라고 주장하였다. 그에 따르면, 민주주의란 국민을 구성하고 있는 개인 속에 나타나는 정서적 균형의 부수현상이므로, 민주주의의 정착 및 발전을 위해서는 국민들 사이에 이와 같은 관용형의 성격이 형성되어져야 한다고 역설하였다.[2)]

또한 미국의 정치학자인 다알(Robert A. Dahl)도 민주주의가 가능하려면 정부가 시민의 요구와 선호도에 잘 부응하여 지속적으로 책임을 질 수 있어야 한다고 주장하였다. 그에 따르면, 민주적인 정부는 다음의 두 가지 요소를 갖추어야 한다는 것이다.

첫 번째는 포괄성으로서, 누구나 정치과정에 참여할 수 있는 권리가 보장되어야 하며,

두 번째는 공적 경합, 즉 권력획득을 둘러싼 정치적 경쟁과 반대활동이 자유로이 허용되고, 누구에게나 공직에 출마할 수 있는 기회가 부여되어야 한다는 것이다.

그러나 정치적 참여를 촉진하는 요건들이 충족된다고 해서 곧바로 공적인 경합과 정치적 반대가 허용되거나 촉진되는 것은 아니라는 것이다. 왜냐하면 이 두 가지 요소들은 각기 다른 원인과 경로를

---

2) E. F. M. Durbin, *The Politics of Democratic Socialism*(London: Routledge & Kegan Paul, 1954), pp. 237-255.

통해 등장하거나 발전하기 때문이라는 것이다.

다알은 대중의 정치참여가 광범위하게 확대되기 이전에 엘리트들이 법과 제도의 틀 속에서 공개적으로 경쟁하는 전통이 이루어지는 나라에서는 안정된 민주주의가 뿌리내리기 쉽다고 주장하였다. 그 반면에 엘리트간에 경쟁과 타협의 정치가 확립되기 이전에 대중의 정치참여가 갑자기 허용되는 경우에는 민주화과정이 보다 복잡한 경로를 거치며, 보다 많은 시간을 소모하거나 위험한 국면에 빠지기 쉽다고 주장하였다.[3]

한편 한승주 교수도 민주주의의 달성조건으로서 다음 네 가지 사항을 지적하고 있다.[4]

첫째, 민주주의는 언론, 출판, 집회, 결사, 행동의 자유 등과 같은 개인의 자유와 기본권을 보장해 줄 수 있어야 한다는 것이다. 즉, 민주주의사회에서는 원칙적으로 개인의 자유가 국가의 권리에 우선해야 하며, 이는 헌법을 비롯한 여러 법률체계에는 물론, 실제적인 측면에서도 보장되어야 한다는 것이다.

둘째, 평화롭고 자유로운 정권경쟁이 이루어져야 한다는 것이다. 즉, 정치권력은 쿠데타와 같이 비합법적이고 폭력적인 방법에 의해서가 아니라 선거와 같은 자유롭고 평화로운 방법을 통해서 획득되어져야 한다는 것이다.

셋째, 비록 자유로운 선거에 의해 선출된 통치자라고 할지라도, 그는 집권기간 중 국민의 의사를 존중하고, 또한 국민에게 책임을

---

3) Robert A. Dahl, *Polyarchy: Participation and Opposition*(New Haven: Yale University Press, 1973), pp. 1-16, p. 38.

4) 한승주, "정치는 민주화되고 있는가," 계간 『사상』, 1990년 가을호, pp. 12-13.

져야 한다는 것이다. 이는 곧 국민여론에 입각해 책임정치를 해야 한다는 것을 의미한다.

넷째, 민주주의는 정권담당자의 선택은 물론, 정책과 행정에 있어서 시민에게 참여의 기회와 자유를 보장해 줄 수 있어야 한다는 것이다.

2. 경제적 조건

민주주의는 국민경제가 발달하여 번영과 안정을 누리고, 대다수 국민들이 고도의 물질적 생활수준을 누리는 여건하에서 성숙될 수 있다. 역사적으로 볼 때, 경제적 번영을 누렸던 고대 그리스의 아테네나 영국, 미국 등에서 민주주의가 일찍 정착하였고, 오늘날에도 산업이 발달한 선진 자본주의국가에서 민주주의가 발전하고 있다. 산업발달과 상공 부르주아지의 등장이 전제정치하의 계급사회를 붕괴시키고, 그것이 바로 민주주의의 발전을 가져왔던 사실을 생각하면, 민주주의와 경제발전 간에는 밀접한 연관성이 있음을 알 수 있다.

베커(Carl L. Becker)는 "민주주의가 성공하기 위한 필수조건 중의 하나가 기동성, 즉 교통의 용이성이라고 한다면, 또 다른 하나는 어느 정도의 경제적 안정이다. 민주주의는 빈곤에 허덕이는 사회에서는 번영할 수가 없다. 고대와 중세에 있어서 민주주의는 대체로 번영의 중심지인 도시에서 나타났다"[5]라고 말한 바 있다.

또한 다원주의 국가론자인 라스키(Harold J. Laski)도 자신의 저서인 『현대국가에 있어서의 자유(Liberty in the Modern State)』를 통해 다음

---

5) C. L. Becker, *Modern Democracy*(New Haven: Yale University Press, 1941), pp. 12-13.

과 같이 말하였다.

> 민주주의는 다른 어떤 조건이 충족되어 있다고 할지라도, 생산력의 파괴와 경제의 위축을 조건으로 하고서는 힘차게 성장할 수 없다. 민주주의는 다른 그 무엇보다도 확대의 경제를 필요로 한다. 확대의 경제는 인간에게 희망을 안겨주며, 희망은 새로 제정된 법률에 대한 준수를 가능케 한다. 그런데 이러한 준법정신이야말로 사회의 안정이 확보될 수 있는 가장 중요한 조건이다.[6]

비교적 정체적이며 변화가 적은 농업사회는 동태적이고 변화가 많은 산업사회에 비해 전제정치가 될 가능성이 더 많다. 국민의 대부분이 농업에 종사하여 경제적으로 빈곤한 나라에서는 서구형태의 민주주의는 실현되기 힘들다. 중남미 국가들 대부분이 민주적 기반이 성숙되지 못한 상황에서 민주정치체제를 채택하였으나, 이는 형식에 그쳤을 뿐 실제로는 예외 없이 실패하고 말았다. 여러 가지 실패원인들 중에서 국민대중이 무지하고 경제적으로 가난했던 것이 가장 큰 원인이었다. 경제적으로 윤택하지 못할 때 국민을 충분히 교육시킬 수 없고, 제대로 교육받지 못한 국민은 민주시민이 될 수 있는 자격요건을 충분히 갖추지 못할 것이며, 민주시민이 아닌 국민들로부터 민주주의를 기대하기란 거의 불가능하다. 그린(T. H. Green)이 지적하고 있듯이, 경제적으로 빈곤한 국민대중은 민주시민에게 부과되는 정치적 · 사회적 기능을 거의 담당할 수 없다. 바꿔 말해, 경제적으로 가난한 시민은 유권자로서의 최소한의 기능도 담당할 수 없다는 것이다.

---

6) H. J. Laski, *Liberty in the Modern State*(London: George Allen & Unwin, Ltd., 1948), pp. 14-15.

비록 한 나라의 경제가 막대한 규모를 지니고 있다고 할지라도, 부(富)가 사회 각계각층에게 골고루 분배되어 중산층이 사회의 중추 세력을 이루고 있지 않는 한 민주주의는 실현되기 어렵다. 신생국가에서는 부의 축적이 안정선에 이르고 있지 못하기 때문에, 균등한 분배의 실현을 빠른 시일 내에 기대하기 어렵다.

오늘날 신생국과 개발도상국들의 정치적 불안정의 한 원인은 그러한 나라의 국민대중이 민주주의의 조건이 채 성숙되기 전에 정치적 자유와 부의 축적 그리고 부의 균등한 분배를 동시에 요구하고 있기 때문이다. 민주주의와 자본주의가 그 초기단계에 있는 경우에는 어떤 나라에서도 정치적 자유와 경제적 평등이 동시에 달성된 예는 거의 없다. 민주주의와 자본주의가 모두 현대국가의 중요한 목표이지만, 성공적인 민주주의국가일수록 그 우선순위는 경제적 안정과 성장에 두었다.

3. 역사적 · 문화적 조건

민주주의는 근대적 합리주의와 민주적 가치관이 생활규범화되면서 하나의 전통을 이루게 되었다. 민주적인 생활방식이 국민 각자의 마음속에 내면화될 때까지는 상당 기간의 실천경험과 시련의 역사를 겪어야 한다. 이러한 역사적 과정을 거침으로써 국민들은 민주적 생활방식에 익숙하게 되고, 정치윤리를 체득하게 되는 것이다. 민주적 생활방식과 윤리는 국민 각자의 개성과 집단의 자율성을 존중하며, 소수는 다수의 결정에 승복하고 다수는 소수의 이익과 의사를 존중하며, 개인이나 집단이 자기의 의사를 다른 사람에게 일방적으로 강요하지 않고 타협하며 양보하는 태도와 습성이 생활화될 때

확립될 수 있다.

이와 관련하여 바커(Ernest Barker)는 민주주의의 조건을 크게 ① 외적 · 물질적 조건과 ② 내적 · 정신적 조건으로 나눠 설명하고 있다.

먼저 외적 · 물질적 조건으로는 ① 민족적 동질성, ② 사회적 동질성, ③ 경제적 안정을 들고 있다. 바커에 따르면, 민주주의의 원리인 토론이 원활하게 이루어지려면 공통의 역사적 · 문화적 전통이나 언어의 동질성 등과 같은 민족적 동질성이 갖춰져야 할 뿐만 아니라 평등한 사회적 · 경제적 조건이 갖춰져야 할 것이라는 것이다.

또한 내적 · 정신적 조건으로 바커는 다음과 같은 사항들을 지적하고 있다.

첫째, 서로 의견을 달리해도 좋다는 점에 동의하는 원칙이다. 바꿔 말해, 이는 관용의 정신을 말하는 것으로서, 사회구성원이 서로 대립하면서도 어떤 주요 쟁점을 둘러싸고는 의견을 달리할 수 있다는 점에 합의한다는 것을 의미한다. 다시 말해서, 어느 중대한 한 가지 쟁점에 관심을 집중하는 데에는 합의 내지 일치하고, 그것을 다루는 태도나 정책에 대해서만 의견이 대립된다는 것을 의미한다.

둘째, 다수결의 원칙을 들고 있다. 이러한 원칙은 최종적으로는 다수의 의사로써 결정된 것에 대한 동의를 의미하는 것이다. 그런데 다수결이란 양과 질의 양면을 합리적으로 결합시키는 방향에서 결정을 찾아내는 것으로서, '다수의 횡포'와는 완전히 대립되는 것이다. 다시 말해서, 다수결의 원칙이란 관대한 마음을 가지고 소수파가 주장하는 진리를 흡수하는 데 노력하지 않으면 안 된다.

셋째, 타협의 원칙을 들고 있다. 타협의 원칙이란 첫 번째와 두 번째 원칙의 전제조건이 되는 것으로서, 이는 다수가 소수의 의사에 양보하는 원칙이자, 동시에 소수에게도 보다 많은 양보를 구하는 정신을 의미한다. 이것이 무시될 경우 '다수의 횡포'라는 현상이 나타나게 되는 것이다.[7]

또한 민주주의는 도덕적이며 신앙심이 강한 국민이 오랜 세월에 걸쳐 이룩한 경건한 생활방식이 관습과 생활윤리로 정착되어 온 전통에 기초하고 있다.[8] 이러한 국민은 개인의 권리와 표현의 자유를 앞세우기 전에 양심과 자제의 윤리를 더 높은 가치로 간주하여 체득시켜 왔으며, 개인이나 집단의 사적 이익보다는 공익을 중시하는 전통을 이룩하였던 것이다. 이러한 정신문화와 생활윤리 혹은 덕성과 관습의 전통이 신생국들에는 크게 결여되어 있다는 점이 신생국에서 민주주의 정착을 어렵게 만드는 요인이 되고 있다.

4. 안보적 조건

민주주의는 본래 평화를 전제로 하고 있다. 그런데 평화는 전쟁상태의 부재 혹은 정지만을 의미하는 것이 아니다. 적대세력과 군사적으로 대치하면서 전쟁이 발발할 수 있는 가능성이 많은 국가에서는 진정한 의미의 평화가 존재한다고 말할 수 없다. 우리나라에 민주주의가 도입된 지 상당히 오랜 시간이 흘렀음에도 불구하고, 민주주의가 제대로 정착되지 못한 이유 중의 하나도 남북한이 장기간 이념적·군사적으로 대치해 왔다는 점과 무관하지 않다.

라파드(William E. Rappard)는 "민주주의는 평화의 아들이며, 그

7) Ernest Barker, *Reflections on Government*(London: Oxford University Press, 1942), pp. 60-70.

8) A.J. Beizinfer, *A History of American Political Thought*(New York: Dodd, Mead & Co., 1972), p. 315.

어머니를 떠나서 살 수 없다"[9]고 말했는데, 이 말은 평화가 민주주의의 중요한 조건임을 단적으로 표현하고 있는 것이다. 또한 루즈벨트(F. D. Roosevelt) 전 미국 대통령도 "민주주의는 국제적 불안정의 분위기 속에서는 결코 성공할 수 없다"고 말한 바 있다. 사실상 민주주의는 국제적 안정뿐만 아니라 국내적으로도 정치 · 경제 · 사회적 안정의 분위기 속에서만 성장할 수 있는 것이다.

제2절　민주주의의 발전조건

민주주의의 씨를 어떤 토양에나 뿌리기는 쉽지만, 그 토양이 비옥하지 않는 한 뿌리를 내리지 못한다는 사실은 역사가 우리에게 증명하고 있다. 그러면 민주주의의 씨가 제대로 뿌리를 내리는 데 필요한 환경적 요인은 무엇인가? 민주주의의 발전조건에 대해서는 학자들마다 제각기 관점이 다르지만, 대체로 ① 국민의 교육수준, ② 경제적 안정, ③ 지도자의 자질이 가장 중요한 조건으로 지적되고 있다. 그 밖에도 민주주의를 발전시켜 나가기 위해서는 국민들의 정치적 성숙도, 타협정신, 안보적 조건 등이 지적되고 있으나, 여기에서는 상기한 세 가지 조건에 국한시켜 살펴보기로 한다.

1. 국민의 교육수준

민주주의의 주체가 되는 국민의 교육수준은 사실상 민주주의의 성패와 직결되는 요인이 되지 않을 수 없다. 왜냐하면 교육은 민주시

9) W. E. Rappard, *The Crisis of Democracy*(Chicago, 1938), p. 125.

민의 자질을 제공해 주는 중요한 전제조건이 되기 때문이다. 참정권의 기회는 그 권리행사에 대한 국민의 의욕을 북돋워주고 있고, 교육의 기회는 참정권을 올바르게 행사할 수 있는 능력을 제공하는 것이다.

19세기부터 국민들에 대한 교육보급에 역점을 둔 영국이나 미국에서는 일찍이 민주주의가 정착·발전했으며, 문맹률 퇴치에 비교적 늦었던 이탈리아와 스페인에서는 민주주의 발전이 지체되었다는 사실과 과거 전제군주나 독재정권은 국민의 교육을 의식적으로 게을리했다는 역사적 사실이 이를 증명해 준다.

과연 교육을 받은 자가 더 민주적인가 하는 점에 대해서 브라이스(Bryce)는 단순히 문맹률을 벗어난 상태만으로는 민주주의의 성공을 기대할 수 없다고 하면서 "많은 지식이 지혜를 가져다주지는 못한다"는 헤로도투스의 말을 인용하였다.[10] 매키버(MacIver)도 대중의 본능이 지식층의 이론보다 우월할 때도 있으며, 지식이 민주시민을 만드는 데 필요하긴 하나, 그보다도 대중의 시민정신을 개발해야 민주주의 실현이 가능하다고 주장하였다.[11]

사르토리(Sartori)는 일반대중의 교육수준이 단순히 문자해득능력만을 소유하는 정도에 그친다면 통치자들이 기술발달로 인한 각종 대중매체를 통해 국민의 자아실현보다는 상징조작의 대상으로 이용할 가능성을 경고하였다.[12]

이는 국민의 교육수준이라고 하는 것이 단순히 문맹상태에서만

---

10) James Bryce, *Modern Democracies*, Vol. 1(New York: Macmillan, 1921), pp. 74-75.

11) Robert M. MacIver, *The Web of Government*(New York: Macmillan, 1947), p. 190.

12) Sartori, "Democracy," *International Encyclopedia of the Social Sciences*, Vol. 4(New York: Macmillan, 1980), p. 118.

벗어나는 단계가 아니라, 한 걸음 더 나아가 민주시민의식, 타협과 토론의 중요성, 정부시책에 대한 비판과 대안제시능력을 갖추기 위한 민주시민교육이어야 민주주의 발전에 도움이 된다는 뜻이다.

결론적으로, 문자해득능력은 문맹보다 나으며, 교육은 무지보다 낫다는 대전제하에서 단순히 교육은 민주주의 발전에 유일한 조건이 된다고 말할 수는 없다. 한 걸음 더 나아가 ① 사고의 범위를 넓히고, ② 관용의 규범을 인식시키며, ③ 극단적 주장의 폐단을 자각하고, ④ 이성적인 투표권 행사의 능력을 가능케 하며, ⑤ 국민의 비판의식을 길러주는 교육이 이루어져야 민주주의를 성공시킬 수 있다. 실제 조사결과, 국민들의 교육수준이 높을수록 민주주의의 가치를 올바르게 인식하고, 민주주의를 더 지지한다는 결론이 나왔다.13)

한편 브라이스는 민주시민교육도 중요하지만, 민주주의의 실제 훈련과 경험을 쌓을 수 있는 지방자치제도도 민주주의 발전의 주요 조건이 된다고 강조하였다. 교육 자체가 정치적 판단능력이나 지혜를 제공하는 것은 아니므로 때로는 위대한 학자보다도 학생의 정치적 판단이 나을 수도 있다. 또한 대학교수보다 노동자의 판단이 옳을 때도 있기 때문에 대학교수의 정책자문결과가 오히려 실패를 초래할 수도 있다는 것이다. 그러므로 민주주의이론을 실천에 옮길 수 있는 훈련을 지방자치제도를 통해 얻는 것이 민주주의 발전에 필수조건이 된다고 하였다.14)

따라서 후진국가에서 단순한 교육보급 자체로만 민주주의를 성공시킨다는 가정은 성립될 수 없지만, "곡식이 익는 과정은 늦어도

---

13) Seymour M. Lipset, *Political Man: The Social Bases of Politics*(Garden City: Doubleday, 1960), pp. 39-40.

14) Bryce, *op. cit.*, p. 79.

언젠가는 수확을 거둘 수 있다는 것은 틀림이 없다"는 브라이스의 말처럼 단계적으로 교육의 질을 높여 나갈 때 국민의 정치적 성숙도와 더불어 민주주의의 뿌리가 내려질 것이다.

2. 경제적 안정

경제적 발전과 안정이 민주주의 성공의 조건이 된다는 점은 쉽게 납득할 수 있다. 극심한 빈곤상태에서 허덕이는 배고픈 사람들에게 있어서 민주주의이념은 한낱 이상이자 공언에 불과할 것이다. 또한 경제적 빈곤은 정치·사회의 불안요인이 되므로 민주주의뿐 아니라 어떤 정치적 이념의 구현도 불가능하다. 사실상 국민경제가 발달한 곳에서 정치적·사회적 번영과 안정을 찾을 수 있으며, 또한 민주주의의 발전을 기대할 수 있는 것이다.

러너(Lerner)는 산업화, 도시화, 부의 분배, 교육이라고 하는 네 가지 요소의 상호관련성을 강조하였다. 경제발전이 교육을 가능케 하며, 교육은 경제와 정치의 질을 향상시키는 역할을 한다는 것이다.[15]

또한 립셋(Lipset)은 고도의 선진 민주주의국가일수록 부의 축적, 산업화의 정도, 도시화, 교육수준이 높다고 하여 사회·경제적 발전과 민주주의 발전간의 연관성을 주장하였다.[16] 이와는 반대로 엑크슈타인(Eckstein)은 민주주의국가이기 때문에 국가경제가 번영하게 되었는지 아니면 경제적 번영이 민주주의를 촉진시켰는지는 분간하기 힘들기 때문에 경제적 요인과 민주주의 발전간의 연계성은 불분

---

15) Daniel Lerner, *The Passing of Traditional Society*(Glencoe: The Free Press, 1958), p. 60.
16) Lipset, *op. cit.*, pp. 538-544.

명하다고 주장하였다.[17)]

역사적 예를 들어 보면, 산업혁명 이후 중산층의 신흥 부르주아가 등장하면서 귀족사회의 전제정치는 붕괴되었고, 민주주의를 발전시켰다. 오늘날에 있어서도 선진 자본주의국가가 보다 민주적인 국가라는 점은 사실이다. 이러한 사실은 경제적 번영이 민주주의를 성립・촉진시킨 예라 하겠다. 그러나 사르토리는 영국의 초기 민주주의는 산업화와 번영 그리고 문맹해소 이전부터 시작되었다고 하여 경제적 번영은 민주주의의 성장조건이 되어도 민주주의의 성립조건은 아니라고 주장하였다.[18)] 따라서 경제성장은 민주주의 발전의 전제조건은 되어도 경제건설 후의 민주주의의 시작을 의미하는 것은 아니며, 민주주의 발전이 경제발전과 반드시 정비례한다는 것을 의미하는 것은 아니다.

경제체제와 민주주의의 관계에 대한 이론도 구구하다. 사유재산권과 기업의 자유를 보장하는 자본주의만이 민주주의를 보장해 준다는 주장이 있는가 하면, 경제적 평등을 보장하는 공산주의국가만이 민주주의를 보장한다는 상반된 주장도 있다. 그러나 아테네 민주주의 이래 민주정치와 특정 경제체제 간의 연계성은 증명되지 않았으며, 경제체제가 정치체제의 특징을 규정한다는 견해는 자칫 자기 독단의 오류에 빠질 가능성도 있다. 그것은 사회주의적 경제체제와 민주적 정치체제를 동시에 채택하고 있는 나라는 북유럽의 스칸디나비아제국 이외에도 많다는 사실이 이를 증명한다.

---

17) Harry Eckstein, *A Theory of Stable Democracy*, Center of International Studies Research Monograph, No. 10(Princeton University, Woodraw Wilson School of Public and International Affairs, 1961), pp. 38-40.

18) Sartori, *op. cit.*, pp. 118-119.

민주주의는 집산주의를 채택 혹은 거부할 자유가 있기 때문에 민주사회는 국민의 인권존중, 공동선의 보호, 국민의 합의원칙을 지키면서도 경제구조에 온갖 변화를 가능케 하는 융통성 있는 사회라고 할 수 있다.[19]

끝으로 빈부의 격차가 심한 사회는 정치적 민주주의국가라고 할 수 없다. 아리스토텔레스의 주장과 같이, 부가 공평하고도 광범위하게 분배된 곳에서 민주주의가 강해지는 법이다. 따라서 부의 비교적 균등한 배분으로 중산층이 다수를 형성하는 사회에서 민주주의 발전이 용이하다. 전통적으로 자유민주주의국가인 영국과 같은 산업국가는 오늘날 기간산업의 국유화와 규제, 계획경제정책을 채택하여 가능하면 부의 분배의 격차를 시정하려는 노력을 하고 있다. 스위스나 스칸디나비아국가들은 빈부의 격차를 좁혀 안정된 민주복지국가를 건설하였고, 반대로 빈부의 격차가 심한 국가는 민주주의 발전이 지연되는 것이 사실이다. 물론 경제적 발전과 안정은 반드시 민주주의정권뿐만 아니라 독재정권의 안정에도 이바지하는 요인이 된다. 경제적 번영은 계급간의 갈등 완화와 정치적 안정을 가져오기 때문이다. 그러므로 경제적 번영은 민주시민교육과 동시에 이루어져야 한다.

3. 지도자의 자질

민주주의는 주권재민사상(主權在民思想)을 그 기본원리로 삼고 있다. 그러나 현대 민주정치는 국민이 선출한 대표자에 의한 대의제

---

19) C. E. Merriam, *What is Democracy?*(Chicago: University of Chicago Press, 1941), p. 15.

민주정치이다. 따라서 정치지도자의 자질은 민주정치의 성패와 직결되는 문제이다. 특히, 정치의식수준이 낮은 후진국일수록 비민주적인 지도자가 아닌 능률적이고 능력 있는 민주적 지도자의 역할이 민주주의 발전에 중요한 조건이 된다.[20]

민주사회가 시작되는 단계에서 객관적 요인보다 더 중요한 조건은 ① 능률적이고 능력 있는 민주지도자의 의지와 ② 국민여론을 적절히 정책에 반영할 수 있는 정치체제라고 하겠다. 국민의 기대수준과 그러한 기대를 충족시킬 정치적 능력간의 급격한 불균형은 민주주의의 파괴를 의미하기 때문이다.

민주주의 발전은 어느 한 가지 요인의 작용만으로 이루어지는 것이 아니다. 민주주의의 발전은 시기, 방법 등 여러 가지 복합적 요인이 작용한다고 볼 수 있다. 예를 들면, 신생 민주주의국가와 선진 민주주의국가에서의 민주정치 발전문제는 각각 다르다. 전자의 경우에는 정치적 민주주의를 어떻게 정착시키느냐가 문제이며, 후자의 경우에는 민주주의를 어떻게 발전시키느냐가 문제가 된다. 또한 개방사회체제, 동등한 가치체계, 산업사회라는 세 가지 특징은 신생 민주주의국가가 아니라 선진 민주주의국가에서 찾아볼 수 있는 현상이므로 민주주의의 결과이지 전제조건이 아니라는 것을 알 수 있다. 따라서 각기 다른 민주주의 발전단계에서 무엇이 필요조건이 되며, 또한 어떤 조건하에서 민주주의 발전을 성취할 수 있느냐 하는 점이 앞으로의 주요 연구과제가 될 것이다.

---

20) Joseph A. Schumpeter, *Capitalism, Socialism and Democracy*(New York: Harper & Rows, 1963), p. 291.

제6장
민주주의, 자유주의, 보수주의

인간은 현존하는 정치체제나 정치현상에 있어서의 변화에 대한 일정한 태도를 가지고 있다. 이와 관련하여 바라다트(Leon P. Baradat)는 우리 인간이 지니고 있는 정치적 태도의 스펙트럼을 진보적 변화와 퇴보적 변화 중 어느 것을 지향하느냐에 따라 ① 급진주의, ② 자유주의, ③ 온건주의, ④ 보수주의, ⑤ 반동주의의 다섯 가지로 분류하고 있다.

급진주의와 반동주의를 양극으로 하여 그 중간에 자리잡고 있는 자유주의와 보수주의는 스펙트럼의 색과 같이 상이한 여러 가지 색조를 띠고 배열해 있다. 자유주의는 대체로 사회의 근본적인 특성들을 지지하나, 사회의 어떤 결점에 대해서는 참지 못하는 나머지 사회의 진보적 변화를 지향한다. 이에 반해 보수주의는 현상(現狀)에 비교적 만족하며, 현상의 변화가 피치 못할 경우에는 미지의 것보다 습관화된 것으로 지향하는 퇴보적 변화를 택하는 경향이 있다.

제1절 자유주의와 보수주의의 사상적 근원

중세의 신분적 계급제도의 붕괴와 더불어 싹트기 시작한 자유주의는 17세기 전반 영국 시민혁명의 원동력이었고, 영국의 민주주의사상 전개의 핵심이었다. 그러나 자유주의의 이념적이고 철학적인 기초는 19세기에 이르러 비로소 그 결실을 보게 되었다. 자유주의의 전통은 대부분 개인의 자유를 강조하였다. 자유주의라는 용어는 정치적 자유와 밀접하게 관련되어 있으며, 자유에 대한 강조는 모든 자유주의사상에 중요한 실마리가 되었다. 많은 자유주의자들은 밀의 자유의 필요성에 대한 고전적 논의인 『자유론』에서 자유주의의 기원을 찾고 있다.

한편 근대 정치사상의 사조로서의 보수주의가 역사상 성립하는 것은 근대적 합리주의로서의 계몽사상과 그것을 이념적 지주로 하는 신흥 시민계급의 운동이 기존의 사회구조를 근저로부터 파괴하는 역사적 상황이 그 전제가 되었다. 자유, 평등, 박애라는 이념으로 무장한 유력한 사회집단이 1789년 프랑스대혁명을 일으키면서 명백한 위험을 초래하는 데 대해, 수세에 몰린 귀족계급이 이에 대항하기 위하여 보수주의의 개념으로 총괄되는 특정 사상조류를 형성하게 된 것이다.

그러면 자유주의와 보수주의의 대표적인 사상가인 밀(J. S. Mill)과 버크(Edmund Burke)의 사상은 어떤 점에서 차이를 지니고 있는가 하는 점을 구체적으로 살펴보기로 한다.

1. 밀의 자유주의사상

애당초 자유주의의 임무는 인간을 압제적인 권력과 권위로부터 해방시키려는 것이었다. 자유주의의 전개과정에 있어서 언론의 자유는 중심적인 위치를 차지한다. 종교개혁이 양심과 신앙의 자유를 확립한 후, 언론의 자유는 인간의 주요 열망이 되어왔다. 표현의 자유의 실현은 그 어느 것보다도 관용을 요하기 때문에 관용은 자유주의의 징표가 되었다.

표현의 자유를 지키려는 가장 최초의 움직임 중의 하나는 밀턴(John Milton)의 저서인 『아레오파기티카(Areopagitica)』를 통해 이루어졌다. 표현의 자유를 지키려는 밀턴과 그의 후계자들을 이해하는 데 있어서는 자유주의가 어느 하나의 사상이 다른 사상만큼이나 좋다고 하는 가정하에 움직이는 것은 아니라는 사실이 지적되어야만 한다. 그것은 오히려 언론의 자유는 진리가 나타나는 사상의 자유에 선행할 것이라는 점을 가정한다.

그로부터 2백 년 후에 밀(Mill)은 『자유론』을 통해 무엇이 표현의 자유를 지키는 고전적인 것이 되어 왔는가를 기술하였다. 오늘날 우리가 특히 밀에 대해서 관심을 갖는 것은 그 자신 정부에 대해서가 아니라 사회에 대해서 언급했다는 점이다. 밀은 정부에 의한 억압에 관심을 갖고 있었다기보다는 다수의 반대자들에 대한 억압에 보다 많은 관심을 갖고 있었다. 밀은 자유로운 정부를 갖기 위해서는 자유로운 사회, 즉 소수의 반대자들과 관습에 얽매이지 않는 개개인들에 대해 관대한 사회여야 한다고 생각하였다.[1]

---

1) Max Mark, "Liberalism," in *Modern Ideologies*(New York: St. Martin's Press, 1973), pp. 26-27.

밀은 민주주의가 정부의 바람직한 형태이긴 하지만, 민주주의조차 개인의 자유를 제한하는 경향이 있다고 주장하였다. 따라서 사상과 언론의 자유는 개인의 자유가 행복에 이르는 가장 확실한 방법이기 때문에 법률로써 절대적으로 보호되어야 한다고 보았다.

벤담의 사상적 영향을 받은 밀은 행복이야말로 사회의 기본 목표이며, 사람들이 서로 선하게 행동할 때 최상으로 성취될 수 있다고 생각하였다. 그는 다른 사람에 대한 친절의 동기는 분명한 자기이익이라고 주장하였다. 즉, 사람은 자신의 선행(善行)이 궁극적으로 자기 자신에게 이롭게 될 것을 알기 때문에 선행을 한다는 것이다. 그러나 선행에 대한 밀의 해석은 한 걸음 더 나아가서 동기의 자기이익론(self-interest theory)을 지지하는 사람들이 이루어놓은 것과는 매우 다른 결론을 도출해냈다. 밀은 때가 되면 사람들은 선을 행하는 습관이 생길 수 있으며, 그들이 어떤 특별한 보상을 바라지 않고도 선행을 계속할 것이라고 주장하였다. 바꿔 말하면, 사람들은 반드시 이기적이 아니며, 설혹 그들이 그렇다고 할지라도 그들은 그러한 품성을 변화시킬 수 있다는 주장에 이르게 되었다.

밀의 결론은 점차적으로 그로 하여금 자유방임의 자본주의를 비난하게 하였고, 그를 자본주의의 노예적 성향을 비난한 최초의 자유민주주의 철학자로 만들었다. 밀의 주장은 매우 효과적이어서 그의 시대 이래로 거의 소수의 자유주의자만이 자유방임주의를 지지하였다.[2)]

밀의 시대 이전에는 자유방임주의가 단지 극좌파, 즉 마르크스와 다른 사회주의자 그리고 급진주의자에 의해서만 반대되어 왔다. 밀

---

2) Leon P. Baradat, *Political Ideologies: Their Origins and Impact*, 2nd ed.(Englewood Cliffs, New Jersey: Prentice-Hall, 1984), pp. 111-112.

의 영향을 받은 자유민주주의자들은 좌파로 이동하기 시작하였고, 그들 중 많은 사람들은 자본주의보다 사회주의를 더 좋아하게 되었다. 이것이 당대의 민주주의 이론가를 구분하는 중요한 이유 중의 하나이다.

2. 버크의 보수주의사상

근대 보수주의의 아버지라 불리는 버크(Burke)의 태도는 여러 가지 면에서 홉스주의적이었다. 그의 이론의 주요 목적은 사회적·정신적 안정을 이룩하는 데 있었다. 그러므로 그에게 있어서 좋은 정부란 평화를 지키는 정부를 의미하였다. 버크는 보수당원이었지만, 항상 변화하기를 거부하지는 않았다. 그는 사실상 변화야말로 인생의 필요한 특징이라고 생각하였다.

그러나 버크는 어떤 변화든지 간에 점진적이어야 하고, 잘 숙고되어야 하며, 기본적인 상황이 일치되어야 한다고 생각하였다. 그는 사회를 분열시킬지도 모르는 변화에는 반대하였다. 이루어져야 할 유일한 변화는 있던 대로의 상황을 그대로 유지시킬 수 있는 그러한 것들이다.

변화에 대한 버크의 반대는 인간 이성이 사회적·정치적인 제도를 개선시킬 만한 능력을 갖추지 못하였다는 가설에서 유래한다. 버크는 사회의 제도야말로 수세기 동안 축적된 지혜의 산물이라고 믿었다. 어떠한 세대도 제도를 개선시킬 갑작스러운 변화를 창출할 능력을 가지고 있지 않으며, 사람들은 실로 수세기에 걸쳐 완성되어진 제도들에 관여함으로써 그것들을 완전히 망치게 될지도 모른다. 버크는 문명이란 인간의 어리석음으로부터 보호되지 않는다면 파멸할지도 모르는 허약한 것이라고 생각하였다.

또한 버크는 현존하는 어떤 제도든지 가치가 있는 것이라고 믿었다. 다시 말하자면, 현존하는 제도는 수세대 동안의 지혜의 산물이며, 그것이 남아 있다는 사실만으로도 그것의 가치가 증명되었으며, 그러므로 그것을 함부로 취급해서는 안 된다는 것이다. 만약에 그것들이 유용하지 않았더라면 그 제도들은 이미 없어졌을 것이라고 그는 논리적으로 설명하였다. 덧붙여 말하자면, 버크는 제도적 장점들은 사회의 시민들에 의해 받아들여진 사실에서 비롯된다고 믿었다. 이러한 제도는 장기간에 걸치는 과정에서 사람들에게 받아 들여졌다. 변화를 초래하는 확고한 사상에도 불구하고, 어떠한 변화를 위한 제안도 한 제도가 시대를 거쳐서 진전시킬 수 있는 그러한 위임을 얻을 수는 없을 것이다. 그러므로 새로운 제도는 결코 구제도만큼 가치를 가질 수 없다.

놀랍게도 버크의 보수주의사상은 그로 하여금 루소와 비슷한 사회관을 갖게 만들었다. 루소와 같이 버크는 사회가 없는 고독한 개인으로 인간이 존재했던 시대가 있었다고 믿었다. 그러나 그들은 서로 상호 작용할 필요가 있어 모였으며, 그렇게 함으로써 그들은 제도를 형성하였고, 그것은 인간성 자체를 정의하는 부분이 되었다.

버크는 선이나 도덕, 문명 그 자체도 인간이 사회를 이룩할 때에만 가능한 것이라고 믿었다. 이와 같이 사회는 사람들이 그들의 품성을 순화시키고 인간의 특성을 개발시킬 수 있는 조직이 되었다. 더구나 버크가 국가와 명확히 구분하지 않은 사회는 유기적인 특성을 발전시키며, 그것은 본래의 권리로서 하나의 '정치적 인격체'가 된다.

비록 버크는 이 점을 루소만큼 강조하지는 않았지만, 그는 사회와 국가로부터 나오는 절대적인 힘을 믿었다. 사회는 어리석은 개인들의 집합체일지 모르나, 그러한 개인들이 사회를 형성하기 위해 모일 때 그들의 집단적인 판단은 현명한 것이 되며, 항상 바르게 행동하게 된다. 사회는 거의 신비적인 힘을 가졌다는 그의 가설과 함께 전통과 역사에 대한 버크의 존중은 종교적인 신앙에 가까운 사회관을 갖게 하는 원인이 되었다. 이런 점에서 그는 루소를 따랐을 뿐 아니라 헤겔(G. Hegel)의 사상을 앞질렀다.

또한 버크는 정부에 대해서는 보수적인 견해를 가지고 있었다. 그는 정부의 기본적인 목적은 질서를 유지하는 것이라고 믿었다. 그는 또한 국민에 의한 직접적인 통치에 대해 불안함을 느끼고 있었으므로 대의정치를 강력히 옹호하였고, 따라서 영국에 적합한 통치기관은 의회라고 주장하였다. 그러나 의회는 반드시 국민들에 의해 지배되어서는 안 되며, 오히려 의회는 소수가 다수를 지배하려는 제도라고 보았다.

이 밖에도 버크는 인간의 기본적인 평등에 대해 부인하였으며, 인간은 명백히 불평등하다고 주장하였다. 그는 인간이 각기 다른 능력과 지식을 가지고 있다고 생각하였다. 그는 보수적인 견해와 일관하여 사람들 사이의 가장 중요한 구분은 재산과 사회적 신분이라고 믿었다. 많은 재산과 높은 신분을 가진 사람들은 그렇지 않은 사람들보다 더 중요하며, 따라서 부유한 사람들은 가난한 사람들보다 더 영향력이 있기 때문에 정부에 보다 더 많이 참여할 가치가 있다고 생각하였다.[3)]

결국 버크는 민주주의란 평범한 사람들이 그들의 최선의 이익을 위하여 그들을 통치할 대표를 뽑는 제도라고 보았다. 이러한 태도는

---

3) *Ibid.*, pp. 90-94.

개인에 대한 비관적인 견해와 인간의 평등에 대한 부정에서 비롯된 것이다.

제2절 자유주의와 보수주의의 차이점

민주주의 내에서 자유주의와 보수주의는 상이한 두 가지 경향 때문에 달리 다루어지고 있다. 그것들은 첫 번째로 인간의 본질과 변화에 대한 입장, 전통과 정부에 대한 태도 등과 같은 일반적인 경향이고, 두 번째는 동질성을 가질 수 있는 사람들의 집단에서 어느 특정 시간과 장소에서 나타나는 특별한 입장이다.

자유주의와 보수주의에 대해 어떤 학자들은 그것을 민주주의 내의 상반된 경향으로 보는 경우도 있지만, 또 다른 학자들은 분리된 이데올로기로서 다루기도 한다. 이 중 어떠한 접근방식도 완전한 것은 아니지만, 민주주의에는 자유주의적인 민주주의와 보수주의적인 민주주의가 존재한다는 것을 보여줌으로써 민주주의에 대한 태도의 복잡성을 이해할 필요가 있다.

1. 자유주의의 특징

자유주의(liberalism)는 17세기 말에 시작되어 19세기 중반에 절정을 이룬 정치이념으로서, 개인주의, 의회주의, 개혁주의 등을 그 주요 속성으로 하고 있다. 자유주의는 급진주의보다 현존 사회에 불만을 훨씬 덜 느끼는 것으로서, 자유주의는 대체로 사회의 근본적인 특성을 지지하나, 사회의 어떤 결점에 대해서는 참지 못하는 나머지 체제의 개혁 — 즉, 사회의 진보적 변화 — 을 지향한다. 또한 급진주의자들이 법이란 자신들을 지배하는 수단이라고 인식하는 나머지 법을 존중하지 않는 반면에, 자유주의자는 대체로 법을 존중하는 편이다.[4)]

이러한 자유주의가 오늘날 민주주의 내에서 지니고 있는 특징은 대체로 다음과 같다.

첫째, 자유주의는 변화를 선호하는 경향을 지닌다. 자유주의자는 일반적으로 사람들이 사회를 개선하기 위해 노력을 계속해야 한다고 믿고 있다. 그러나 자유주의자들은 현 체제의 기본적 구조를 제거하게 될 급격한 변화는 원치 않는다. 이런 점에서 자유주의와 보수주의의 차이는 종류보다는 정도의 차이라고 하겠다.

둘째, 자유주의는 인간의 이성에 대해 신뢰를 갖는다. 고전적 자유주의자들은 모든 인간이 도덕적으로 유능하며 이성적이라고 믿었다. 사회의 다른 어떤 것보다 개인을 존중한 고전적 자유주의자들은 '최소의 정부가 최선의 정부'라는 신념을 갖고 있었으며, 또한 사유재산권을 존중하였다. 예를 들어, 고전적 자유주의자인 로크(John Locke)는 "자연법이란 인간의 이성을 통해 발견될 수 있고, 인간행위를 다스리는 어떤 자연의 법칙을 모든 사람들에게 동등하게 적용하여 그들의 근본적인 평등을 확보하자"고 주장하였다.[5)]

이처럼 자유주의자들은 인간의 이성이 인간 및 사회문제를 개선할 만한 잠재력을 지니고 있다고 믿고 있으며, 이를 바탕으로 인간의 조건을 개선하기 위해 어느 정도 정부를 이용하는 것을 인정하고 있다.

---

4) *Ibid.*, pp. 30-31.
5) *Ibid.*, p. 32에서 재인용.

셋째, 자유주의는 인간의 조건을 개선하기 위해 정부를 이용하려는 경향이 있다. 즉, 자유주의자들은 보수주의자들과는 달리 사람들이 이성적인 행동능력을 지니고 있지만, 스스로 자립하는 것은 매우 어렵기 때문에 정부의 도움을 받아야 한다는 입장을 취하고 있다. 자유주의자들은 정부활동을 통한 이러한 도움이 개인에게 보다 큰 자유를 가져다 줄 것이라고 믿고 있다. 개인주의는 특히 초기의 고전적 자유주의의 핵심사상이다. 사회 속의 개인의 자유를 강조하는 현대 자유주의자인 듀이(John Dewey)는 초기 자유주의의 개인주의론은 사회발전의 저해요인이 된다고 지적하였다. 한편 현대 자유주의는 긍정적 이론으로서, 자유는 개인이 집단과의 접촉에서 잠재력을 발휘하고, 자기발전을 성취할 수 있게 한다고 주장하였다. 따라서 현대 자유주의는 야경국가 혹은 "최소한의 통치를 하는 정부가 최선의 정부"라고 하는 고전적 자유주의의 개념을 거부하고, 복지국가를 지지함으로써 현대 자유주의의 좌파와 민주사회주의의 우파를 구분하기 힘들게 만들었다.

이처럼 자유주의자들은 개인의 자유를 선호하나, 경제적 자유에 대해서는 분명한 입장을 나타내지 않고 있다.

2. 보수주의의 특징

보수주의(conservatism)는 자유주의의 대립개념으로서, 기존 제도를 보전하고, 급진적 변화보다는 점진적 변화를 지향하며, 전통과 사회안정을 중시하는 정치이념을 의미한다.

오늘날 민주주의 내에서 보수주의가 지니는 특징은 다음과 같이 요약할 수 있다.

첫째, 보수주의는 변화에 대해 거부하는 경향을 보이고 있다. 20세기의 대표적 보수주의 사상가인 하이에크(F. A. Hayek)는 '나는 왜 보수주의자가 아닌가?'라는 글을 통해 "보수주의 자체는 합법적이고 아마도 필요하다. 그리고 이는 확실히 극적인 변화에 반대하는 확산된 태도이다"[6]라고 언급한 바 있다.

이처럼 보수주의자는 현상(現狀)에 가장 만족하는 사람들로서, 현상의 극적인 변화에 반대할 뿐만 아니라 어떠한 변화에도 주저한다. 이처럼 보수주의자들이 현상을 지지하는 이유는 그들이 변화를 무조건 반대하거나 어떤 개선을 원치 않아서가 아니라, 그러한 변화가 보다 나은 결과를 가져올지에 대해 의심하기 때문이다. 다시 말해서, 보수주의자들은 아직 해보지 않은 미지의 어떤 것보다는 설령 매우 잘되지는 못했을지라도 이미 이루어진 어떤 일을 더 신뢰하는 경향이 있다.[7]

둘째, 보수주의자는 전통을 존중하는 반면, 인간의 이성을 불신하는 경향을 보인다. 보수주의자들은 전통적인 도덕, 규범, 종교 그리고 기존의 제도가 오래되면 될수록 보전할 만한 가치가 있다고 생각하며, 또한 인간의 이성을 완전히 거부하기보다는 전통을 더 신뢰한다. 즉, 전통의 존중이 변화에 대한 저항을 수반하고 있는 것이다. 그러나 보수주의자들은 모든 과거를 고수하기를 원치는 않으며, 과거 중에서 가장 좋다고 믿는 것을 보전하고 싶어한다.

이처럼 보수주의는 흔히 전통을 수호하고, 전통으로의 복귀를 주장하고 있다. 따라서 보수주의는 유토피아적 이상이나 거대하고 급

---

6) F. A. Hayek, "Why I am not a conservative?" *The Constitution of Liberty*(London: Routledge & Kegan Paul, 1960), p. 397.

7) Baradat, *op. cit.*, pp. 34-35.

진적인 개혁에 대해서는 회의적이다.

셋째, 보수주의자는 인간의 조건들을 개선함에 있어서 정부의 이용을 거부한다. 왜냐하면 보수주의자는 인간의 조건을 개선함에 있어 정부를 이용하는 것이 반드시 필요하지는 않다고 확신하고 있으며, 또한 인간은 그대로 놔둬야 더 좋은 일을 할 수 있다고 믿고 있기 때문이다. 그러므로 보수주의자들은 대체로 정부권력은 축소되어야 하고, 개인은 세상에서 자기 방식대로 살아야 한다고 믿는 경향이 있다.

그러나 보수주의자들은 전통적인 도덕기준을 지원, 그에 따라 개인의 자유를 제한하는 정부권력은 완전히 인정하고 있다. 왜냐하면 보수주의자들은 질서 있는 자유만이 오직 향유할 만한 가치가 있는 자유라고 믿기 때문이다.

또한 대부분의 보수주의자들은 사람들이 정부에 의지하는 정도가 크면 클수록 그들은 스스로를 구하는 능력을 상실하게 될 것이라고 생각한다. 예를 들어, 18세기의 보수주의자 버크는 그러한 사상을 가지고 있었고, 20세기의 현대보수주의자인 커크(Russell Kirk)도 그러한 사상을 가지고 있다. 즉, 능력 있는 사람들은 정부의 도움으로 해를 입을 것이고, 열등한 사람들에게는 도움이 되지 않을 것이라는 주장을 하고 있다.[8)] 그렇기 때문에 보수주의자들은 사람들을 구별하는 차이들 — 예컨대, 계급, 지성, 국민성, 종족 등 — 을 당연한 것으로 받아들인다.

---

8) Russell Kirk, "Prescription, Authority and Ordered Freedom," Frank S. Meyer, ed., *What Is Conservatism?*(New York: Holt, Rinehart & Winston, 1964), p. 24.

제3절 현대 자유주의와 보수주의

오늘날 자유주의는 고전적 자유주의(classical liberalism)와 신자유주의(neo-liberalism)로 구분할 수 있으나, 고전적 자유주의는 과거와 같이 분명한 입장을 취하고 있지는 않다. 즉, 자유주의자들은 그들의 정책에 대해서 과거보다 훨씬 덜 확신하는 경향이 있다. 또한 미국에는 보수주의로 일컬어지고 있는 세 가지 유형으로서 극우 혹은 신우익(the radical or new right), 전통적 보수주의(classical conservatism) 그리고 신보수주의(neo-conservatism)가 있다. 이것들은 자유주의와 많은 입장차이를 지니고 있는 것처럼 보이지만, 경우에 따라서는 그들간의 노선차이가 상당히 애매모호한 것처럼 보이기도 한다.[9]

현대 자유주의와 보수주의를 규정하는 데 사용될 수 있는 쟁점에는 사회적 · 재정적 문제뿐만 아니라 대외정책문제들이 있다. 이들 각자의 입장과 그들이 강조하는 주장들을 통해 우리는 그들간의 차이점을 살펴볼 수 있다. 따라서 여기에서는 현대 자유주의와 보수주의가 사회적 · 재정적 측면과 대외정책에서 지니고 있는 입장의 차이점을 살펴보고, 그것을 실제 미국의 양당인 민주당과 공화당의 정책을 통해 확인해 보기로 한다. 오늘날 미국의 민주당은 자유주의적 성향을 강하게 지니고 있는 반면에, 공화당은 보수주의적 성향을 지니고 있다.

먼저 사회적 측면에서 볼 때, 현대 자유주의는 선택의 자유에 대한 강한 신념을 지니고 있을 뿐만 아니라 여성과 소수집단의 권리 보호, 낙태와 복지계획에 대한 지지를 나타내고 있다. 반면에 현대 보수주

---

9) 이에 대한 구체적인 내용은 L. T. Sargent, 허재일 · 최한수(공역), 『현대비교정치이데올로기』(서울: 신유, 1991), pp. 123-128을 참고할 것.

의는 가정, 학교, 사회에 있어서 전통적인 가치와 종교교육을 강조하지만, 성교육과 진화론에 대한 교육에 대해서는 반대입장을 보이고 있다. 따라서 낙태문제에 대해서도 강력한 반대를 하고 있다. 미국 민주당의 경우, 공립학교 입학과정에서의 차별조치를 시정하고자 하며, 낙태권리를 인정하며, 이를 제한하는 헌법의 개정을 반대하고 있다. 그러나 공화당은 사교육 선택권과 학교에서의 종교교육을 강조하고 있으며, 낙태 반대 및 인명에 관한 헌법개정을 지지하고 있다.

두 번째, 재정적 측면에서 볼 때 현대 자유주의는 재정을 규제하기 위해서 경제에 대한 정부의 개입을 허용하고, 적자예산을 수용하고자 하는 경향을 보이고 있다. 반면에 현대 보수주의는 자본주의에 대한 신념이 강하고, 경제에 대한 정부의 최소한의 규제와 균형예산을 강조하는 경향이 있다. 미국의 민주당은 부유층에 대한 세금인상, 자녀를 둔 가정에 대한 장기적인 세액경감 혜택의 부여, 의료혜택의 자격요건 강화를 주장하고 있으며, 또한 미국기업을 위한 정부의 국가적 계획 마련을 촉구하고 있다. 그러한 예로서는 미국의 경제력 회복을 위한 고용창출과 보호무역주의정책의 강화 등을 들 수 있다. 그러나 공화당은 세금인상에 반대하고, 연방정부의 지출을 억제하며, 재정적자를 감축시킬 것을 주장하는 등 경제에 대한 정부의 개입축소를 주장하고 있다. 또한 공화당은 경제적 자유의 강조와 자유기업의 힘에 의한 세계시장 개방을 역설하고 있다.

세 번째, 대외정책면에서 볼 때 현대 자유주의는 국제사회에 있어서 분쟁의 평화적인 해결을 위한 활동의 필요성을 강조하고, 군사력과 군비감축에 대해 적극성을 보이고 있다. 그러나 현대 보수주의는 공산주의자와 테러집단에 대해 적극적인 반대를 하고 있으며, 강력한 군사력에 의한 세계평화 달성을 선호하는 경향이 있다. 미국의 민주당은 군사력의 재편, 국방비의 대폭적인 삭감, 유럽주둔 미군의 대폭 감축, 모든 핵실험의 금지 그리고 전 세계적인 핵무기 확산을 억제하기 위해 국제원자력기구(IAEA)의 기능강화를 촉구하고 있다. 반면에 공화당은 핵실험의 계속을 주장하고, 군사력 우위에 의한 세계평화 유지를 강조하고 있다. 그러나 제2차 세계대전 이후 장기간 지속되어온 냉전이 종식됨에 따라 미국의 민주당과 공화당의 대외정책, 특히 군사정책에 대한 이견폭은 점차 줄어드는 경향을 보이고 있다.

이상에서 살펴본 바와 같이, 민주주의 내의 두 가지 서로 다른 경향인 자유주의와 보수주의는 과거에 비해 보다 구체적인 이데올로기가 되고 있는 것처럼 보여진다. 또한 오늘날에는 얼핏 자유주의와 보수주의 자체 내에서의 차이가 커보이지만, 사실상 민주주의 내에서의 자유주의와 보수주의의 입장과 노선의 차이가 더 크다고 하겠다.

제7장
민주주의의 실제적 운용

민주주의는 이상으로서만 머무는 것이 아니라 현실적으로 제도화될 때 객관적으로 보장되며, 또한 사회적인 규범으로서의 힘도 갖게 된다. 바꿔 말하면, 개인의 이상이나 행동은 민주적인 제도에 의해서 뒷받침될 때 객관적으로 통용되는 이상이나 행동으로 인정되는 것이다.

이처럼 민주주의는 제도화되며, 규범으로서의 힘을 가짐으로써 비로소 그 효력을 발휘하게 된다. 민주주의가 규범화되어 힘을 갖게 됨으로써 민주적인 정신을 자각하지 못하고 있는 개개인들도 민주적으로 행동을 하게 되며, 또한 그러한 행동을 통해서 개개인들로 하여금 그 제도의 배후에 있는 민주적인 정신에 눈을 뜨게 할 수 있다. 사실상 개인은 제도를 통해서 그 제도의 기초가 되는 정신을 발견할 수 있는 것이다. 따라서 이 장에서는 민주주의의 제도적 측면으로서의 선거와 정당이 실제로 어떻게 운용되고 있는가에 대해 살펴보기로 한다.

제1절　민주주의와 선거

근대 이래 민주주의국가의 정치제도는 간접민주주의제도이다. 간접민주주의란 국민이 직접 국정에 참여하는 것이 아니라, 대표자를 매개로 하여 정치를 하는 대의제 민주주의를 말한다. 또한 대의제 민주주의는 국민의 의사와 이익을 정당의 매개기능으로 정책결정과정에 반영시키는 정당정치이기도 하다.

그런데 정당정치는 국민이 국회의원을 평화적이고 민주적으로 선출하는 선거를 통해서 행해진다. 그러면 먼저 민주주의원리에 기초를 두는 대표선출방법으로서의 선거가 지니는 의의와 기능 그리고 선거구제에 관해 살펴보기로 한다.

1. 선거의 의의와 기능

선거는 대의제 민주정치하에서 국민이 정치과정에 참여하는 가장 기본적인 행위이며, 주권행사의 구체적인 방법이자 절차이다. 즉, 현대사회에 있어서 국민을 정치적으로 통합하는 주요 방식은 선거로서, 선거란 어떤 집단의 간부나 대표자를 집단구성원이 투표에 의해 선출하는 방식이나 절차를 말한다.

이처럼 선거는 모든 사회집단에서 행해지는 대표자의 선출방식이기는 하지만, 흔히 정치적 행위로서의 선거를 의미하며, 국민이 투표로 특정 정치지도자를 선출하는 방법이라는 개념으로 이해되고 있다.[1)]

---

1) D. W. Rae, *The Political Consequences of Electoral Laws*(New Haven: Yale University Press, 1971), p. 14.

국민들의 다양한 주장과 요구 그리고 이해관계는 사실상 선거를 통해 표명되며, 선거를 통해서 선택된 대표자들의 토론과 다수결로써 사회통합이 이루어진다. 그렇기 때문에 선거는 사회 내의 대립과 갈등을 의회 내에서 여러 당파간의 대립으로 바꾸어 놓는 중요한 기회라고 할 수 있다.

그런데 사회에 있어서의 이해의 대립이 의회 내에 충실히 반영되기 위해서는 일정한 자격요건을 갖춘 모든 사람들에게 선거권이 부여될 필요가 있다. 이런 의미에서 19세기 초반에서부터 20세기 초반에 이르기까지 유럽국가들을 중심으로 이루어진 선거권의 확대는 근대사회의 정치발전에 따른 당연한 결과였다.

그런데 현대 정치과정에서 중요한 위치를 차지하는 선거가 지니는 의의는 다양하다.

첫째, 선거는 대의제 민주제도하에서 국민을 정치적으로 통합하는 주요 방법인 동시에, 국민의 의사를 집약적으로 표현하고, 정책결정에 참여하는 기본적 행위이다.

둘째, 선거는 사회 내의 대립을 의회 내의 당파간 대립으로 바꾸어 놓는 중요한 기회이다.

셋째, 선거는 국가의 통치행위를 합리화하고, 통치권에 정당성을 부여하는 중요한 방법이다.[2)]

또한 현대사회에 있어서 선거의 기능은 크게 다음 다섯 가지 사항으로 요약할 수 있다.

첫째, 선거는 다양한 국민의 의견과 가치, 이익을 정치에 반영시키는 이익표출기능을 담당한다.

둘째, 선거는 국가, 집단, 정치체제의 일체감을 보장해 주기 위해

---

2) 최한수, 『민주주의와 민주정치』(서울: 대왕사, 1994), pp. 261-262.

다양한 국민의 의사와 이익을 정리·통합하는 기능을 수행한다.

셋째, 선거는 정치엘리트를 정치체계 내로 충원하는 기능을 담당한다.

넷째, 선거는 그것을 통해 당선된 지도자의 행위에 권위와 정통성을 부여함으로써 정치사회의 안정성을 기할 수 있다.

다섯째, 선거는 국민에게 의사표명의 기회를 부여함으로써 투표에 의한 정치사회에의 귀속감을 부여하는 기능을 담당한다.

따라서 민주주의를 구현하는 구체적 방법인 선거가 민주정치의 기능과 역할을 적절히 수행하기 위해서는 ① 보통선거권의 확립, ② 자유로운 투표행사와 평등의 원칙, ③ 자유롭고 공정한 선거의 원칙, ④ 정기적인 선거의 실시, ⑤ 비밀투표의 보장과 공정한 개표 및 집계 등이 선거과정에서 보장되어야 한다.[3)]

특히, 공정한 선거가 이루어지기 위해서는 먼저 향응이나 금품과 같은 온갖 부당한 유혹을 뿌리치고 소중한 한 표를 행사할 수 있는 유권자의 민주시민적 각성이 필요하며, 또한 유권자의 의사가 선거에 올바르게 반영될 수 있는 합리적인 선거제도가 확립되지 않으면 안 된다.

2. 선거의 기본 원칙

오늘날 민주적인 선거제도의 주요 원칙으로는 ① 보통선거, ② 평등선거, ③ 직접선거, ④ 비밀선거, ⑤ 임의선거 등 다섯 가지 사항을 들 수 있다.

근대 이후의 선거제도의 기본 이념은 인격주의이지만, 이 인격주

3) 박승재, 『현대선거론』(서울: 법문사, 1977), p. 2.

의가 그 이념을 충분히 발휘하기 위하여 역사상 선거제도는 제한선거로부터 끊임없이 개혁과 진전을 이루어 오늘날과 같은 보통선거제도가 확립되게 되었다. 근대 초기에만 하더라도 선거권의 자격조건으로는 일정액의 납세 또는 재산소유조건, 성별, 종교, 교육, 인종, 주거 등의 조건 외에도 수많은 제한을 두어서 일반국민의 대다수가 선거로부터 배제되어 있었다.

역사상 선거권을 제한한 가장 큰 조건의 하나가 납세액에 의한 제한이었다. 영국의 경우에만 하더라도 1918년 「인민대표법」이 제정됨으로써 비로소 재산에 아무런 제한 없이 만 21세의 성인 남성이면 누구나 선거자격이 인정되었고, 여성에 대해서는 만 30세 이상과 일정한 조건의 부동산 소유를 전제로 하여 선거권이 부여되었다. 또한 1928년에는 「인민대표법」의 개정을 통해 비로소 남녀동등의 보다 확대된 보통선거제가 실시되었다.

종교적인 차별에 의해 선거권을 제한한 예로는 1848년 이전의 독일을 들 수 있다. 당시 독일에서는 유태인에게 선거권을 주지 않기 위하여 선거자격을 기독교도로 제한한 바 있다. 또한 교육상의 차별조치로서, 1831년의 프랑스헌법은 일반시민의 선거권을 2백 프랑 이상의 납세자로 하고, 특히 학사원 회원, 의사, 변호사, 교수, 고급관리 등은 1백 프랑의 납세자로 우대하였다. 영국에서는 1948년까지 대학선거구를 두었는데, 이것은 대학졸업자에 한하여 자신의 거주지 선거구에서 투표하는 것과는 별개로 자기 출신대학 선거구에서 투표할 수 있는 특혜를 베푼 것이다.

한편 인종차별에 의해 선거권을 제한한 예로는 남아프리카공화국과 건국 초기의 미국을 들 수 있다. 즉, 미국에서는 흑인을 선거에서 배제하기 위하여 문자와 헌법 해득능력 또는 영어독서와 작문능력

등의 제한조건을 설정한 바 있었다.

또한 선거연령도 이것을 너무 고령으로 국한한다면 비민주적 제한이 될 것이다. 미국이나 서유럽 등지에서는 선거연령을 대체로 18세 이상으로 하고 있으나, 우리나라에서는 종래 선거연령이 21세였던 것이 1961년부터 20세로 낮아졌다. 그런데 최근에는 일부 정치인과 시민단체가 중심이 되어 선거연령을 18세로 개정하자는 주장이 대두하고 있다.

이상에서 보통선거제도를 살펴보았는데, 선거권의 확대는 비단 자격조건에만 관련된 것이 아니라, 피선거권, 즉 입후보할 수 있는 기회와 자격조건의 완화도 의미한 것이었다. 다만 입후보자는 당선된 경우에 직접 국민의 대표자로서 국사(國事)에 참여하게 되는 만큼 선거권의 자격조건보다 비교적 엄격하게 규정하는 경우가 많다. 특히, 연령과 거주조건, 국적관계, 금치산자(禁治産者) 등을 제한하는 경우가 있다.

두 번째로, 평등선거는 인격평등원칙에 의거한 '1인 1표주의(one man, one vote)'를 의미하며, 모든 선거인에게 1표를 부여하고 각각의 표에 가치의 차등을 부인하는 원칙이다. 이러한 원칙에 위배되는 비민주적 제도로는 복수투표제(plural vote system)와 등급투표제(class vote system)가 있다. 전자는 1893년 벨기에의 선거법에 규정된 것으로서, 한 선거구에 2년 이상 거주한 자에게는 2표, 3년 이상 거주한 자에게는 3표를 부여하였다. 또한 25세 이상에는 2표, 30세 이상에는 3표, 50세 이상에는 5표를 주었고, 미혼자에게는 3표, 기혼자에게는 5표를 인정하였다. 영국의 대학선거구제도 이에 속한다. 또한 후자인 등급투표제는 신분에 의하여 또는 납세액의 다소에 따라 선거인을 2개 이상의 등급으로 구분하는 제도를 말한다.

세 번째로, 직접선거는 국민과 대표자간의 연결을 긴밀히 하고, 국민의 정치통제를 강화하고자 하는 취지에서 선거인이 직접 입후보자를 지명·선거하여 당선케 하는 제도이다. 사실상 선거자인 국민과 대표자 사이의 거리가 확대되면 될수록 민의의 표현이 정실(情實)과 임의로써 점차 왜곡될 여지가 있다. 이러한 사례로는 과거 우리나라의 대통령 간선제를 들 수 있다.

네 번째로, 비밀선거는 현대 선거제도에서 가장 중요한 것이라고 할 수 있다. 현대인은 여러 가지 측면에서 정실에 얽혀 있고, 혈연, 지연, 학연이나 금품공세, 심리적 압력 등으로 선거인의 자유의사를 구속하는 경우가 많기 때문에 공정하게 투표를 하지 못할 우려가 있다. 따라서 현대 민주주의국가에서는 공산주의국가와는 달리 비밀투표제를 엄수하고 있다.

다섯째, 선거는 강제선거가 되어서는 안 되며, 임의선거이어야 한다. 사실상 선거권의 행사는 국민의 의무사항이라고 할 수 있지만, 그렇다고 선거권을 행사하지 않는 사람에 대하여 강제적인 처벌을 가할 수는 없는 것이다.[4)]

이상에서 현대 선거제도에 있어서 기본 원칙을 살펴보았다. 그런데 민주주의의 본질은 국민에 의한 자치에 있느니만큼 일반국민이 국정의 근본문제에 관하여 이성적인 판단을 갖고서 선거에 적극적으로 참여하는 것이 민주주의의 필수요건이다. 만약 국민이 부당하게 선거에서 배제되거나 또는 불공평하고 불합리하게 투표가 이루어지게 된다면, 또한 정치적 무관심자가 많거나 또는 기권자가 많다면 국민과 대표자간의 거리가 점차 멀어지게 되고, 권력은 무능하고 부도덕한 정치인에게 넘어갈 가능성도 있게 된다. 이는 결국 대의제

4) 김운태, 『정치학원론』(서울: 박영사, 1993), pp. 382-387.

민주주의의 대전제가 무너지고 마는 것이기 때문에, 대의제에 있어서 근본문제는 대표적 통합의 기능이 어떻게 수행되느냐 하는 데 있다고 하겠다.

이상에서 살펴본 바와 같이, 선거는 현대의 간접민주주의하에서 가장 기본적이고도 중요한 정치참여의 수단이 되고 있음에도 불구하고, 선거과정이 변모되면서 선거 본래의 의미에 위배되는 여러 현상들이 나타나고 있다.

첫째, 유권자들이 선거를 통해 대표자를 선출함에 있어서 감각적 내지는 정서적 선택이 많이 이루어지고 있다는 점이다. 원래 선거의 기능은 서로 경합하는 여러 가지 쟁점과 정책을 이성적인 토론을 거친 후에 합리적으로 선택하는 것이다. 그런데 오늘날의 선거과정에서는 선거가 급속도로 '이미지 선거'의 양상을 보이면서 선거 본래의 기능은 점차 퇴색되는 경향을 보이고 있다.

둘째, 현대사회에서는 선거 커뮤니케이션이 다원화되고 있을 뿐만 아니라 유권자들이 선거관리인들의 조작대상이 되기 쉽다는 점이다. 만일 유권자들이 매스 미디어나 인터넷 및 기타의 정보전달수단에 의해서 조작되어 무비판적으로 표를 던지는 것이 주권자로서의 의무를 다한 것처럼 생각한다면, 국민은 정치를 진지하게 생각하려 하지 않을 뿐만 아니라 정치불신이 한층 조장될 것이다.

셋째, 선거운동을 벌이는 과정에서 지나칠 정도로 많은 선거자금이 사용된다는 점이다. 이러한 현상은 능력은 있지만 정치자금이 충분치 못한 사람들의 출마를 사실상 제한하는 결과를 가져오게 됨으로써 결국 민주적인 선거에 방해가 되는 것이다. 특히, 국민들의 정치의식수준이 높지 않은 나라일수록 선거과정에서 금품공세 못지않게 관권의 개입이 많이 이루어지고 있다. 따라서 관권에 의한 선거

부정을 과연 어떻게 막을 것인가 하는 점은 아직 민주주의가 확고히 정착되지 못한 나라에서 주요 과제로 등장하고 있다고 하겠다.

제2절 민주주의와 정당

현대 대의제 민주주의는 기본적으로 국민여론에 토대를 두고 있다. 즉, 민주주의국가에 있어서 정부가 여러 가지 정책을 수립·결정해 나가는 과정에 있어서 정부는 무엇보다도 여론의 영향을 많이 받게 된다. 그런데 여론이 제대로 조직화되지 않거나 통일화되지 않으면 나름대로의 가치를 지닐 수 없으며, 또한 궁극적으로 정책에도 별다른 영향을 미치지 못하게 된다.

오늘날 정치활동의 상당 부분은 정당에 의해 수행된다고 해도 과언이 아니다. 특히, 정당은 실제 정치에 참여할 수 없는 국민여론을 조직화·통일화·가치화한다는 점에서 중요한 기능을 담당하고 있다. 따라서 여기에서는 현대 민주주의사회에서 정당은 어떤 위치를 차지하며, 또한 구체적으로 어떤 기능을 담당하고 있는가 하는 점을 살펴보기로 한다.

1. 정당의 개념과 특징

정당은 현대 대의제 민주주의국가에서 매우 중요한 존재이다. 비록 오늘날 정부기능의 증대, 정치기술의 발달, 사회구조의 복잡화, 커뮤니케이션의 발달 등으로 인해 관료제와 이익집단의 정치활동이 중시되고 있으나, 대의제 민주주의체제하에서 국가의 정치적 진로를 설정하는 데 결정적 역할을 하는 것은 정당이다.

이처럼 정당이 의회민주정치에서 필수불가결의 존재로 등장할 수 있었던 것은 역사적으로 근대국가가 형성된 이래 19세기에 국민의 언론·집회 및 결사·양심의 자유가 보장되면서부터이다. 이와 더불어 봉건적 지배체제에 반대하여 민중의 정치참여를 강력히 요구하는 시민계급의 등장, 군주의 특권을 제한하려는 근대 의회제도의 발달 그리고 국민의 선거권 확대로 인한 대중의 정치참여에서 근대 정당의 발생원인을 찾아볼 수 있다.

샤트슈나이더(Schattschneider)는『정당정치론(Party Government)』이라는 저서를 통해 "정당은 근대정치의 부속물이 아니라 근대정치의 핵심이요, 근대정치 안에서 결정적이고 창조적인 역할을 수행하고 있다"[5]고 말한 바 있다.

정당(political party)에 대한 정의는 학자들이 제각기 자기 나름대로의 관점에 따라 정의를 내리고 있는데, 여기에서는 몇몇 주요 학자들의 정의를 중심으로 살펴보기로 한다.

먼저 정당에 관한 가장 고전적인 정의를 내리고 있는 버크(Edmund Burke)는 "정당이란 어떤 특정의 원리원칙에 동의하는 사람들이 이에 따르는 국민적 이익을 증진하기 위해 결합된 단체이다"[6]라고 정의하고 있다. 이러한 정의는 광의의 정당개념으로서, 이는 정당의 이상적 측면과 공당성(公黨性)을 강조하고 있으나, 현실적인 측면은 소홀히 다루고 있다.

---

5) E. E. Schattschneider, *Party Government*(New York: Rinehart & Company, 1942), pp. 1-4.

6) Edmund Burke, *Thought on the Present Discontents, 1770*, vol. 1, p. 530; 이극찬,『정치학』(서울: 법문사, 1987), p. 322에서 재인용.

또한 벤틀리(A. F. Bentley)는 "정당이란 집단 또는 계급 등의 특수한 이해관계를 위하여 정치활동을 하는 특수단체이다"[7]라고 정의하고 있다. 이는 협의의 정당개념으로서, 정당의 현실적 측면과 사당성(私黨性)을 강조하고 있으나, 이상적인 측면을 소홀히 다루고 있을 뿐만 아니라 다른 이익집단과의 구별이 어렵다는 단점을 지니고 있다.

이 밖에도 도이치(Karl Deutsch)는 "정당이란 사회적·정치적 결과를 얻어내는 주요 조직"이라고 정의하고 있으며, 길크라이스트(R. N. Gilchrist)는 "정당이란 동일한 정치적 견해를 가지고 하나의 정치적 단위로서 행동함으로써 정부를 지배하고자 하는 시민의 조직"[8]이라고 정의하고 있다.

이와 같은 여러 정의를 살펴볼 때, 정당은 다음과 같이 종합적으로 정의내릴 수 있다. 즉, 정당이란 "국민의 이익을 위해 책임 있는 정강정책(政綱政策)을 추진하며, 각종 선거시에 후보자를 공천·지지함으로써 국민의 정치적 의사형성과정에 참여할 뿐만 아니라 정권의 획득과 유지를 목적으로 하는 자발적 결합체"라고 할 수 있다. 이런 관점에서 정당의 특징을 살펴보면 다음과 같다.

첫째, 정당은 여러 사회적 가치의 권위적 분배를 직접 통제하려는 목적, 즉 정권획득과 유지의 목적을 가지고 개인과 집단들 사이에 조직된 비교적 안정된 조직체이다.

둘째, 정당은 정권획득을 목적으로 일정한 정책과 조직을 가지고

---

7) A. F. Bentley, *The Process of Government: A Study of Social Pressures*(Bloomington, Indiana: Principia Press, 1949), p. 401.

8) R. N. Gilchrist, *Principle of Political Science*(Madras, 1952), p. 358; 이극찬, 『정치학』, p. 322에서 재인용.

후보자를 공천하고 선거에 임하는 자주적·영속적인 집단이다. 정당은 국민들의 의사와 이익을 결합하고, 정책을 수립하며, 그들의 목적을 달성하기 위해 집단행동을 취할 수 있는 조직을 가지고 있다. 그러한 조직이란 공직을 획득한 당원의 조직인 내재적 조직과 공직 유무에 구애됨이 없는 당원의 조직인 외재적 조직을 말한다.

셋째, 정당은 선거 때에만 나타나는 일시적인 조직체가 아니라, 자주성·영속성을 가진 전국적 규모의 정치집단이다. 특히, 정당은 사리사욕을 추구하는 사당적 도당(faction)과는 달리 당원의 이익뿐만 아니라 국민적 공공이익도 동시에 추구하는 공적 성격을 띤 정치집단이다.

2. 정당의 기능

영국의 바커(Ernest Barker) 경은 "정당은 사회적 영역에서 일련의 관련된 정치적 관념을 국가체제에 유출시켜 정치기구의 물레방아를 회전시키는 정치적 도관(導管)이다"[9]라고 말한 바 있다. 또한 노이만(Sigmund Neumann)도 "정당은 현대정치의 생명선이다"[10]라고 하여 현대사회에 있어서 정당이 담당하는 기능의 중요성을 강조하고 있다.

정당의 조직에서 활동하는 정당의 지도자들이나 그 추종자들은 자신들의 행동을 민주적 활동과 동일시하려 하고, 스스로 그에 도취되어 있는 듯하다. 그들은 정당활동이나 정당이라는 이름으로 행해

---

9) Ernest Barker, *Reflections on Government*(London: Oxford University Press, 1942), pp. 40-41.

10) Sigmund Neumann, ed., *Modern Political Parties*(Chicago: University of Chicago Press, 1956), p. 1.

지는 모든 일이 민주적이라고 묘사되기를 바란다. 그러한 경향은 특히 민주적 정치수준이 낮은 정치체제일수록 정파나 소속 정치인들의 이익추구가 민주적인 것으로 치장되기 쉽다.[11]

그럼에도 불구하고, 정당은 확실히 민주정치에서 중요한 기능을 수행하고 있는데, 샤트슈나이더는 정당의 기능을 다음과 같은 세 가지로 대별하였다.

첫째, 정당은 정책수립과 집행에 있어 영향력을 조직화할 능력과 영향력 그 자체를 위하여 경쟁한다.

둘째, 정당은 정책 및 정책수립자의 선별에 보다 큰 효과를 나타낼 영향력을 취합하는 방향에서 경쟁적인 선거에 집중한다.

셋째, 정당은 정부, 더 나아가 민주적 정부의 수립자로서의 중요한 역할을 수행한다. 즉, 정당은 민주주의를 창조하며, 현대민주주의는 정당 없이 결코 생각할 수 없다는 것이다.[12]

또한 노이만은 현대정당이 수행하는 대표적인 순기능을 ① 이익집약기능, ② 정치사회화기능, ③ 정치적 충원기능, ④ 정부조직기능, ⑤ 정부에 대한 통제기능의 다섯 가지로 대별하고 있는데, 이를 구체적으로 살펴보면 다음과 같다.[13]

첫 번째, 이익집약기능이란 국민의 다양한 이익과 요구사항을 하나로 집약시키는 기능으로서, 이는 바꿔 말해 여론을 형성하고 조직화·가치화하는 기능을 말한다. 이와 관련하여 키이(V.O. Key)는 정당의 기능을 "국민대중의 선호를 공공정책으로 전환시키는 기본적 도구"로 보았다.[14]

---

11) 최한수, 앞의 책, p. 271.

12) Schattschneider, *op. cit.*, pp. 1-4.

13) Neumann, *op. cit.*, pp. 396-397.

14) V.O. Key, *Public Opinion and American Democracy*(New York:

정당의 이익집약기능은 복수의 정당이 서로 다른 정책을 제시하여 이것을 국민의 자유로운 선택에 일임한다는 형식으로 행해지고 있다. 예를 들어, 각 정당은 대통령선거나 국회의원선거시에 정부형태나 선거제도, 지방자치제 등에 대한 정책을 제시하여 국민들의 지지를 얻고자 하고 있다.

그런데 민주주의가 제대로 기능을 발휘하려면 서로 경쟁관계에 있는 정당이 두 개 혹은 그 이상 있는 것만으로는 부족하다. 이러한 정당들이 실질적인 차이를 갖는 것이 필요하다. 다시 말하면, 정당간의 의견차이가 진정한 것이어야 한다. 이를테면, 한 정당은 사회주의와 계획경제를 주창하고, 다른 한 정당은 자유기업본위의 자본주의를 지지하는 따위를 말한다. 어느 정당도 당의 정책을 100% 실현할 수는 없지만, 자기 정당이 의도하는 방향으로 움직일 수는 있어야 한다.

이와 같이 만일 여러 정당들이 진정으로 서로 다른 세계관을 가지고 있고, 또한 서로 다른 계급에 입각한 상이한 정당들일 때, 비로소 유권자들이 어느 한 정당에 지지표를 던져 집권케 하고, 다른 정당을 축출한다는 것이 실질적인 의미를 갖게 되는 것이다. 왜냐하면 만일 정당들이 실질적인 차이를 갖지 않고 서로 비슷하여 구별하기 힘들다면, 유권자에게 사실상 선택권이 없다는 점에서 각 선거구에서 단일 후보자를 갖는 일당체제와 큰 차이가 없을 것이기 때문이다.[15)]

알몬드(G. A. Almond)와 콜만(J. S. Coleman)은 정치체계가 이익집약기능을 어떻게 수행하느냐에 따라 정당을 다음 세 가지로 분류하고 있다.

Alfred A. Knopf, 1961), p. 33.

15) John Strachey, "The Great Awakening," *Encounter*, Pamphlet no. 5(London: Encounter Ltd., 1961), pp. 27-30.

첫 번째는 세속적이고 실용적인 거래형의 정당으로서, 미국과 영국의 양대 정당을 들고 있다. 두 번째는 절대적 가치지향의 세계관 내지 이데올로기적 정당으로서, 혁명정당이나 반동정당을 들고 있다. 세 번째는 개별적 · 전통적인 정당으로서, 후진국가들의 정당을 들고 있다.[16)]

정당의 두 번째 기능인 정치사회화기능이란 국민에 대한 정치교육과 계몽의 기능을 말한다. 정치사회화(political socialization)란 국민 개개인이 정치적 정향과 행위유형을 습득해가는 과정으로서, 정당은 국민들에게 정강정책을 설명 · 이해시킴으로써 그들로 하여금 능동적으로 정치활동에 참여케 하는 기능을 담당한다. 예를 들어, 각 정당들은 당 홈페이지를 개설하거나 당 기관지를 발간하여 자기 정당의 정책을 홍보하거나 다른 정당의 정책을 비난 · 공격한다. 또한 선거 시에는 옥외방송이나 대규모의 집회를 통해서 자기 정당의 입후보자를 선전하고, 주요 쟁점사항이 발생할 때에는 강연회를 개최하거나 시위를 벌이기도 한다. 이 밖에도 정당연수원을 설립하고, 각종 연수대회를 개최하여 자기 정당의 당원들을 교육시키거나 훈련시키고 있다.

세 번째의 정치적 충원기능이란 정치지도자를 선출하고 양성하는 기능으로서, 이는 당원을 정치체계의 어떤 특정한 역할로 유도하는 기능이다. 정당은 무엇보다도 정권획득에 커다란 관심을 갖고 있기 때문에 선거를 통해 자기 정당의 정치엘리트를 국회의원이나 행정관료와 같은 주요 정부직책에 충원시키려고 노력하게 된다.

19세기까지만 하더라도 정치적 충원의 방식으로서 엽관제도(spoils system)가 많이 채택되었으나, 20세기에 들어와서는 능력본위

16) G. A. Almond and J. S. Coleman, eds., *The Politics of the Developing Areas*(Princeton: Princeton University Press, 1960), pp. 16-45.

제도(merit system)가 정치적 충원을 위한 보편적인 제도로서 자리잡고 있다. 그런데 정치적 충원기능은 오늘날 관료제도의 비정치화(非政治化)로 말미암아 많은 제한을 받게 되었다.

네 번째, 정부의 조직기능이란 국민의 여론과 정부기구를 서로 결부시키는 매개기능을 말한다. 즉, 선거에서 승리한 다수당 혹은 여당은 정부를 구성하여 선거에서 표명된 국민들의 다양한 요구와 의견을 흡수하여 정책에 반영시켜주는 기능을 담당함과 더불어, 이러한 요구를 적절히 수행하여 이를 정책이나 또는 지도방침의 형식으로 상의하달(上意下達)하는 기능도 담당한다.

다섯 번째, 정부의 통제기능이란 정치권력, 특히 정부 · 여당과 내각 그리고 행정기구에 대한 감시와 비판의 기능을 말한다. 즉, 선거에서 패배한 야당이나 혹은 반대당은 여당에 맞서는 여러 정책대안을 제시하며 정부를 비판 · 감시 · 통제하는 기능을 수행하게 된다.

만약 정부 · 여당을 적절히 비판 · 감시하는 야당이 존재하지 않거나 또는 야당이 '허수아비정당' 내지는 '사이비정당'으로서 정부에 대한 통제기능을 제대로 수행하지 못할 경우, 의회는 행정부의 시녀로 전락하기 쉽다. 그렇기 때문에 의회정치의 반은 야당이 차지한다고 해도 과언이 아니다. 정부에 대한 통제기능의 예로는, 국정감사, 의회 청문회, 실정(失政)에 대한 내각 총사퇴 요구, 민생문제 및 경제문제 등을 둘러싸고 정부와 여당간에 정책조정을 하기 위해 갖는 고위 당 · 정 정책조정회의 등을 들 수 있다.

이 밖에도 정당은 현대사회에서 정치체계를 유지하고, 국민대중의 정치참여를 촉진시키며, 사회적 갈등을 조정하는 등의 순기능을 수행하고 있다.

한편 1970년대에 들어오면서 의회정치의 중추라고 하는 정당에 대해서 많은 비판이 나타나기 시작했는데, 정당의 역기능으로는 대체로 다음과 같은 사항들을 지적할 수 있다.

첫 번째, 당 조직의 과두화 · 관료화 · 경직화를 들 수 있다. 현대의 대중민주주의사회에서 당원의 양적인 증가는 다른 정당과의 경쟁에서 능률적인 대처와 당내 단결을 위하여 소수 간부에 의한 중앙집권적인 지도체제의 등장을 불가피하게 만들었다. 이러한 소수 간부중심의 과두적 지배와 당내의 관료주의적 지배경향은 정당의 주요 기능인 이익집약기능을 약화시킬 뿐만 아니라 당원들에게 소외감을 안겨주는 등 비민주적인 요인이 되고 있다.

두 번째, 선거과정의 독점화현상을 들 수 있다. 정당이 정치적 충원기능을 수행하는 과정에서 비민주적이고 독선적인 공천을 하게 될 경우, 국민들은 자신들이 진정 원치 않는 후보자를 선택하지 않으면 안 되는 문제점을 야기시킨다. 이러한 점은 정당에 대한 불신을 자아낼 뿐만 아니라 극단적으로는 국민들의 정치적 무관심을 유발시키는 주요 요인이 되기도 한다.

그러한 예로는 우리의 정치현실에서 흔히 찾아볼 수 있는 계파에 따른 후보선정이나 전국구 후보 공천과정에서 나타나는 금품수수행위 등을 들 수 있다. 예를 들어, 지난 1995년 10월 당시 민주당의 김대중 총재는 기자간담회를 통해 "내년 총선에서 전국구 공천헌금을 받지 않겠다"고 공언한 바 있다. 그런데 이러한 말은 그동안 우리나라의 각 정당들이 전국구 후보 공천과정에서 얼마나 많은 헌금을 받아왔는가를 반증하는 것이기도 하다.

세 번째, 정당의 자기특권화현상을 들 수 있다. 의회 내에서 정당간에 건전한 정책대결을 벌이기보다는 수(數)의 논리로 밀어붙이려는 다수당의 횡포, 극심한 파벌조성으로 정치부패의 온상으로 변질될 우려, 무책임한 선전과 과잉공약의 남발 등으로 국민의 정치적 비판 능력을 흐리게 하는 행위들도 정당의 역기능이 되고 있다.

특히, 집권여당의 세몰이식 일방독주는 의회정치의 견제와 균형기능을 파괴시키는 것으로 간주되고 있다.

네 번째, 흔히 '철새 정치인'으로 일컬어지는 정치인들의 잦은 당적 변경을 들 수 있다. 이는 지역구민들의 이해관계와 기대를 저버리는 파렴치한 행위로서, 많은 도덕성 시비를 불러일으켜 왔다. 그런데 '철새 정치인'이란 국회의원에 당선된 뒤 4년 임기 동안 수시로 당적을 바꾸는 의원을 가리킨다. 이는 후진국 정치의 대표적인 경우로서, 국민대표성을 훼손하는 행위라고 할 수 있다. 사실상 미국이나 영국 등 선진 민주주의국가에서는 의원들이 당적을 변경하는 경우가 거의 없다. 예를 들어, 지난 15대 국회의원 299명 중 24%인 73명이 소속정당을 바꾼 것으로 나타났다. 이는 4명 중 1명이 당적을 바꾼 셈이다. 이러한 당적 변경은 14대 국회(1992~1996년) 때의 75명보다 2명이 적고, 13대 국회(1988~1992년)의 55명보다는 18명이 많은 숫자이다.

이처럼 정치인들의 당적 변경이 빈번한 것은 정치노선이나 정책, 이념을 기준으로 한 정치권의 분화가 미비하고, 그 대신에 인맥 중심의 친소(親疎)관계나 개인의 이해관계가 정당선택의 기준이 되고 있기 때문으로 분석된다.

국회의원들의 당적 변경이유를 살펴보면, 대체로 지역정서나 차기 당선가능성 등을 꼽고 있다. 그러나 야당에서 여당으로 당적을 옮긴 의원들 중에는 과거 여당시절의 흠결이 자칫 멍에로 작용할 것을 우려하여 보호막차원에서 자진해서 여당을 선택한 경우도 있고, 집권세력의 회유와 외압에 의해 자의반 타의반으로 당적을 변경한

케이스도 적지 않다.

이와 관련, 안병영 교수는 "한국의 정당구조가 하루빨리 지역성을 탈피해 이념과 정책노선으로 구분되는 구조로 개편되어야 한다"고 주장하였다. 또한 김영작 교수는 "정당의 대통령 후보가 최고 실력자 한 사람의 점지에 따라 결정되는 풍토가 살아있는 한, 한국의 정당정치는 유아기를 벗어날 수 없다"고 주장하고 있다.

현행 정당법에는 전국구 의원이 당적을 옮길 경우 의원직을 상실하도록 되어 있는데, 향후 정치개혁을 추진하는 과정에서는 지역구 의원이 당선 후 당적을 바꿀 경우 의원직을 상실하도록 법제화하는 방안을 정치발전차원에서 검토할 필요성이 있다.

이 밖에도 정당의 역기능으로는 정당이 정치체계의 안정을 해치는 방향으로 여론을 극한적으로 유도해가는 경향을 지적할 수 있다. 그러한 예로는 프랑스 제4공화국 당시의 드골당과 제2차 세계대전 당시의 독일의 나치당과 이탈리아의 파시스트당 그리고 사회주의국가의 공산당을 들 수 있다.

정당은 그 지향하는 점에 있어서 서로 차이가 있어야 한다. 한 정당은 자본주의의 방향으로, 또 다른 정당은 사회주의의 방향으로 그리고 한 정당은 열렬한 민족주의의 입장에서, 또 다른 정당은 그와는 정반대로 자유주의적 국제주의의 입장에 서서 나라를 이끌어 나가겠다고 천명하여야 한다.

이와 같이 정당 사이에는 정책기조의 차이가 있어야 하는 것이지만, 그렇다고 해서 서로 경쟁하는 여러 정당들이 도저히 양립할 수 없고, 공존할 수 없을 정도로 극단적인 대립관계에 놓여서는 안 된다. 두 개의 정당이 사사건건 절대적으로 대립되고, 상호간에 서로 공통되는 지반이 전무하다면, 민주주의는 기능을 제대로 발휘할 수 없을 것이다. 이를테면, 한 정당은 자본주의의 전면적인 지속을 주장하면서 일체의 양보나 수정을 거부하는 반면, 다른 정당은 자본주의를 전면적으로 전복시키려는 혁명정당이라면, 민주주의는 결코 성립되지 않는다. 자본주의를 전면적으로 폐지하려는 정부와 자본주의를 완전히 복귀시키려는 정부를 서로 교대시켜 나간다는 것은 어느 나라에서나 전혀 불가능한 것이다. 만약에 이런 나라가 있다면, 그 나라는 몇 년 안 가서 붕괴되고 말 것이다. 그뿐만 아니라 새롭게 대체될 정부가 혁명적인 성격을 갖는 경우, 정치인들이 순순히 평화적으로 정권교체를 할 것으로 기대하는 것은 무리이다.

제8장
민주사회와 민주시민교육

우리는 지난 1945년 해방 직후 서구식의 민주주의를 도입하여 각급 학교교육을 통해 민주주의와 관련된 사항들을 교육받아 왔다. 그럼에도 불구하고, 우리의 학교와 사회에는 민주적인 분위기가 조성되지 못한 채 오히려 비민주적인 사고와 행태만이 자리잡게 되었다. 이는 우리가 학교에서 민주주의를 이론적으로만 배워왔을 뿐, 민주주의에 관한 실천적 교육을 받아오지 못했다는 사실에 연유하는 것이기도 하다.

민주주의의 원리들은 단지 이론적인 교육을 통해서가 아니라, 개개인들의 민주적인 삶을 통해서만 습득될 수 있는 것이다. 따라서 우리가 진정한 민주주의를 정착・발전시켜 나가기 위해서는 민주적인 사고와 행동을 습득하고 실천하는 데 많은 노력을 기울일 필요가 있다.

제1절 민주사회와 민주시민의 의미

민주사회의 형성 및 정착은 단순히 제도적 민주화에 의해서만 달성되는 것은 아니다. 바꿔 말해서, 민주적인 헌법이나 법률 그리고 제도 등은 민주사회를 형성하기 위한 필요조건이지 충분조건은 아니다.

그렇기 때문에 민주사회를 정착시키기 위해서는 민주적인 제도와 법률 외에도, 민주사회를 정착시키고자 하는 정치지도자들의 의지와 더불어 정부나 정치지도자들의 실정과 부정부패를 감시・비판할 수 있는 국민들의 높은 정치의식이 갖춰지지 않으면 안 된다.

1. 민주사회의 의미와 특성

민주사회란 구체적으로 어떤 사회를 말하며, 정치・경제・문화체계 등과는 어떤 관계를 지니고 있는가? 보통 '사회(society)'라고 하는 용어는 다음과 같이 다의적으로 사용되고 있다. 즉, ① 인간의 결합관계와 생활의 공동이라는 것과 같은 일반적・추상적 의미로서의 사회, ② 가족이나 국가도 사회의 일종이라고 하는 것과 같은 넓은 의미의 사회집단, ③ 한국의 사회라고 하는 것과 같은 일정한 지역사회의 전체, ④ 봉건사회라든가 근대사회라고 하는 것과 같은 특정한 발전단계를 형성하는 사회체제, ⑤ 사회의 발견이라고 하는 말처럼 근대에 이르러 시민사회로서 의식된 것 등의 의미가 있다.

그런데 우리가 민주사회라는 용어를 사용하는 경우, 이것은 사회체계라는 상당히 포괄적이고 광범위한 개념을 바탕으로 하고 있다. 따라서 민주사회란 어떤 것인가를 이해하기 위해서는 우선 체계라는 것이 무엇인가 하는 점을 알아야 한다. 일반적으로 체계(system)란 "상호 연관성을 지니고 있는 모든 요소의 종합적인 집합"이라고 정의할 수 있다.

미국의 사회학자인 파슨즈(Talcott Parsons)는 사회체계란 다음과 같은 세 가지의 성격을 내포하고 있다고 설명하였다. 즉, 사회체계는 ① 두 사람 이상이 서로 상호작용하는 관계에 놓여 있고, ② 이들의 행위를 고찰함으로써 다른 사람의 행위에 대한 가능성을 어느 정도 설명할 수 있으며, ③ 때로는 공동목표를 추구하기 위하여 한 체계 내의 구성원들은 서로 협력하는 경향이 있다는 것이다. 그런데 파슨즈는 정치체계나 경제체계는 사회체계의 한 부분이자 하위체계라고 설명하고 있다. 사회체계가 이러한 의미를 지니고 있다고 볼 때, 민주사회란 정치체계로서의 민주주의체계뿐만 아니라 민주주의적 정치과정을 직접 또는 간접적으로 강화할 수 있도록 기능하는 많은 하위체계, 경제체계, 문화체계, 가정, 교회 등도 포함하는 사회체계를 말한다고 할 수 있다.[1)]

이러한 점에서 볼 때, 사회체계 내에는 정치체계뿐만 아니라 경제·문화체계 그리고 좁은 의미의 사회체계 등이 하위체계를 이루고 있으며, 따라서 민주사회란 정치체계가 민주주의적으로 운영되어야 하는 것은 물론, 경제적으로 부의 정당하고 공평한 분배가 이루어지고, 각 부문간의 균형된 발전이 이루어지는 한편, 문화적으로는 각 사회구성원들 간에 민주주의적 가치관과 도덕규범이 체득됨으로써 민주적 시민의식이 확립되는 사회를 의미한다고 하겠다.

그러므로 사회를 이루고 있는 각각의 하부체계들이 모두 민주적인

1) Robert A. Dahl, *Modern Political Analysis*(Englewood Cliffs, N.J.: Prentice-Hall, 1991), pp. 7-8.

가치규범과 절차를 바탕으로 운영되어야 비로소 참다운 민주사회라고 할 수 있으며, 어느 한 부분 또는 어느 한 체계라도 비민주적 형태를 보인다면 그것은 민주사회라고 할 수 없을 것이다. 예를 들어, 어느 한 사회가 급속한 경제성장을 통하여 경제적으로는 높은 수준의 경제적 지표를 나타내고 있는 반면에, 정치문화적으로는 권위주의적인 의식구조를 가지고 있다고 한다면, 이러한 사회는 높은 수준의 경제발전에도 불구하고 민주사회라고 규정할 수 없는 것이다.

이것은 사회구성원들의 정치문화가 권위주의적인 형태를 보이는 경우, 이 사회의 각 정치 · 경제 · 사회 · 문화집단들은 매우 계층화되고 위계적인 가부장적 구조를 보이게 되며, 결국 권위주의적 사회체계를 형성하게 되는 것이다. 한마디로 말해서, 민주사회란 사회체계를 구성하는 모든 하위체계들이 민주주의적 과정에 의해 운영되는 것을 말하며, 권위주의적 사회란 모든 하위체계가 권위주의적 정치과정을 강화시켜 주는 사회체계라고 말할 수 있다.[2]

민주주의의 이념을 구현할 수 있는 민주사회는 인간의 능력을 믿고 개성을 존중하는 다원사회이며, 자율적 활동이 존중되는 지성위주의 사회이며, 창의적 문제해결을 존중하는 사회이며, 협의와 협동을 중시하고 다수와 소수가 다같이 존중되는 사회이며, 공공의 복지를 실현하고자 하는 사회이며, 법이 다스리는 사회이고 진보사회이자 개방사회이다.[3] 이처럼 민주사회는 개인이 지닌 창의성, 자율성, 개성이 존중되는 사회이다. 따라서 민주사회는 다양한 대안의

---

2) Leon P. Baradat, *Political Ideologies*, 2nd ed.(Englewood Cliffs, N.J.: Prentice-Hall, 1984), pp. 58-60.

3) 오천석, 『민주주의의 참된 모습』(서울: 현대교육총서출판사, 1968), pp. 89-109.

여지를 열어 놓음으로써 진정한 선택이 가능하다는 것을 함축하는 사회이다. 이러한 민주사회의 특성으로는 대체로 다음과 같은 사항들을 지적할 수 있다.[4)]

첫째, 민주사회는 개성을 존중하기 때문에 개인의 사고와 행동의 다양성을 허용하고 장려한다. 사고와 행동의 획일성을 강요하는 전체주의적 사회에 비해서, 개인마다 다를 수 있는 인생관과 가치관에 따라 생각하고 행동할 수 있도록 자율성과 다양성을 허용하고 장려하는 것이 민주사회의 특성이다. 민주사회는 인간의 지성과 경험의 중요성을 믿기 때문에 지식의 절대성을 부인하고, 지식도 변화될 수 있는 것이며, 인간의 지성에 의하여 언제나 재검토될 수 있는 잠정적인 의미를 갖는 것으로 생각한다. 따라서 개개인의 과학적 사고와 합리적 문제해결을 중요시한다. 문제를 소수의 자의나 힘으로 또는 감정으로 해결하려 하지 않고, 지성을 동원하는 과학적 사고로 해결하려고 한다.

둘째, 민주사회는 개인의 의견은 물론 소수의 의견을 존중하면서 협의와 토의를 거쳐 집약된 다수의 의견에 따라 국가의 정책이나 법으로 규정되며, 이렇게 규정된 다수의 의견에 따르는 것이 민주사회의 특성이다. 여기에서 법이 다스리고 사회의 공공복지를 위하는 민주사회의 특성이 드러난다. 법은 만인의 의견의 총화(總和)이며, 개인의 자율성을 보장하기 위한 최선의 방법이다. 민주사회의 최종목표는 사회를 구성하는 모든 사람들의 복지를 최대한 증진시키는 데 있기 때문에 어느 특정인의 의견에 따르기보다 만인의 의견에 따라 생활원리를 규정하게 된다. 개인의 행복이 무엇이냐를 개인이 가장 잘 알 수 있듯이, 국민의 행복이 무엇이냐 하는 것도 국민 스스로

4) 한국국민윤리학회(편), 『사상과 윤리』(서울: 형설출판사, 1994), pp. 83-84.

가 가장 잘 알고 있다. 이러한 국민의 능력을 믿기 때문에 그들이 지닌 의견의 총화로써 국가를 다스리는 것이 법치국가의 특성이며, 법은 공공의 복지와 사회의 질서 및 안전을 도모하고, 개인의 자아실현을 가능하게 하는 최선의 방법이다.

전체주의적 독재국가의 특성이 폐쇄적이고 고정적이라면, 민주국가의 특성은 공개적이고 개방적이며 진보적이다. 민주국가에서는 모든 정책결정과정에 국민의 의사가 반영되어야 하기 때문에 사회나 정부에서 무엇이 어떻게 이루어지고 있는지를 국민이 알아야 한다. 사회나 정부에서 이루어지는 좋고 나쁜 모든 것을 국민들이 알고 있어야 그들이 올바른 의견을 제시할 수 있다.

이를 위하여 민주사회에서는 만인이 볼 수 있는 공개적인 광장에서 모든 일을 수행하고 또 의도적으로 국민에게 공개하여 이해시키는 것을 바람직한 것으로 믿고 있다. 민주사회가 공개적이고 개방적이며 유동적이며 진보적이라는 의미는 사회 내지 국가에서 이루어지는 모든 것을 만인이 알 수 있게 문이 열려져 있다는 의미와 국민의 여러 상이한 의견이 받아들여진다는 뜻이다. 또한 공개적이라는 의미에는 유동적이라는 의미도 포함되어 있다. 한 계층에서 다른 계층으로, 한 직업에서 다른 직업으로, 한 단체에서 다른 단체로, 한 종교에서 다른 종교로, 개인의 취미와 능력과 이상에 따라서 자유로이 옮겨갈 수 있는 자유도 공개적 또는 개방적이라는 뜻에 포함된다.

2. 민주시민의 개념과 범위

'시민(citizen)'의 의미와 범위에 대해서는 예로부터 많은 논의와 다양한 이론이 제시되어 왔다. 고대 그리스사회에 있어서 시민은

'다수의 사람'이 아닌 '소수 특권자'를 의미하였다. 실제로 그리스시대의 도시국가인 아테네에 있어서 시민인 데모스(demos)는 자유인만을 의미하였다. 그 당시에 있어서 여성, 어린이, 노예, 이방인에게는 시민권이 주어지지 않았다. 고대 그리스인들은 그들의 공동체를 이상적으로 운영하기 위해서 그 규모를 최소화하고, 종족, 언어, 종교, 교육 등의 배경이 동질적이고 이해관계에 있어서도 공통성을 지니는 사람들에 한하여 시민으로서의 자격을 부여하여 그들로 하여금 법과 정책의 결정에 직접 참여하도록 했던 것이다.[5)]

로마시대에 있어서도 시민의 범주는 일부 계층, 즉 귀족에 국한되어 있었고, 당시 로마 인구의 90% 이상을 차지하는 농민, 노동자, 상인 등을 포함하는 평민은 로마시민의 자격에서 제외되었다. 그러나 재산과 부를 축적하게 된 평민과 귀족간의 결합으로 등장한 명문가들이 새로운 귀족계급을 형성하여 정사(政事)를 독점하게 되고, 이들이 로마시민의 핵으로 등장하면서 평민도 시민이 되었다.[6)]

중세시대에는 민주주의가 퇴보하고, 장기간의 독재정치가 진행됨에 따라 시민의 개념은 발전이 지체되었다. 그러나 1215년 영국에서의 「대헌장(Magna Charta)」의 제정과 1295년 모범의회의 성립, 14세기 이탈리아를 중심으로 한 르네상스운동, 16세기 독일을 중심으로 한 종교개혁운동, 17세기 영국에서 일기 시작한 민권운동 등은 시민성의 신장에 기여하였다.

근대의 시민사회는 상공업자 내지 평민의 중산층이 주도한 시민혁명에 의해 형성되기 시작하였다. 이러한 시민혁명의 효시는 영국의

5) Robert A. Dahl, *Democracy and Its Critics*(New Haven: Yale University Press, 1989), p. 19.

6) *Ibid.*, pp. 99-109.

청교도혁명(1642~1660년)과 명예혁명(1688~1689년) 등이며, 그 후에 발생한 미국의 독립혁명(1774~1783년)과 프랑스혁명(1789~1794년) 등도 시민사회의 형성과 민주주의 발달에 크게 기여하게 되었다.

현대사회에 들어와서 대부분의 민주주의국가들처럼 모든 사회구성원들에게 보편적인 시민권이 부여되기까지에는 오랜 기간에 걸친 지속적인 투쟁과 정치적 변혁이 있었다. 청교도혁명과 프랑스혁명 이후에도 확대된 시민권은 지식과 재산을 가진 중산층의 성인 남성들만으로 제한되었으며, 여성과 아동, 노예, 외래인, 빈민 등은 시민으로서의 자격을 부여받지 못했다.

이처럼 현대사회에 있어서 시민권이 과거보다 한층 확대되었다고는 하나, 자본주의사회에서의 계급간의 갈등과 대립 그리고 그 밖의 나라들에서 인종, 종교, 교육정도 등에 따른 갈등의 심화를 통해 시민으로서의 동등한 지위와 역할이 심한 위협을 당하고 있는 실정이다.

그런데 오늘날에 와서 시민은 일반적으로 "한 나라의 법이 정하는 바에 따라 일정한 권리와 의무를 갖는 이른바 시민권을 갖는 구성원"을 의미하게 되었다. 이러한 점에서 볼 때, 시민이란 우리가 통상 이해하고 있는 국민의 의미와 크게 다를 바가 없다. 서구사회에서 말하는 시민성(市民性)의 의미는 법률적 해석 이상의 것이며, 비단 정치적인 영역에서뿐만 아니라 경제, 사회, 문화 등의 생활영역에서까지 주도적인 역할을 수행하는 영향력의 확대를 의미하기도 한다.

이러한 의미에서 볼 때, 민주시민의 현대적 의미는 대체로 다음과 같다. 즉, "민주시민이란 성, 인종, 종교, 사상, 직업 등에 관계없이 정치적・경제적・사회적・문화적 제 활동에 자유로이 참여하고, 모든 직위나 명예를 포함하는 사회적 혜택에도 접근할 수 있는 평등한 조건과 기회를 향유하여 구성원 각자의 고유한 방법으로 공동사회의 원활한 유지와 발전에 기여할 수 있도록 하는 권한과 책임을 지니고 있는 사회구성원"을 의미한다.[7)]

그런데 민주주의교육이 궁극적인 목표로 하는 이상적인 민주적 인간상은 대체로 다음과 같다.

첫째, 자주적인 판단력과 비판력을 가진 창조적이며 건설적인 인간이어야 한다.

둘째, 합리적인 사고를 갖고 있고, 이것을 현실의 문제해결에서 활용하는 실천력이 있는 인간이어야 한다.

셋째, 자기의 유한성(有限性)을 자각하고, 자기의 주장을 절대화하여 다른 사람들에게 강요하는 일이 없는 겸손한 인간이어야 한다.

넷째, 사회적 연대의식을 가지고 다른 사람들과 서로 협력하여 사회의 발전에 적극적으로 기여하는 책임감이 강한 인간이어야 한다.

다섯째, 국제적인 관점에서 인간 상호간의 이해와 이것에 기초를 둔 평화를 추구하고, 또한 그것을 위한 현실적 기반인 국가나 민족 속에서 인류의 보편적 이상을 실현하려고 하는 인간이어야 한다.[8)]

민주주의는 인간의 능력을 믿고, 그가 무한히 발전할 수 있는 가능성을 믿기 때문에 사회 역시 계속 발전하고 진보할 수 있다고 믿고 노력한다. 민주주의는 완성된 것이나 고정된 것이 아니라, 이상을 실현해 나가는 과정에 있음을 믿고, 보다 나은 내일을 위해 계속 노력하고 있다. 우리는 우리 사회가 많은 모순과 문제점을 지니고

---

7) 박용헌, "민주시민의 의미와 민주시민문화의 육성과제," 『민주문화논총』, 제2권 1호(서울: 민주문화아카데미, 1990), p. 15.

8) 이극찬(편), 『민주주의』(서울: 종로서적, 1983), p. 304.

있다는 것을 알고 있지만, 또한 사람의 능력을 믿고 협동하고 노력하면 사회가 발전할 것이라고 믿고 있기 때문에 민주주의의 이념구현을 위해 노력하게 되는 것이다.

제2절 민주시민의 자격과 조건

민주주의를 이념보다 제도라는 관점에서 보면, 제도로서의 민주주의는 흔히 기계에 비유되고, 정치문화를 비롯한 다른 전제조건은 기계가 놓여 있는 외부환경에 비유되며, 민주시민의 자질과 조건은 기계를 조작하는 사람의 기술적・인성적 자질에 비유할 수 있다. 따라서 기계에 비유되는 제도가 아무리 민주적이고, 우수하며, 완벽하다고 할지라도, 그 제도를 운영하는 시민의 자질이 성숙되어 있지 못하다면 그 제도는 결코 성공할 수 없는 것이다.

1. 민주시민의 자격

시민사회의 발달과 그것의 주역이 되는 시민들의 지위와 역할이 정치적・경제적 영역에서 시작하여 사회, 교육, 문화 등 모든 생활영역으로 확대되면서 그들은 스스로의 삶의 조건과 질의 개선을 위한 자각적 의식과 노력의 중요성을 인식하게 된다. 이러한 의미에서 시민적 자질이 중요시된다. 시민의 자질이 중요시되는 이유는 당면한 문제에 대한 시민 스스로의 자발적 참여와 자율적 해결을 통해서 시민의 지위와 역할이 확대되고, 나아가 민주화가 촉진될 것이기 때문이다.

특히, 현대민주주의는 국가의 주인인 시민의 자질에 크게 의존하기 때문에 그들의 민주적 자질을 중요시한다. 즉, 시민사회의 발전과 민주국가의 건설은 그 주역인 시민들의 자질과 노력여하에 달려 있는 것이다. 따라서 민주국가들은 국민으로 하여금 민주시민으로서의 자질을 육성하도록 하는 데 노력을 기울이게 된다.

민주시민의 형성은 개인적 차원, 사회적 차원 — 가정과 학교 그리고 사회 — 과 역사·문화적 차원 등 여러 차원에서 이루어지는 것이다. 그러나 개인이든 민족이든 그들의 의지와 노력이 시민적 자질의 향상에 가장 중요한 영향을 미친다고 볼 수도 있다. 심리학적 용어 중에는 '자아충족적 예언'이라는 것이 있다. 사람은 자기가 어떤 것을 이루기를 바라고 열심히 노력을 하면 처음 마음먹은 대로 이루어지는 경향이 있다는 것이다. 우리가 민주적 시민이 되고 싶으면 민주적 시민이 될 수 있다는 것이다. "민주주의는 바라는 만큼 이루어진다"는 말과 같이, 우리가 노력만 한다면 우리가 바라는 정도의 민주주의가 이루어질 것이다.

이러한 민주주의를 이룰 수 있는 시민이 되기 위해서 갖추어야 할 요건에 대해 정세구 교수는 다음 세 가지 사항을 제시하고 있다.[9]

첫째, 민주주의에 대하여 정확히 알아야 한다는 점이다. 민주주의에 대해 확실히 이해해야 민주주의를 구현할 수 있을 것이다. 민주주의의 의미와 이상, 민주주의 생활원칙, 민주적 인간의 특성을 잘 알고, 이를 생활에 적용하도록 힘써야 할 것이다.

둘째, 민주주의에 대한 굳은 신념을 지녀야 한다는 점이다. 민주주의는 인류가 택한 제도 가운데 가장 훌륭한 것이고, 인류역사가 계속

9) 이준형, "민주시민의 자질과 조건," 한국국민윤리학회(편), 『민주시민을 위한 윤리·도덕』(서울: 형설출판사, 1992), p. 80.

되는 한 영원히 보전되어야 할 귀중한 정신이라는 확고한 신념을 가져야 한다. 이러한 신념을 갖고 싶다고 해서 저절로 가져지는 것이 아니므로 실제적인 생활 가운데서 민주주의의 합리성을 발견하고, 이에 대한 굳은 신념을 가져야 할 것이다.

셋째, 민주적인 기능이나 능력을 신장시켜야 한다는 점이다. 민주주의에 대한 정확한 이해나 굳은 신념, 가치관을 지니는 것 못지않게 민주주의적 생활을 누릴 수 있는 기능이나 능력의 신장도 중요하다. 자기주장을 적절히 발표하는 능력, 순조롭게 회의를 진행하는 능력, 자기주장을 다른 사람에게 설득시키는 능력, 대화 · 토론 · 타협의 능력, 타인의 의견을 경청하는 능력, 반대의견에 대한 관용과 인내심 등을 가지고 있을 때 훌륭한 민주시민이 될 수 있다는 것이다.

이러한 능력의 신장은 짧은 시간에 이루어지는 것이 아니고, 평소에 우리가 그것에 대해서 알아보고 또 실제생활에서 훈련을 쌓는 등의 노력과 경험이 있어야 한다. 그런데 이러한 세 가지 요건은 따로 분리하여 생각할 수 없는 요건이다. 왜냐하면 민주주의를 알다보면 신념도 생기고 능력도 생겨 동시에 얻어질 수 있는 것이기 때문이다.

다음으로는 셜리(Shirley)와 안나(Anna)가 제시하고 있는 견해를 토대로 민주시민의 조건을 살펴보기로 한다.[10]

민주사회의 시민은 숙련되고 책임감 있는 의사결정자이어야 한다. 민주사회의 장점은 어떤 지위와 신분을 가지고 있든지 간에 사회문제들에 있어 광범위하고 지적인 시민들의 참여에 달려 있다. 지적인

10) 이에 대해서는 Shirely H. Engle & Anna S. Ochoa, *Education for Democratic Citizenship*(New York: Teacher's College Press, Columbia University, 1988)을 참고할 것.

결정을 내리는 데 참여하는 의사결정기능이나 모든 지식과 태도는 민주사회 시민권의 핵심이다. 그러한 시민들에 의해 요구되는 조건을 ① 기본적인 지식, ② 민주적 이상의 추구, ③ 기본적인 지적 기능, ④ 정치적 기능들로 분류하여 살펴보면 다음과 같다.

먼저 민주사회의 시민들은 광범위한 교양교육을 필요로 한다. 어떤 교육도 단순히 직업적인 목적을 위한 것으로 한정될 수는 없다. 오늘날과 같이 상호의존도가 높아지고 있는 세계에서 시민들은 가능한 한 세계문제에 대한 가장 폭넓은 관점을 갖는 것이 절실하다. 따라서 기본적 지식의 내용은 다음과 같은 것을 지적할 수 있다.

첫째로, 민주사회의 시민들은 그들의 국가와 지역을 물리적이고 사회적인 세계, 우주와의 관계와 관련하여 이해할 수 있어야 한다. 시민들이 다루어야만 하는 환경문제, 자원문제, 인구문제들은 잘못 이해되고 다루어져 왔다. 그러한 이해는 지구와 지구의 발전을 이해하기 위한 생물학, 기후학, 생태학 등과 같은 폭넓은 영역으로부터 오는 자료들에 의존한다.

둘째로, 민주사회의 시민들은 사회적인 제도 — 경제체제, 통치체제, 입법체제, 가족제도, 종교제도 그리고 교회와 국가의 분리, 출판의 자유, 언론의 자유와 같은 민주사회를 특징짓는 제도들과 이념들 — 가 어떻게 발생하는가를 이해할 필요가 있다. 현 제도들의 연구와 더불어, 이 제도들이 보다 더 발전하는 데 수반되는 문제들뿐만 아니라 현재의 제도들처럼 발전을 가져왔던 문제들에 대하여 이해하고 사고할 기회가 주어져야 한다. 이를 위해서는 전 범위의 제도적인 역사를 포괄하는 역사연구가 필요하다. 시민들에게 요구되는 역사연구는 사건들의 연대기를 기억하는 일반적인 역사연구가 아니라, 본래 분석적인 것이어야 한다.

셋째로, 민주사회의 시민들은 시간을 초월하여 그리고 자국 내에서뿐만 아니라 전 세계를 통하여 존재하는 문화의 차이를 이해할 필요가 있다. 상이한 문화를 가진 사람들이 중요한 교제기회가 거의 없이 서로 상대적인 고립감을 가지고 살았을 때에는 상호이해는 절박한 요구가 아니었다. 그러나 오늘날에는 매우 상이한 문화를 가진 사람들이 바로 이웃에 살 수도 있으므로 자국과 해외에서 상이한 문화를 가진 사람들을 이해하고 평가하는 것은 필수적인 것이 되었다. 민주사회의 시민들은 어떻게 문화적인 차이들이 세계 도처에서 그리고 심지어 그들 자신의 나라에서조차 발생하는가를 이해하는 것이 필요하다.

넷째로, 민주사회의 시민들은 점차로 객관성과 합리성의 기준을 발전시켜서 민주사회의 특징인 보다 더 완전한 정보를 얻기 위한 확실한 지식을 획득하기 위하여 노력하는 것이 필요하다. 민주사회의 시민들은 과학이 물질을 얻기 위한 커다란 잠재력을 가진 기술일 뿐만 아니라 진실과 거짓을 구별하는 방법으로 이해하는 것이 필요하다. 과학은 인간의 정신을 활용하여 도처에 있는 수많은 사람들을 발전시키기 위한 수단을 제공하는 것으로 이해되어야만 한다. 요컨대, 민주사회의 시민들은 과학적인 진실과 종교적·심미적(審美的) 혹은 윤리적인 진실 사이의 차이를 이해하는 것이 필요하다.

다섯째로, 가장 중요한 것은 민주사회의 시민들은 다른 시민들에 대한 그들의 태도에 있어서 정당하고 선하게 되기 위한 계속적인 노력을 인정하는 것이 필요하다. 시민들은 민주사회에 있어서 정의, 공정, 평등 그리고 자유와 같은 가치들의 진정한 중요성을 이해하고, 그러한 가치들이 어떻게 존재하고 있으며, 그들이 필요로 하는 가치들 사이에서 무엇을 선택할 것인가 하는 문제를 인식하여야 한다.

가치들이 어떻게 개인의 복지와 전체로서의 사회의 복지와 관련되어야 하는가 하는 문제와 사회문제를 해결하는 데에는 어떤 중요한 역할을 하고 있는가를 이해할 필요가 있고, 가치문제라는 것은 민주사회에서 가장 핵심적인 문제라는 것을 이해해야만 한다. 민주사회의 시민들은 그들 자신의 도덕성에 대한 책임을 져야 하며, 의사결정과정에서 그들이 사용하고 있는 도덕적·윤리적인 원리들을 지속적으로 개선하고 정당화시켜야만 한다.

마지막으로, 민주사회의 시민들은 사회가 당면하고 있는 중요한 문제에 대해 철저히 인식해야 하고, 그 문제들에 대한 충분한 지식이 있어야만 한다. 시민들은 이러한 문제들에 관해 국민들이 왜 신경을 쓰고 걱정해야 하며, 이러한 문제와 관련이 있는 정보매체를 가까이 해야만 하는 이유를 알아야 하며, 이러한 문제에 대한 가능한 해결방법에 관해 그리고 문제에 대해 어떤 입장을 견지해야만 하는가에 대해 어느 정도 체계적인 사고를 해야 한다.

2. 민주시민의 조건

민주시민들이 갖추어야 할 조건 중에서 가장 기본적인 것은 민주적 이상을 추구해 나가는 것이다. 만약 우리가 개인의 가치에 대한 존중이 모든 인간의 속성 중에서 가장 고차원적인 가치라는 것을 인정한다면, 민주주의는 어떤 사회체제보다도 우수하고 바람직한 것이다. 개인의 가치에 대한 존중은 인류가 이해심, 관심, 친절 그리고 동정이라는 측면뿐만 아니라 의사결정과정에 있어 다른 사람들과 함께 참여해야 하는 권리까지도 포함된다.

여러 종류의 독재와는 정반대로, 민주주의는 개인들의 삶을 통제하는 의사결정과정에 있어 개인들의 참여에 의해 좌우된다. 독재체제에서는 이러한 결정은 독단적으로, 때로는 이런 결정을 임의로 강제 집행하는 폭군적인 지도자들에 의해 이루어진다. 만약 개인들이 이제까지 자유를 선호해 왔고, 국가의 업무에 있어서 동반자로서 간주되는 것을 가치 있게 생각한다면, 그들은 민주주의의 단점이 무엇이든지간에 어떤 사회조직체나 통치체제보다도 민주주의를 선택해야 한다. 민주사회의 시민들은 이런 선택을 기꺼이 받아들여야만 한다.

한편 민주사회에서 시민들에게 필요한 지적 기능(intellectual skills)은 상황판단기능, 의사소통기능, 집단작업기능 등과 같은 것이다. 민주사회의 시민들에게 필요한 기능들은 본래 복잡하며, 그 초점이 사회·정치적 영역에 있어서 한 개인의 의사를 결정하는 지식의 활용에 맞춰져 있다. 그러한 기능들 중에서 중요한 것은 다음과 같다.

첫째, 문제와 관련된 근원적 가치들을 포함해서 실제 문제나 갈등의 핵심을 판별해 내고 문제를 평가할 수 있는 능력이다.

둘째, 문제에 관하여 적절한 정보를 선택하고, 그것을 제시된 해결책과 논리적으로 관련시키는 능력, 즉 정보에 근거한 조사뿐만 아니라 직접 경험을 포함해서 다양한 정보출처의 신뢰도를 판단할 수 있는 능력이다.

셋째, 관련되는 가치를 포함한, 가능한 한 아주 광범위한 맥락 속에서 문제를 이해할 수 있는 능력이다.

넷째, 문제해결을 위해 제시된 어떤 해결책을 다루거나 또는 결론적으로 시나리오를 작성할 수 있는 능력이다.

다섯째, 증거가 대립되거나 또는 바람직한 가치들 사이에서 갈등이 존재할 경우 이성적 판단을 내릴 수 있는 능력이다.

여섯째, 문제에 대해 자신과 다른 관점을 가지고 있는 사람들을 이해할 수 있는 능력이다.

일곱째, 비록 이성적인 것은 못 되지만, 어려운 난국을 슬기롭게 해결하는 방향으로의 방법을 선택할 수 있는 능력이다.

여덟째, 정당한 결정을 이행할 수 있는 방향으로 정치적 영향력을 발휘할 수 있는 능력, 즉 다른 것들을 조직화하고, 그 조직체제 안에서 정당한 목적을 달성하도록 기능・작용할 수 있게 하는 능력이다.

이상에서 지적한 민주시민의 기본적인 지적 기능들은 필수적인 요소로서 수많은 하위기능들을 지니고 있다.

마지막으로, 민주사회에 있어서 시민이 지녀야 할 중요한 책임은 정부 관리를 선출하거나 국민투표가 실시되는 선거에 적극적으로 참여해야 한다는 점이다. 이것은 시민이 공공문제에 참여할 수 있는 가장 직접적인 통로이다. 만약 시민들이 그들의 투표행위를 무시하거나 혹은 형식적으로만 실시한다면, 정부의 통치행위 속에 그들의 요구를 반영시킬 가능성이나 희망이 없어지게 된다. 사실 만성적으로 맹목적인 투표를 하거나 혹은 전혀 투표하지 않는 사람들은 종종 파렴치한 정치인들로 하여금 공공이익의 측면보다는 그들 자신의 사적 이익에 집착하는 것을 보다 가능하게 해준다. 그러나 투표의 책임이라는 것이 그렇게 간단한 문제는 아니다. 단지 투표용지에 어떻게 표시하는 것인가를 아는 것만으로는 충분치 못하다.

민주사회의 시민들은 자신들이 당면하고 있는 문제들의 원인을 구체적으로 어떻게 찾아낼 것인가 하는 점을 분명히 인식해야 한다. 예를 들어, 내가 과연 진실을 듣고 있는 것인지, 내가 실제적인 사실들을 알고 있는지, 대중매체의 교묘한 조작에 의해 내가 이용되고 있지는 않은지, 내 투표가 후보선전에 사용되고 있는 돈의 소유자들에 의해 매수되고 있지는 않은지 등이다.

사회적으로 책임감이 있고 이성적으로 투표하는 시민들은 어느 정도 이런 상충하는 요소들을 숙고해 보고, 오류로부터 진리를 추출해 내며, 특정한 문제를 판별하고, 심지어 때때로 보다 직접적인 자신의 이익을 추구하는 선에서 투표하려는 유혹을 억누르는 결정을 해야만 한다. 민주사회의 시민들은 다양한 종류의 이익집단들을 통해서 기능을 수행해야 하지만, 그들은 또한 일반적으로 다른 시민의 행태를 평가·비교하고 조절할 수 있는 방법을 배워야만 한다.

제3절 민주시민교육의 내용과 방향

민주사회의 실현에 있어서 필수적인 사항은 그 사회 구성원들의 민주적 정치문화와 의식이며, 이는 민주시민교육을 통해 형성되고 학습되는 것이다. 바로 이러한 점에서 권위주의체제에서 민주주의체제로의 이행이 이루어지고 있는 현 시점에서 민주시민교육은 우리에게 절실히 요청되고 있다.

1. 민주시민교육의 내용

우리나라에서의 민주시민교육은 실제에 있어서 선진국의 정치교육, 즉 독일의 정치교육과 영국과 미국의 시민교육의 목표와 내용 그리고 체계와 운영방법을 우리나라의 여건과 실정에 맞게 적용코자 하고 있다. 한 나라의 민주시민교육은 통상 그 나라의 민주정치문화에 기여하는 기본요소 중의 하나이며, 민주정치문화는 그 나라의 민주주의를 실현하는 바탕이 되고 있다.

여기에서 민주시민교육이라 함은 "국민이 국가의 주권자로서 국가와 지역사회에서 일어나고 있는 정치와 관련된 사회현상에 대해 객관적 지식을 갖추고, 정치적 상황을 올바르게 판단하며, 비판적 의식을 갖고 모든 정치과정에 참여하여 권리와 의무를 적극적으로 수행하고 책임지는 정치행위가 될 수 있도록 가정, 학교, 사회에서 습득하는 모든 과정"이라고 정의할 수 있다. 다시 말해서, 민주시민교육은 국민이 국가의 주인으로서 정책결정과정에 적극적으로 참여하도록 하기 위해 우선 정치·사회문제를 올바로 이해하고, 그 문제를 해결하기 위한 여러 가지 접근법을 습득하고 비판케 하며, 또한 이들을 행동으로 연결시킬 수 있는 능력을 갖추게 하는 교육과 훈련을 의미한다.

또한 이러한 교육을 받은 민주시민은 국가나 지역생활에 있어서 권리의 행사뿐만 아니라 의무의 수행에도 적극적이어야 하며, 세계시민으로서 평화와 안전 그리고 환경문제에 대해서도 적극적인 관심을 갖고 이를 위해 행동할 수 있는 능력을 갖추어야 한다.

그러나 민주시민교육은 실제 정치인이나 사회엘리트들이 권력, 부, 사회적 권위를 공정하게 형성하고 배분하는 규칙을 지키지 않아 국민의 귀감이 되지 못할 경우, 아무리 민주시민교육을 잘 한다고 할지라도 그 결과는 부정적일 수밖에 없다.[11)]

그런데 민주시민은 애국적이며 국가에 충성하는 단순히 고전적 의미의 '선한 시민'으로만 이해되어서는 안 된다. 오히려 선한 시민은 국가의 비판자이기도 하고, 국가의 발전을 위해 참여할 수 있으며,

---

11) 전득주, "민주화, 국제화 그리고 통일을 위한 민주시민교육의 발전방향 모색," 『한국정치학회보』, 제29집 1호(1995), pp. 31, 34.

참여하고자 하는 자이다. 민주시민으로서의 능력을 기르기 위한 최종적인 교육의 근거는 우리 사회가 직면하는 문제들과 논점들에 대한 해결에의 참여이다. 이러한 참여를 하지 않는 것은 교육자로서의 책임을 회피하는 것이다.

또한 민주시민들은 그들 스스로의 가장 소중한 신념들에도 불구하고 의심의 여지가 허락되어야 한다. 그들은 사회화과정에 저항할 수 있어야 한다. 민주주의교육의 중요한 책임은 젊은이의 반사회화(反社會化)이다. 반사회화는 교양교육의 핵심으로서 그리고 민주주의교육의 활력으로서 작용한다. 민주시민은 권력자에게 맹목적으로 복종하는 사람들이 되기보다는 대안을 갖춘 사회비판자가 될 수 있도록 노력해야 한다. 그것은 민주주의를 권위주의체제로부터 구별시켜 주는 반사회화과정에 대한 민주주의의 관용이다.

만약 이것이 민주주의라면 민주시민교육에 참여하는 우리들은 민주적 시민이 전 역사를 통해 대부분의 사회에서 살아온 복종적이고 의문을 제기하지 않는 시민들과는 달리 새롭고 상이한 집단이라는 것을 이해하는 것이 중요하다.

정치문화의 유형은 나라마다 다르지만, 민주적 정치문화는 한 사회의 구성원들의 민주적 태도에 의해서 표현된다고 말할 수 있다. 라스웰(Lasswell)에 의하면, 민주적 태도란 한 사회의 구성원들이 그 태도를 수반하는 심리적 속성을 크게 다섯 가지로 구분하여 다음과 같이 설명하고 있다. 그것들은 ① 타인에 대하여 경직되고 배타적인 자세를 견지하지 않고, 온화하고 포용력 있는 자세를 갖추는 것, ② 무엇이든지 혼자서 결정하는 태도가 아니라, 다른 사람과 어떠한 가치나 이해관계를 토의하고 합의하며 함께 공유하려는 자세, ③ 일원적인 가치를 추구하기보다는 다원적인 가치를 인정하고 추구하려는 태도, ④ 인간의 잠재력을 무시하거나 간과하지 않고 신뢰하는 속성, ⑤ 불안으로부터 탈피하려는 태도이다.[12)]

라스웰은 우리나라의 상황에서 절대적으로 필요한 덕목으로 사람들이 서로 합의한 사항을 지키고 따르는 태도를 등한시하고 있지만, 민주적 태도의 가장 중요한 자세는 바로 서로 토론하고 논쟁하여 얻어진 합의에 대해서 지키고 따르는 준법정신 내지는 질서의식이라고 하겠다.

현재와 미래의 한국사회에 필요한 민주적 태도를 형성하는 의식과 자세에는 여러 가지가 있겠지만, 대략 다음과 같은 몇 가지 측면을 지적할 수 있다.[13)]

첫째, 민주적 태도는 가정, 학교, 사회 어디서든지 간에 서로 합의하고 결정된 사항을 따르고 지키는 준법정신 내지 질서의식을 가장 중요한 평가기준으로 삼아야 한다. 국가적인 차원에서 정책결정자나 사회구성원들이 헌법을 준수하지 않을 때 사회의 질서는 문란하게 되고, 질서의 문란은 곧바로 정치적으로 약하고 경제적으로 가난한 국민들의 생활을 불안정하고 위태롭게 할 것이다.

둘째, 민주적 태도는 사회구성원들이 관용과 아량을 갖는 것이다. 민주주의 정치체제가 원활히 기능하기 위해서는 자신의 원칙뿐만 아니라 다른 원칙이나 가치를 수용할 수 있는 관용과 아량의 태도를 지녀야 한다. 우리나라 헌법이나 법률에 언론과 비판의 자유가 명시되어 있다고 할지라도, 시민의 관용적 태도가 실생활에서 결여되어 있다면 민주주의 정치체제를 유지하기는 매우 어려운 것이다.

---

12) Harold D. Lasswell, *The Political Writings of Harold D. Lasswell*(New York: The Free Press, 1951), pp. 495-510.

13) 전득주, 앞의 논문, pp. 43-44.

셋째, 민주적 태도의 중요한 요소는 그 사회의 구성원들과 다른 구성원들에 대한 상호간의 신뢰감이다. 로젠버그(Rosenberg)는 동료 시민에 대한 불신감이 팽배할 경우, 정부 관료나 정치에 대한 신뢰감도 상실된다는 상관관계를 지적하고 있다.[14] 민주주의 정치체제에서는 그 구성원들이 상호신뢰에 기반을 두고, 정당과 각종 사회 · 정치단체들이 각각 그 구성원들의 협력을 통해 활동하고 있다. 더 나아가서 구성원들 간의 협력체제는 몇 개의 정파 혹은 파벌간의 연합, 연립정부의 수립까지도 만들어 가는데, 이때 각 정파간에는 타협과 흥정이 이루어지게 된다. 민주정치는 바로 타협과 흥정의 연속인데, 이러한 행위가 성공을 거두기 위해서는 기본적으로 그 사회구성원들 상호간의 신뢰가 그 바탕이 되는 것이다.

넷째, 민주적 태도는 그 사회구성원들의 비판의식과 태도를 포함하고 있다. 민주시민은 정부와 다른 집단 내지 개인의 정치행위에 대해 비판적인 안목과 정책을 제시할 수 있어야 한다. 다시 말해서, 민주정치체제의 구성원들은 정책결정자가 결정한 정책이나 업적에 대하여 무조건 순응함으로써 진정한 자유와 권리로부터 도피하는 것이 아니라, 나름대로 비판적인 평가를 할 수 있어야 한다. 이러한 비판적인 의식과 태도는 결과적으로 정치인들의 책임을 물을 수 있을 뿐만 아니라 선거 시 정치지도자들을 교체하거나 그들을 지지하는 중요한 감시기능이 되는 것이다.

다섯째, 민주시민은 자신의 정치적 권리에 대하여 정당한 자세를 견지해야만 한다. 민주주의 정치체제 내의 여러 가지 제도는 시민의 권리와 이익을 보호하고 추구할 수 있는 가능성과 통로를 제공해

14) Moris Rosenberg, "Misanthropy and Political Ideology," *American Sociological Review*, No. 21(1956), p. 691.

주고 있다. 그러나 이러한 방법을 활용하기 위해서는 시민이 각각 자신의 정치적 입장과 견해를 피력할 수 있어야 하고, 다양한 정책 가운데 자신의 관심을 가장 잘 반영하는 특정 정책을 선택할 수 있어야 한다.

마지막으로 민주적 태도의 중요한 가치로서는 정직성을 들 수 있다. 민주사회에 있어서 정직성은 인간이 갖춰야 할 가장 중요한 전제이자 필수요건이라 할 수 있다. 전체주의사회나 공산주의사회에서는 허위, 날조, 조작이 판을 치며, 투명성과 정직성이 결여되어 있다는 것은 잘 알려진 사실이다.

이상에서 살펴본 민주적 태도의 여섯 가지 측면인 ① 준법정신과 질서의식, ② 관용의 태도, ③ 동료시민을 신뢰하는 태도, ④ 자신의 권리를 주장할 수 있는 권리의식, ⑤ 정치지도자를 감시 · 비판하는 의식, ⑥ 정직성이 민주적 태도의 모든 구성요소라고 단정할 수는 없지만, 이러한 측면들은 분명 민주시민이 갖추어야 할 핵심적인 덕목이라고 할 수 있다.

우리는 권위주의적이거나 독재적인 교육모델을 모방해서는 결코 건전한 민주시민을 육성할 수 없다. 이와는 반대로 우리는 민주주의가 발전할 수 있는 토대인 자유와 합리성에 일치하는 교육방법을 개발해야 할 것이다. 특히, 국제화 · 개방화시대에 우리가 생존하고 번영할 수 있는 길은 제도개혁과 더불어 민주적 의식개혁을 통하여 국민 개개인, 각 사회집단, 정당 그리고 공무원들이 전근대적인 권위주의 사고나 무사안일주의적 성향에서 벗어나 합리적 사고를 하는 것이다. 이를 바탕으로 근면과 성실, 창조적 비판의식, 관용과 아량, 신뢰성 그리고 적극적 참여의 태도 등을 가진 민주적 의식과 태도를 함양하는 것이 절실히 요청된다.

2. 민주시민교육의 방향

우리나라에서의 민주시민교육의 발자취를 더듬어보면 크게 다음과 같은 세 시기로 구분할 수 있다. 제1기는 해방 후 미군정기를 거쳐 제1공화국 중반까지의 기간이며, 제2기는 군사문화가 한국의 정치문화를 주도해 왔던 반공안보교육의 시기이며, 제3기는 한국 민주화의 전환점이라 할 수 있는 1987년의 6·29선언 이후 현재에 이르기까지 민주시민교육이 이루어지고 있는 시기이다.

이제까지 우리나라에서 실시해 온 민주시민교육에 대해서는 대체로 다음과 같이 평가내릴 수 있다.[15)]

첫째, 한국의 민주시민교육은 미국의 결정적 영향을 받으며 수립·실시되었다. 그러나 한국은 같은 피점령국이었던 일본보다는 미국의 통제와 영향을 덜 받았다.

둘째, 민주시민교육의 외적 환경요인인 정치적·경제적·사회적 요인에 의해서 민주시민교육의 목표와 내용은 커다란 영향을 받았다.

셋째, 민주시민교육은 미국식 민주주의에 충실하지도 못했고, 그렇다고 해서 우리의 전통과 시대적 상황에 적합한 실천적 행동을 개발하는 데에도 실패하였다. 초창기 한국의 민주시민교육은 전통적인 권위주의적 요소를 극소화시키고, 근대적인 민주적 요소를 극대화하는 것을 그 실질적 목표로 삼았으나, 이는 외적 환경요인인 미국의 대한(對韓)정책, 남북간의 이념적 대립, 한국전쟁, 한국의 정치문화와 사회·정치제도 등에 의해 극히 제약되거나 변형되었다.

넷째, 사회 기득권층의 위법과 위헌행위는 준법교육을 마비시켰

15) 전득주, 앞의 논문, pp. 40-41.

고, 이론과 실제에 있어서 헌법의 존중과 법의 준수에 관한 교육을 철두철미하게 시키는 데 실패하였다.

다섯째, 공동체생활을 위한 기본적 규범을 교육의 목표로 삼은 것은 우리나라에서 이론적으로는 강조되었지만, 실제로는 성공하지 못했다.

여섯째, 민주시민교육의 중립성문제는 우리나라에서 그 고려대상이 되지 못하였다. 정권을 담당한 통치자들은 대체로 민주시민교육을 그들의 정권유지의 수단으로 이용하였다.

일곱째, 김영삼 정부 이전까지는 민주시민교육의 통합성은 높았지만, 다양성은 낮았고, 그 이후에는 그 반대경향을 서서히 노정하고 있다.

여덟째, 시민성과 통합성의 원리는 우리나라에서 조화롭게 조정되지 못했다. 우리나라에서의 민주시민교육은 그 체계와 운영면에서 전국적 범위에서 초당파적 · 초계층적으로 그 통합성과 시민성의 원리에 입각하여 체계적이며 효율적으로 운영되지도 못하였다. 다시 말해서, 우리나라에서의 민주시민교육은 그 내적 요인 — 목표를 효율적으로 수행하는 조직과 활동을 의미 — 보다는 오히려 교육의 외적 요인에 의해 결정되었다고 볼 수 있다. 이러한 외적 환경요인 중 가장 중요한 것들은 ① 정권의 정치적 정통성과 정당성, ② 민주적 원리에 입각한 정치 · 사회제도의 운영, ③ 통치엘리트의 민주적 실천의지, ④ 국민의 정치참여, ⑤ 민주적 원리를 우선시하는 사회풍토 등으로 이해될 수 있다.[16)]

이상의 사항들을 종합해 볼 때, 1987년 6 · 29선언이 있기 전까지만 하더라도 우리나라에서의 민주시민교육은 '반공 = 민주주의 = 친미 =분단

16) 전득주 외(공저), 『현대민주시민교육론』(서울: 평민사, 1992), pp. 221-230.

고착화'의 방향으로 나아가는 경향이 짙었다고 하겠다.

따라서 21세기 민주주의시대에 적합한 민주시민교육의 실천방안은 다음과 같은 방향에서 이루어져야 할 것으로 보인다.[17)]

첫째, 미국, 영국, 독일 등과 같은 선진국들의 경우처럼, 정치사회화 내지 정치교육은 민주적 정치문화를 구성하는 기본요소 중의 하나임을 감안할 때, 민주시민교육은 민주적 정치문화를 형성하고, 궁극적으로 자유민주주의를 정착·발전시키는 데 기여해야 할 것이다.

둘째, 새로운 민주시민교육은 과거와는 달리 자유민주주의를 실현해야 하기 때문에 그 자체가 다원주의적 조직구조를 가져야 한다. 학교나 학교 밖의 민주시민교육에 있어서는 획일적인 지침서나 교수법을 지양하고, 다양한 지침서와 교수법이 개발되어야 한다. 그러나 이러한 상이한 구상과 교수법들도 대한민국헌법에 기초하여 운영되고 이루어져야 한다는 측면에서 우리의 민주시민교육은 다양성 속에서 통합성을 지킨다는 원리에 입각해야 한다.

셋째, 민주시민교육의 주체는 민·관·정이 되어야 할 것이다. 일부 지식인들은 새로운 민주시민교육의 목표를 달성하기 위하여 과거 정부가 주도해 왔던 관변단체에 의한 국민정신교육이 아니라 순수 민간단체의 주도에 의한 민주시민교육이 보다 효과적이라고 주장하고 있는 데 반해, 다른 일부에서는 정부주도하에 의식개혁을 하는 것이 보다 타당하다고 주장하고 있어 그 교육의 주체에 대한 합의점을 찾지 못하고 있는 실정이다.

그러나 단순히 민간주도에 의한 교육은 다양한 아이디어와 접근법을 창출하는 데 도움이 되어 다원적 사회에 부합하는 유형이라고

---

17) 전득주, 앞의 논문, pp. 44-46.

볼 수 있으나, 위기발생시 조정 가능한 메커니즘이 부족하여 우리나라가 어느 방향으로 나가야 하는지 예측하기 어려울 것이다. 또한 정부주도에 의한 교육은 정부의 행정조직과 재원이 충분함을 고려할 때 그 목표에 대한 효율성을 극대화시킬 수 있을지 모르지만, 정권담당자가 권력을 유지하거나 확대하고자 할 때 민주시민교육은 정권연장수단으로 이용될 가능성이 높을 것이다.

그렇기 때문에 민주시민교육은 민·관·정이 공동주체가 되는 방법이 가장 바람직하다. 민·관·정의 공동주체란 학자나 전문가가 실질적으로 민주시민교육의 운영을 담당하고, 여·야 정치인 및 사회 주요단체의 합의에 의해 대표되는 가칭 '민주시민교육원'을 독립전담기구로 중앙과 15개 시도지부에 설치하며, 여·야 정치인들은 그 운영을 감독하고, 정부는 재정만을 지원하는 것을 의미한다고 하겠다. 민주시민교육이 정부의 개입을 극소화시키고 초당파적으로 실시되기 위해서는 여·야 합의에 의해 뒷받침되고, 정부에 의해서 출연되는 재정지원으로 이루어져야 할 것이다.

넷째, 민주시민교육을 전담하는 기구는 민주시민교육의 기본정책뿐만 아니라 교재와 교수요목을 개발하고, 교육담당자를 훈련시키며, 특히 가정, 학교, 사회 각 분야의 성인 및 대중매체의 민주시민교육을 위한 프로그램 개발을 담당해야 할 것이다.

다섯째, 민주시민교육은 국제화, 개방화, 지방화 그리고 통일에 대비하는 교육도 포함해야 할 것이다. 국제사회와 지방자치제도를 체계적으로 이해할 수 있는 시민교육은 국제화, 개방화, 지방화에 매우 중요할 것이며, 또한 분단된 우리로서는 통일에 대비한 교육도 중요할 것이다.

여섯째, 민주시민교육은 분단국의 공통귀속감을 강화하는 데 기여해야 한다. 민주시민교육은 장차 분단된 국가에 대한 학문적 대화를 촉진시킴으로써 통일이 달성된 이후 상호간의 이질감과 차이점들을 줄일 수 있도록 준비해야 할 것이다. 다시 말해서, 민주시민교육의 한 측면으로서의 통일교육은 수십 년간 축적되어 온 편견과 선입관을 제거하고, 북한의 정치 · 경제 · 사회체제에 대한 객관적 교육에 기여해야 할 것이다.

제9장
한국 민주주의의 현실과 과제

서구의 선진 민주주의국가에서는 민주주의가 정착되고 발전해 나가는 데 있어서 수백 년 간의 장구한 세월이 소요되었다. 민주주의의 도입역사가 상대적으로 짧고, 또한 민주주의에 대한 역사적 경험이 미천한 우리의 입장에서 오늘날의 서구국가와 같은 수준의 민주주의를 조속히 달성한다는 것은 사실상 무리일 수도 있다.

그러나 한국에서의 민주주의의 토착화는 단순히 서구적인 경험과 기준에 입각해서만 추진될 필요는 없는 것이다. 우리는 민주주의를 정착시켜 나가는 과정에서 통치체제를 비롯한 사회 전반의 구조적 · 제도적 측면에서의 민주화를 적극적으로 추진함과 동시에, 어떻게 하면 민주주의의 정착과 평화통일이라는 민족적인 당면과제를 조화롭게 달성해 나갈 것인가 하는 점에 초점을 맞춰 민주화를 추구해 나갈 필요성이 있다.

제1절 한국민주주의의 전개과정

한국의 민주주의는 오랜 세월을 통해 많은 시행착오를 거듭하면서 오늘날과 같은 발전을 이루게 되었다. 우리나라는 1945년 해방과 더불어 새로운 정치제도를 정립하기 시작했으나, 우리 민족이 물려받은 역사적 유산은 5백여 년간에 걸친 조선왕조의 절대권력체제와 36년간에 걸친 일제 식민지 통치의 권위주의체제에 불과하였다.

이러한 역사적·문화적 유산을 지닌 상태하에서 우리의 여건을 전혀 고려함이 없이 형식적으로만 서구의 민주주의이념과 제도를 급속히 도입한 것은 결국 한국의 민주주의 발전에 많은 문제점을 야기시킨 근본원인이 되었다.

1. 민주화의 주요 단계

민주주의를 중점적으로 연구하는 정치학자들은 한 나라의 민주화 과정을 대체로 다음과 같은 3단계로 나누어 분석하는 경향이 있다.

민주화의 첫 번째 단계는 권위주의체제의 붕괴이다. 권위주의체제는 그 내재적 모순으로 인하여 붕괴될 수밖에 없고, 그러한 과정을 촉진시키는 가장 중요한 요인은 경제발전에 의한 사회분화 및 대외관계를 통한 국가와 사회의 국제화라고 할 수 있다. 그러나 권위주의체제의 붕괴가 곧 민주화를 의미한다고 말할 수는 없다. 그것은 1980년의 우리나라나 1990년의 루마니아의 경우에서 살펴볼 수 있는 것처럼, 또 다른 권위주의체제로 이어질 수도 있고, 1958년의 쿠바의 경우에서처럼 권위주의체제보다 더 억압적인 전체주의체제로 대체될 수도 있기 때문이다.

민주화의 두 번째 단계는 민주주의체제로의 전환이다. 1960년 우리나라에서 자유당정권이 붕괴된 이후처럼, 이러한 단계에서는 민주적인 헌법이 채택되고 자유로운 선거가 시행되어 민의를 존중하고 대변하는 정부가 수립된다. 민주주의체제로의 전환은 민주화의 커다란 진전을 의미하지만, 이 역시 완전한 민주화라고 말할 수는 없다. 그 다음 단계인 민주주의의 정착 내지는 공고화가 이루어지지 않는 한 민주주의체제로의 전환은 피상적이고 임시적일 뿐이다. 왜냐하면 아직 민주주의가 뿌리를 내리지 못한 상태에서 민주주의는 다시 반전될 수도 있기 때문이다. 1961년 군사쿠데타에 의한 우리나라에서의 민주정치의 종식은 그 좋은 예라고 하겠다.

민주화의 세 번째 단계인 민주주의체제의 정착은 민주주의의 제도적 요건인 민주적인 헌법, 선거, 의회, 정당체제 등이 구비되고, 그러한 체제가 효율적으로 운영되어 국민의 지지를 받고 정통성(legitimacy)을 확보한 상태라고 하겠다. 1980년대에 민주주의체제로의 전환을 경험한 아시아, 중남미, 서유럽, 동유럽, 중유럽의 여러 나라들 중 민주주의체제의 공고화가 이루어진 나라는 스페인, 포르투갈, 그리스 등 서유럽의 일부 나라들뿐이라고 할 수 있다. 이것은 아마도 유럽공동체(EC)라는 외부로부터의 민주적인 자극과 지원이 결정적인 역할을 했다는 것을 입증해 준다고 하겠다. 물론 민주주의체제가 어느 정도 공고화된 나라에서도 민주주의의 후퇴가 불가능한 것은 아니다. 1950년대 말 알제리문제를 둘러싼 프랑스 군부의 반정부 움직임, 1970년대 초 필리핀에서 마르코스정권의 독재화 등이 그러한 가능성을 제시하고 있으나, 근본적으로 공고화된 민주주의체제가 붕괴된 예는 그다지 많지 않다.

그런데 한승주 교수는 상기한 분류방식에 입각하여 한국의 민주화

과정을 크게 다음과 같은 3단계로 구분하고 있다.[1)]

제1단계는 권위주의체제의 형성과 붕괴시기로서, 이는 1948년 대한민국정부의 수립으로 인해 제1공화국이 성립된 시기부터 1987년 6·29선언이 있기 전까지의 기간을 말한다.

제2단계는 권위주의체제로부터 민주주의체제로의 전환기로서, 이는 6·29선언이 발표된 후 1987년 제6공화국이 성립되기까지의 기간이다.

제3단계는 민주주의체제의 정착기로서, 1993년 '문민정부'라 일컬어지는 김영삼 정부가 출범한 이후 김대중 정부를 거쳐 현재의 노무현 정부에 이르기까지의 기간을 말한다.

2. 역대 정권하의 한국민주주의

1948년에 수립된 제1공화국은 정부수립 초기에 국가건설을 이룩하는 과정에서 자유민주주의를 한국사회에 정착시키려는 노력이 있기는 했지만, 정권획득과 확대과정에서 권위주의적 속성이 강하게 나타남으로써 오히려 민주주의의 발전을 저해하는 결과를 초래하였다. 이승만 대통령을 중심으로 한 자유당정권은 헌법상으로는 대통령중심제하에 선거, 정당, 여론 등 민주주의적 요소를 대부분 갖추고 있었다. 그러나 당시 자유당은 국민여론을 조직하고 체계화하는 공당으로서의 성격을 띠지 못했으며, 의회에서는 집권여당인 자유당의 횡포가 자행되었으며, 야당 역시 파벌투쟁에만 열을 올리는 보수야당세력으로 야당으로서의 구실을 제대로 하지 못해 여론은 존재해도 국가정책에 적절히 수렴·반영되지 못하였다.

---

1) 한승주, "정치는 민주화되고 있는가," 계간 『사상』, 1990년 가을호, pp. 13-31.

또한 1950년부터 3년간에 걸친 한국전쟁으로 인해 자유당정권은 위기관리정부의 성격을 띠게 되어 민주주의는 별다른 진척을 보지 못하였다. 이 밖에도 부산정치파동 등 일련의 정치적 혼란과 이승만 대통령의 독재정치의 원인이 대통령중심제에 있다고 보고 수차례의 개헌을 시도했으나, 그 실효를 거두지 못하였다.

자유당정권의 실정요인으로는 이승만 대통령 자신의 지나친 권력욕과 독선적 성품 그리고 일제 치하 식민지관료들의 재등용에 의한 권위주의적 속성 등을 들 수 있으나, 이 시기의 민주주의가 개화되지 못하고 오히려 독재정권하에서 정체하게 됐던 것은 정치지도자의 비민주적 속성과 아울러 민주주의에 대한 훈련과 경험이 부족했던 국민들의 낮은 정치의식수준에서도 그 원인을 찾아볼 수 있다.

1960년 제1공화국을 붕괴시킨 4 · 19혁명으로 새롭게 탄생한 제2공화국에서는 민주주의에 대한 국민들의 열망이 크게 표출된 반면, 그것을 실제의 정치현실과 접합시킬 수 있는 국민들의 경험과 능력이 부족하였다. 특히, 이 시기에 있어서 야당세력이 분열되었고, 장면정부는 무제한의 자유를 요구하고 나선 국민들의 기대를 충족시키기에는 너무나도 허약하였다. 따라서 장면정부의 우유부단성과 유능한 지도자의 부재가 모처럼 수립된 비교적 민주적인 정권의 성급한 종말을 가져오게 되었다.

또한 이 시기에 있어서 한국민주주의가 제대로 정착되지 못한 데에는 국민들의 과오도 적지 않았다. 이승만 대통령의 독재하에서 벗어나 모처럼 자유를 만끽할 수 있게 된 국민대중은 민주주의를 자유방임주의적인 것으로 생각하는 극단적 관념이 팽배한 나머지 사회적 무질서를 초래하였다. 따라서 한국의 민주주의는 2공화국 때에도 제대로 개화되지 못한 채 1961년에 발생한 5 · 16군사쿠데타에 의해 새로운 국면에 접어들게 되었다.

1963년에 수립된 제3공화국하에서 박정희 정권은 표면적으로 자유민주주의의 실현을 강력히 내세웠지만, 정치적 정통성의 결여로 말미암아 효율성의 증대에 관심을 갖게 되었다. 즉, 이 당시에 있어서 제3공화국 정부의 주요 관심은 급속한 경제발전에 두어졌으며, 정치적인 측면에서 민주적인 제도와 절차에 의한 토론과 타협이 소홀히 이루어졌다. 특히, 1972년 10월에는 강력한 권위주의적 통치의 기반이 되는 유신헌법이 채택되고, 유신체제하에서 민주주의를 열망하는 수많은 반체제 지식인들과 대학생들이 체포・구금되는 등 한국민주주의는 오히려 퇴보하는 과정을 걷게 되었다.

그런데 1979년에 발생한 10・26사건으로 18년간 장기독재를 한 박정희 대통령이 암살됨으로써 한국의 정치는 새로운 전환기를 맞이하였고, 이윽고 과도정부로서 최규하 정부가 수립되었다. 따라서 유신치하에서 혹독한 정치적 탄압을 받았던 정치인과 지식인들은 유신세력에 의해 조장된 부정부패와 비리를 척결하고 민주주의를 조속히 실현할 것을 강력히 요구하였다. 이러한 사회적 분위기는 1980년의 소위 '서울의 봄'을 맞이하여 그 절정에 달하게 되었다.

그러나 1979년의 12・12쿠데타를 통해 정권장악의 기틀을 마련한 신군부세력은 1980년 봄의 정치적 혼란을 이용하여 집권세력으로 등장하게 되었다. 유신정권의 붕괴로 완전한 민주주의가 복구될 것이라고 기대하면서 억눌려 왔던 정치적 참여의 욕구가 폭발하면서 다양한 집단과 정치인들이 활발하게 정치적 활동을 시작하였다. 그러나 1980년 5월 17일 전국적으로 선포된 계엄령으로 끝이 나고, 곧이어 또다시 군부가 정권을 장악하게 된 것이다. 1979년 10월 26일부터 1980년 5월 27일까지의 한국 민주화운동은 광주민주화운동이라는 무장항쟁으로 나타났으나 무장항쟁의 선택과 그 한계를 노출한 반면, 당시의 지배블록의 균열은 하나의 중요한 계기로 작용하여 신군부세력을 중심으로 재편성되었다. 당시의 민주화투쟁은 유신잔재의 청산과 비상계엄령의 철폐를 통한 진정한 민주화를 건설하려는 기본목표 아래 전개되었다. 광주민주화운동을 계기로 하여 민주화투쟁은 새로운 방향과 동시에 한계를 공히 보여주었다.[2)]

전두환, 노태우 등 신군부세력에 의해 성립된 5공정권은 기존의 정치인들을 소위 '권력형 부정축재자'로 몰아세워 사실상 정치활동에 제한을 가했으며, 유신체제하에서 자행된 부정과 비리를 파행적 방법으로 척결하려 하면서 삼청교육대, 언론통폐합, 공직자 숙정 등 비상수단을 동원하였다. 그러나 5공정권은 1980년 5월에 발생한 광주민주화운동에 대한 무력진압과 반체제 지식인 및 정치인들에 대한 인권탄압, 정통성의 결여, 각종 부정부패와 비리의 발생, 물리적 강제력에 의한 치안유지 등으로 국민적 저항의 표적이 되었다.

제12대 총선 이후에는 당시의 야당인 신민당과 재야단체들의 주도하에 전국적으로 대통령직선제 개헌을 위한 운동이 전개되었다. 이러한 운동은 1987년 대통령간선제의 고수를 골격으로 한 '4・13호헌조치'에 반대하면서 6월항쟁과 같은 범국민 저항운동으로 확대되었다. 이러한 정치적 위기를 맞이하자 당시 민정당의 노태우 대통령후보는 국민들의 민주화요구를 대폭 수용하는 '6・29선언'을 발표함으로써 정국은 새로운 국면을 맞이하였다.

결국 1987년 12월의 제13대 대통령선거에서 민정당의 노태우후보

---

2) 문병주, "한국민주주의로의 이행과 공고화, 1979～1994: 국가－정치사회－시민사회의 관계 및 내부동학을 중심으로," 정치학 박사학위논문(서울: 건국대학교 대학원, 1996), pp. 77-78.

가 대통령으로 당선되었고, 제6공화국은 5공정권의 부정과 비리의 척결을 통해 구시대와의 차별화를 모색하고자 하였고, 민주화의 조속하고도 완벽한 실현을 기대하는 국민적 요구를 수용하지 않으면 안 되었다. 그리하여 6공정권은 국회청문회를 통해 5공정권 때 자행된 각종 비리와 부정을 파헤치는 한편, 광주민주화운동에 대한 새로운 평가와 더불어 보상문제를 해결하려 하였다. 그러나 6공정권은 권위주의체제에서 민주주의체제로 넘어가는 과도기적 단계에 불과하였으며, 정권 말기에 발표된 제2이동통신사업, 경부고속전철, 유선텔레비전 등과 같은 대형사업계획에 대한 국민적 의혹이 증폭되는 등 도덕성에 대한 불신이 많이 나타났다.

한편 1992년 12월의 제14대 대통령선거를 통해 30여 년 만에 문민정부가 탄생하게 되었다. 김영삼 정권의 등장은 군부 권위주의하에서의 민중적 시민사회의 성장을 반영하는 것임과 함께, 1987년 민주화항쟁 이후 위기에 처해있던 지배블록의 안정성을 복원하는 계기도 되었다. 또한 민주주의의 공고화를 단계적으로 절차적 민주주의와 실질적 민주주의로 근접해 가는 과정이라고 한다면, 김영삼 정권의 출현은 민주주의로의 이행이라는 제1단계를 넘어서서 민주주의의 공고화라는 제2단계로 들어선 것이다.[3)]

김영삼 정권은 민주주의의 정착을 희구하는 국민적 열망에 부응하여 역대 정권하에서 자행된 각종 부정부패와 부조리의 척결에 주력하였다. 김영삼 정권은 5·6공 군부세력과의 차별화를 시도하면서 문민정권임을 부각시키려고 노력하였다. 이를 위해 김영삼 정권은 개혁을 강도 높게 추진하면서 재산공개를 통해 부패공직자를 추방하

3) 위의 논문, p. 171.

고, 공직사회에 대한 대대적인 사정작업을 벌여 국회의장 등 고위 공직자들을 축재혐의로 몰아냈다. 또한 전두환을 정점으로 했던 군의 파벌인 하나회를 해체·숙청하는 등 정치군인의 온상을 허물었다.

특히, 김영삼 정권은 '역사 바로 세우기작업'의 일환으로 12·12쿠데타에 대한 재수사를 통해 전두환·노태우 두 전직 대통령과 관련자들을 구속·수감하였다. 또한 지방자치제도를 완전 부활시키고, 공정하고 깨끗한 정치를 위한 정치개혁법을 마련하였다.

사실상 김영삼 정권은 5·16군사쿠데타 및 유신세력과 신군부의 5·6공세력과 연합하여 정권을 획득했으나, 전자는 개혁이라는 이름으로 축출하고, 후자는 '역사 바로 세우기작업'의 차원에서 단죄하였다.

김영삼 정권에 대한 긍정적 평가로는 쿠데타에 의한 군사정권 출현의 가능성을 억제하는 데 기여했으며, 또한 절대권력의 부당함 내지 영속성의 단절을 보여주었다는 점을 들 수 있다. 한편 김영삼 정권의 과오로는 국제정세 변화와 통일에 대한 대비 및 제도적 장치가 미흡했고, 적극적인 개혁 실천과 정치·경제의 구조조정에 실패했다는 지적을 받고 있다. 즉, 김영삼 정권은 국내사회의 비능률적인 제도 및 관행을 개혁하고 국민의식 개혁을 시도했으나, 국민들의 기대에 미치지 못하였다. 또한 북방정책과 대북정책의 미진함과 대미관계를 비롯한 대외관계의 미숙으로 얻은 것이 없이 요란한 선전에만 그치고 말았다.

특히, 김영삼 대통령의 집권기간 중 카터 전 미국대통령의 중재에 의한 최초의 남북정상회담이 기대되기도 했으나, 1994년 7월 김일성의 갑작스런 사망으로 인해 성사되지는 못하였다. 그뿐만 아니라 국제적인 정치·경제의 변화에 적극적으로 대응하지 못했고, 적절한 대책을 세우지 못해 결국 외환위기를 초래하고, 급기야 국제통화기금(IMF)의 재정지원을 받는 정권이 되었다는 오명을 남기게 되었다.

한국 민주정치사상 처음으로 여·야간 정권교체를 이룩한 김대중 정부는 1997년 12월 18일에 실시된 제15대 대통령선거에서 당선됨으로써 이듬해인 1998년 2월에 공식출범하였다. 박정희 정권 이래 오랜 기간 동안 민주화투쟁을 벌이며 대통령의 꿈을 키워온 김대중 씨는 대권 4수 만에 대통령에 당선된 것이다(1971년 제7대, 1987년 제13대, 1992년 제14대, 1997년 제15대 대통령선거). 제14대 대통령선거에서 김영삼 씨에게 패배한 후 정계은퇴를 선언하며 한동안 영국에 머물고 있었던 김대중 씨는 측근인사들의 강력한 권유로 정계에 복귀한 후 다시 대권도전을 하게 되었다. 선거결과 김대중 씨는 당시 여당인 한나라당의 이회창 후보를 누르고 대통령에 선출되는 감격을 누리게 되었다.

김대중 정부의 출범은 헌정사상 처음으로 민주적 절차에 따른 실질적 정권교체라는 점에서 중요한 의미를 갖는다. 그러나 김대중 정부는 소수정부로서, 자민련과 내각제 개헌을 매개로 공조한 결과 대통령의 권한은 제한될 수밖에 없었다.

아무튼 30년간 지역적 소외의 상징이었던 호남의 정치지도자가 마침내 국가권력을 장악함으로써 지역주의 정치를 종식시킬 수 있으리라는 기대가 컸다. 또한 1987년 민주항쟁 이후 10여 년이 지나도록 지연된 '민주주의의 질(quality of democracy)'을 제고하고, 민주화를 공고화할 수 있는 절호의 계기가 될 것이라는 열망도 있었다.

그러나 이러한 일련의 기대와 열망은 결코 충족되지 못했다. 지역감정은 김대중 정권하에서 역차별문제 등으로 오히려 악화되었고,

'권력의 인격화'와 '제왕적 대통령'으로 표현되는 권위주의정치 또한 강화되었다. 민주선거에 의해 선출된 대통령이 제왕적 권력을 행사하는 한, 삼권분립이나 지방분권은 불가능하다. 또 검찰 등 권부의 직무수행도 공평무사하지 못하기 때문에 종종 정쟁의 대상이 되곤 했다.

'국민의 정부'도 출범 이후 정치개혁을 강력히 추진하겠다고 했으나, 오히려 낡은 정치의 악순환이 반복되었다. 정치적 권위주의와 대통령의 제왕적 권력은 각종 '권력형 게이트'를 양산하더니 마침내 '레임덕현상'으로 이어졌다. 보스 중심의 정당정치도 계속 건재하였다. 국회는 '식물국회' 내지 '방탄국회'라는 오명에서 벗어나지 못했다. 정치개혁에 관한 논의는 기껏해야 정부부처와 국회의원 숫자를 줄이는 양적 범주에 접근했을 뿐이다.

한편 김대중 정권의 공과에 대해 살펴보면 다음과 같다. 먼저 긍정적인 평가로는 첫째로, 대통령 재임기간 동안 햇볕정책으로 일컬어지는 대북 포용정책을 적극적으로 추진하고, 또한 남북관계 개선에 힘써 분단 이래 최초의 남북정상회담을 개최하고, 역사적인 '6·15공동선언'을 발표했다는 점이다. 김대중 대통령은 남북관계 개선과 한반도 평화에 기여한 공로를 인정받아 한국인으로서는 최초로 노벨평화상을 수상하는 영예를 누리기도 하였다. 둘째로, 김대중 정권은 집권 초기부터 경제회생에 주력하여 우리나라를 IMF관리체제에서 벗어나게 하는 등 경제안정에 기여했다는 점이다.

한편 김대중 정권에 대한 부정적인 평가로는 대통령의 제왕적 권력행사뿐만 아니라 김영삼 정권 때와 마찬가지로 김홍걸, 김홍업 두 아들과 권노갑 씨 등 측근들의 비리로 인해 정권의 도덕성에 커다란 흠집을 냈다는 점이다.

노무현 정부는 2002년 12월 19일에 실시된 제16대 대통령선거에서 한나라당의 이회창 후보를 57만여 표 차이로 누르고 당선됨으로써 2003년 공식출범하였다. 사실 노무현 후보의 대통령 당선은 노사모를 비롯한 지지세력의 열렬한 선거운동도 큰 몫을 담당했지만, 국민통합21 정몽준 후보와의 여론조사에 의한 후보단일화와 선거 막판 정후보의 노무현 후보에 대한 지지철회 선언이 커다란 역할을 했다고 할 수 있다.

노무현 대통령은 취임 직후 비교적 높은 국민적 지지를 얻었으나, 정권출범 이래 강력하게 추진하기 시작한 개혁드라이브 — 검찰개혁, 분배 위주의 경제정책 등 — 와 잇따른 측근비리 그리고 경제실정에 대한 보수세력 및 기득권세력의 강력한 저항을 받아 여러 차례 갈등이 야기되었다.

결국 2004년 3월 12일 헌정사상 최초로 노무현 대통령에 대한 탄핵소추가 국회에서 가결되었다. 한나라당과 민주당이 중심이 되어 제기한 탄핵소추의 사유는 '선거법 위반'과 '측근비리 연루 의혹' 그리고 '경제정책 실패' 등 세 가지였다. 비록 헌법재판소에서 탄핵기각 판결이 나오긴 했지만, 노무현 대통령은 현직 대통령으로서는 최초로 국회에서 탄핵되었다는 오점을 남기게 되었다. 즉, 헌법재판소는 2004년 5월 14일 노무현 대통령 탄핵심판사건 선고공판에서 대통령을 파면해 달라는 국회의 청구를 기각했다. 이에 따라 노 대통령은 윤영철 헌법재판소장의 주문 선고시점부터 권한행사 정지상태에서 벗어나 대통령 직무에 복귀했다.

헌법재판소는 대통령의 기자회견과 발언이 선거법 중립의무 조항과 헌법수호 의무를 위반한 것이라고 판단했으나, 대통령을 파면시킬 만큼 중대하지는 않다며 기각결정을 내렸다. 또 '대통령 측근비리'

는 취임 전 일이거나 대통령이 연루됐는지가 드러나지 않았다며 기각했고, '국정과 경제파탄' 부분은 탄핵심판의 대상이 될 수 없다는 이유로 각하결정을 내렸다. 한편 헌재는 국회의 탄핵소추안 의결과정이나 절차 등에는 하자가 없다고 보고 대통령 대리인단이 제기한 각하 의견을 받아들이지 않았다.[4)]

노무현 정권은 현재 진행 중이기 때문에 이에 대한 평가를 내리기에는 아직 시기상조라고 하겠다. 그러나 이에 대한 중간평가로는 너무 급속한 개혁의 추구로 인해 그 어느 때보다도 국론분열이 심각하다는 점이다. 특히, 신행정수도 이전문제, 국가보안법 개폐문제, 과거사 진상규명 등을 둘러싼 진보세력과 보수세력간의 갈등이 심각하게 나타나고 있다.

참고로 지난 2004년 9월 중앙일보가 창간 39년을 맞이하여 행한 국민의식조사를 살펴보면 다음과 같다.[5)] 우선 국정운영 평가와 관련하여 대통령・개혁・실업・인사・노동 5개 분야로 나눠 '매우 잘한다' 5점, '보통이다' 3점, '매우 잘못하고 있다' 1점으로 점수를 매겼다. 실업대책이 2.04점으로 가장 낮고, 노동정책 2.32점, 인사정책 2.36점, 대통령 2.43점, 개혁정책 2.51점으로 5개 분야 모두 보통 이하의 점수를 받았다. 이런 점수는 모두 2003년보다 낮은데, 특히 인사정책이 2.58점에서 2.36점으로 가장 큰 폭으로 떨어졌다. 실업대책은 2.19점에서 2.04점으로, 대통령은 2.55점에서 2.43점으로 각각 낮아졌다.

또한 대통령 평가와 관련해서는 다음과 같은 조사결과가 나왔다. 노무현 대통령이 취임 이후 잘한 일로 개혁정책(7%)과 대북정책(7%),

---

4) 〈연합뉴스〉, 2004년 5월 14일.
5) 〈중앙일보〉, 2004년 9월 22일.

부동산 대책(6%) 등이 꼽혔으나, '잘한 일이 없다'는 응답이 48%에 이르렀다. 2003년의 조사에서는 인사정책, 지역감정 해소, 남북관계 개선 등을 잘했다고 평가하였다.

노무현 대통령이 잘못한 일들은 주로 경제 분야에 집중되었다. 물가불안이 15%로 가장 높고, 이어서 경제악화(14%), 실업대책(14%)순이다. 2003년에도 물가불안과 실업대책, 경제불안 등이 크게 잘못한 일로 꼽혔다.

한편 진보적 정치학자인 최장집 교수는 『아세아연구』에 기고한 「한국민주주의의 취약한 사회경제적 기반」이라는 논문에서 노무현 정부의 정책방향을 통렬하게 비판하여 주목을 끌었다. 그는 "고실업, 고용 불안정, 대규모 비정규직 노동자의 누적, 소득분배구조의 악화, 가계파산에 의한 신용불량자의 양산, 빈곤층의 확대 등 외환위기 충격의 효과와 신자유주의적 경제의 전면적 확대 책임은 일차적으로 정부에 있다"고 주장하였다. 또한 현 정부의 개혁정책에 대해 그는 '역사 바로 세우기'와 '지역감정 극복' 그리고 '과거사 진상규명' 등은 모두 민족주의와 민주주의의 가치, 지역정서의 동원이 중심이 되는 이데올로기적이고 감정적이며 상징적 이슈영역이라며 "이런 문제는 정치를 극한적 갈등으로 치닫게 하는 경향이 있다"고 우려하였다.[6] 결론적으로 최 교수는 "현 정부가 이렇다 할 경제정책을 갖고 있지 못하고, 세계화의 조건하에서 보통사람들의 삶을 방치하고 있다"고 지적하였다.

6) 이에 대해서는 최장집, "한국민주주의의 취약한 사회경제적 기반," 『아세아연구』(고려대 아세아문제연구소), 2004년 가을호를 참고할 것.

제2절 한국민주주의의 저해요인

1948년 대한민국정부 수립 이래 한국민주주의가 어느 정도 진전되었는가를 평가하기 위해서는 현실정치에 대한 정확한 상황파악과 함께 정치적 민주주의의 의미와 내용에 대한 객관적인 이해를 필요로 한다.

한국민주주의는 도입단계부터 많은 제약성을 갖고 출발한 만큼 그 발전과정 또한 순탄치 못했으며, 왜곡된 형태를 보여주고 있다. 그것은 외적 환경으로서의 분단의 제약성과 반공이념의 국시화(國是化), 지도층의 측면에서 평화적 정권교체의 의지 결여, 국민적 측면에서 국민적 합의의 결여 등의 요인들 때문이다. 이러한 환경적 요인들은 한국민주주의의 작동을 저해하고 있으며, 또한 정치문화의 저발전을 초래하였다. 따라서 한국민주주의는 한국사회에 만연되어 있는 부정적 의미의 정치문화 — 즉, 일제 식민문화, 반공정치문화, 군사문화 등 — 를 어떻게 척결하느냐에 그 성패가 달려 있다고 해도 과언이 아니다.[7)]

미국 조지타운대학의 맥도날드(D. Macdonald) 교수는 1991년 6월 고려대 아세아문제연구소 주최로 열린 「한국민주주의의 평가와 전망」이라는 주제하의 국제학술회의를 통해 한국민주주의의 지체요인을 다음과 같이 지적하였다.

첫 번째로는 한국민주주의의 실현목표가 불명확했다는 점을 들었다. 우리나라는 그동안 민주주의의 목표를 개인의 자유와 평등 그리고 정의의 실현보다는 일제 식민지 잔재의 청산, 민족주의, 근대화

---

7) 문병주 외(공저), 『현대정치사상의 이해』(서울: 건국대학교출판부, 1999), pp. 127-129.

등으로 잘못 설정함으로써 정치적 민주화가 지체되어 왔다는 것이다. 특히, 맥도날드 교수는 한국민주주의를 지체시킨 주요 요인으로서 민족주의와 민주주의간의 갈등을 들었다.

두 번째로는 국가안보위기와 빈곤문제를 지적하였다. 즉, 우리나라의 역대 정권들은 민주주의문제를 주로 정권안보 내지는 국가안보적인 차원과 연계하여 논의해 왔을 뿐만 아니라 민주주의 발전의 토대가 되는 경제적 안정을 소홀히 다루어 왔다는 것이다. 다시 말해서, 역대 정권은 급속한 경제성장에는 많은 관심을 보여 왔으나, 빈부격차의 해소나 상대적 빈곤의 해소 등과 같은 경제정의를 실현하는 데에는 그다지 큰 관심을 기울여오지 않았다는 것이다.

그런데 맥도날드 교수는 한국의 민주주의가 과거에 비해 상당히 진전되기는 했지만, 통치자의 정치적 반대자에 대한 억압, 강제적인 노동통제, 대규모의 정치범 투옥, 정치적 부정부패, 군부의 정치개입, 공공복지에 대한 무관심 등에 의해 지체되고 있다고 파악하였다. 또한 그는 정치지도층과 국민들 간의 상호불신, 영호남간의 지역감정으로 대표되는 극심한 지역갈등, 정치적 좌파 이데올로기에 대한 출구 결여 등이 한국의 민주주의와 정치발전에 있어 커다란 장애요소가 되고 있다고 진단하고, 향후 한국의 민주주의는 정치지도자들의 비전, 지혜, 믿음, 헌신도 등에 의해 크게 좌우될 것으로 전망하였다.[8)]

그동안 한국민주주의가 제대로 정착되지 못한 데에는 여러 가지 요인들이 있지만, 그 중에서 대표적인 몇 가지 사항들을 간추려 보면 다음과 같다.

---

8) 〈동아일보〉, 1991년 6월 27일.

1. 한국사회의 불합리한 지배구조

1945년 해방 이후 남한에 수립된 새로운 민주주의사회의 지배구조는 헌법의 명문에는 기회의 평등이 보장되어 있었다. 그러나 전통사회의 지배그룹의 유산이나 일제하에서 보다 광범위한 정보와 경험을 소유한 사람들을 제외하고는 이를 유용하게 이용할 수 있는 사람들은 아주 제한되어 있었다. 따라서 새로운 시대를 맞으면서도 결국 한국사회는 전통적인 지배집단이 그 지위를 거의 승계하는 구조를 형성하게 되었다. 특히, 정부수립과정에서 다양한 정파간에 권력투쟁이 벌어지고, 북한에 공산정권이 수립됨으로써 이승만에게 권력이 독점되는 대신 경쟁세력들의 소멸을 가져오게 되었다. 이에 따라 상해 망명정부를 중심으로 한 항일 독립세력은 지배집단에서 배제되고, 친일세력이 그 자리를 차지하였다.

1960년에 발생한 4·19혁명은 이승만을 중심으로 하는 지배집단의 퇴조를 가져왔지만, 구조적인 변화를 가져오지는 않았다. 4·19혁명으로 인해 야당이었던 민주당이 집권세력이 되었지만, 이들은 진정한 정권경쟁세력이 되지 못하였다. 1961년 박정희 소장이 주도한 5·16군사쿠데타는 한국사회 지배엘리트의 대거 순환을 가져왔다. 그러나 박정희 정권은 18년간 권위주의적인 통치체제를 정보정치와 공작정치 그리고 금권정치를 통하여 유지하면서, 군부의 인맥과 정치적 목적에서 혈연과 지연 등을 배경으로 엘리트를 독점적으로 충원해 나갔다.

이러한 지배구조는 1979년 12·12쿠데타에 의해 정권을 잡은 전두환 정권이나 그 뒤를 이은 노태우 정권 때까지 지속되다가 1993년 김영삼 대통령이 집권함으로써 중대한 전환점을 맞이하게 되었다.

세계화시대의 도래와 문민정부의 출범은 이제까지의 지배구조를 다원주의적 구조로 변화시켜 나가는 새로운 환경을 조성하였다. 그러나 우리 사회에는 다원주의적 구조를 안정화시킬 수 있는 여러 요인들이 여전히 미비되어 있다고 하겠다.

2. 보수세력과 진보세력 간의 갈등과 대립

우리나라의 지배계층은 불행하게도 광범위하고도 격렬한 밑으로부터의 민주화요구에 대해 위로부터 자기개혁의 방법을 선택하기보다는 지배이데올로기로서의 반공이데올로기를 변화된 정치・사회적 조건에서 변형하고, 이를 강화하는 방법을 통하여 지배구조를 온존시키려 하였다. 그러한 징표가 바로 보수세력과 진보(개혁)세력 간의 대립구도라는 이념적 지형의 형성이라고 하겠다. 우리나라의 역대 통치집단은 권위주의적 통치에 반대하는 민주화세력과 갈등을 벌이는 과정에서 민주화세력에 대응하는 것이 어렵다고 느낄 때마다 '민주 대 독재'라는 대립구도를 '보수 대 진보'이라는 대립구도로 전환시키고자 하는 경향을 보여 왔다.

우리가 보・혁 대결을 조장하는 의식이나 발상을 부정적으로 보는 이유는 냉전적 양분법으로 정치를 이해하는 방식이 민주주의 발전에 매우 부정적인 요인이 된다는 사실 때문이다. 보・혁의 양분법에 따르면, 그것은 사회구성원을 자유민주주의의 가치체계를 지향하는 다수의 국민대중과 김일성 주체사상이나 마르크스・레닌주의를 신봉・추종하는 소수의 반체제세력으로 구분하고 있다. 또한 보・혁 양분법은 보수세력이 자유민주주의와 자본주의체제를 수호하려 하는 데 반해, 민주적 정치변혁을 열망하는 민주화세력은 급진세력

혹은 잠재적으로 체제전복적인 혁명세력이라고 간주하고 있다. 말하자면, 반공주의가 민주화를 둘러싼 사회세력 간 갈등관계에 개재되고 있는 것이다. 그러므로 권위주의의 신봉자들이나 그들의 신념과는 관계없이 실제로 권위주의체제에 긍정적으로 기여하는 사람들은 민주주의자로 간주되는 반면, 반체제 민주화세력은 혁신·좌경·용공세력으로 간주되는 모순이 발생하게 된 것이다.

제3공화국의 박정희 정권은 서구식 자유민주주의에 대해 사회의 권위주의적 위계질서와 같은 전통적 유교문화의 덕목을 강조하거나 혹은 어떤 주체적 민족문화의 장점을 강조하면서 개인주의적·자유주의적 이념에 기반을 둔 서구식 자유민주주의에 대응하는 '한국적 민주주의' 또는 관료적 능률과 규율을 강조하는 '행정적 민주주의'라는 지도적 정치이념을 강조했던 것이다.

특히, 제6공화국에서는 자유민주주의를 보·혁구도를 통하여 개념규정하거나 보수주의와 등치시키면서 보다 적극적이며 공격적이기까지 한 이념성향을 나타내 보이기 시작하였다. 그것은 지배계층의 입장에서도 비약적으로 확대되는 이념적 스펙트럼과 민중적 민주주의의 도전 앞에서 나름대로 지배적 민주주의관을 정립해야 할 필요성 때문이었다. 우리는 이러한 지배적 민주주의관을 '부르주아 민주주의'라고 부를 수 있다. 이러한 지배적 민주주의관의 대두는 1987년의 6월 민주항쟁 이래 지배구조 변화의 두드러진 특징으로서 사회 상층부의 시민사회에서의 역할과 정치적 영향력이 급속히 증가하고 있다는 사실과 전혀 무관하지 않다. 지배계층이 보·혁대결의 논리를 통하여 과거와 같이 소극적·방어적 성향이 아닌 보수주의를 적극적으로 자신 있게 정치이데올로기로 내세우게 된 것도 그것이 어떤 극우적 이념의 표상이기보다는 경제영역에서 막강하게 성장한 상층부가 정치적 영역에서도 그 영향력을 증대시켜 나가야 한다는 점과 연관이 있었다.

그런데 '부르주아 민주주의'는 민주화과정에서 중산층의 역할을 강조한다. 실제로 우리 사회에 있어서 중산층은 그들의 정치적 태도를 표명함에 있어서 일반민중과 연대하기보다는 오히려 지배계층과 더 자주 제휴해 왔다고 할 수 있다. 따라서 상층부와 중산층은 변혁요구에 대한 거부감과 불만감을 의식적이든 무의식적이든 내면화하게 되며, 사회의 구조적 모순과 폭력에 대한 이해를 회피하거나 과소평가하게 된다. 이러한 원인들로 인해 보수세력과 진보세력간의 갈등은 현대 한국민주주의를 더욱 더 어렵게 만들고 있으며, 또한 민주주의 발전에도 장애가 되고 있다.

3. 극심한 지역주의 문제

우리나라의 민주화과정에서 지역주의, 특히 영・호남지역간의 갈등과 대립, 적대감은 왜곡된 형태로 나타나 왔다. 특히, 민주적 개혁의 이슈와 계급정치는 거의 모든 선거에서 예외 없이 지역주의에 의해 결정되었다는 점이다. 대부분의 정치인들은 표면적으로는 우리나라의 민주주의와 정치발전을 위해서는 지역주의에서 하루 속히 벗어나야 한다고 역설하면서도, 자신들은 교묘히 지역주의를 이용해 왔던 게 사실이다. 그리하여 선거과정에서 야당은 지역주의에 의해서 분열되었던 반면에, 여당은 오히려 지역주의에 의해서 어부지리를 얻는 경우가 허다하였다. 지역적 대립의 정치는 권위주의적인 여당과 민주적인 야당 간의 대립과 병행하면서 전개되었다.

그러나 이러한 정치적 대립은 민주적 개방과 더불어 희석되었고,

증폭된 지역감정은 정치를 호남과 반호남 간의 대립으로 변질시켰다. 그 가장 대표적인 예가 1990년 1월 당시 여당인 민주정의당이 경상도에 기반을 둔 통일민주당과 충청도에 기반을 둔 신민주공화당을 포섭함으로써 만들어진 거대 여당인 민주자유당의 출현이었다. 만약 당시에 전라도에 대한 강한 지역적 반감의 지원이 없었더라면, 이러한 3당 합당은 불가능했을 것이다.

1992년의 대통령선거에서도 지역주의, 즉 지역 간의 대결구조는 사회의 다른 균열들을 압도하는 결정적 요인으로 작용하였다. 사실상 지역감정이 경상도에 기반을 갖는 지배계층의 정치지배와 중심세력으로부터 배제된 호남지역간의 갈등을 축으로 하는 정치적 지배와 피지배의 한 왜곡된 표출형태라고 한다면, 이를 왜곡·전도시키는 반호남 지역감정은 비합리적인 집합적 감정일 뿐만 아니라 그것은 하나의 정치적 이데올로기의 기능을 갖는 것이다.

또한 민주적인 개혁을 지지해야 할 교육받은 도시 중산층이 선거과정에서 냉전시대의 유물인 반공이데올로기의 영향을 받은 이른바 '색깔론'에 의해 강력한 영향을 받음으로써 보수세력의 현상유지를 지지한다고 할 때, 지역감정과 '색깔론'은 하나의 고리로 연결되어 있는 것이다. 중산층의 보수화는 분단이라는 구조적 조건 때문에 보다 사실성을 갖는, 이른바 '색깔론'의 효능을 증대시키는 반공이데올로기에 의해 재생산되었다. '색깔론'과 반호남 지역감정이 겨냥하는 대상은 그 이데올로기적 요소에 있어서 상이하나, 실체에 있어서 동일한 민주화세력인 것이다. 또한 반호남 지역감정과 '색깔론'은 남북문제라는 고리에 연결되어 있는 것이다. 이러한 것들이 반호남 지역감정이 단순히 지역문제로서만 인식되고 해결될 수는 없게 만드는 요인들이다.

실질적인 민주화가 진행됨이 없이 현재의 한국정치의 균열구조에 있어 가장 중요한 문제인 지역주의의 치유는 불가능하다. 다시 말하여, 민주화는 정치·경제·사회적 갈등의 해소과정이기 때문에, 그것이 제대로 해결되지 않는 상태하에서 제한적이고 문제의 핵심을 비켜가는 민주화조치는 실질적인 민주화라고 볼 수 없는 것이다.

제3절 한국민주주의의 과제

1980년대 이후 전 세계는 새로운 민주주의의 시대를 맞이하고 있다. 중남미와 동남아시아국가들에서 민주화와 자유화의 물결이 거세게 일기 시작하였고, 1980년내 후반에는 소련을 비롯해 헝가리, 폴란드 등 동유럽 사회주의국가들에서 경제발전을 추구하는 과정 중에 민주화욕구가 분출되었으며, 이는 급기야 탈공산화·자유화·민주화운동으로 발전되었다.

이처럼 민주주의는 탈냉전시대에 있어서 지배적인 이데올로기이자 정치형태가 되고 있다. 그런데 한국민주주의가 보다 발전하기 위해서는 다음과 같은 몇 가지 과제, 즉 ① 민주적인 법과 제도의 정착과 운영, ② 지역주의 갈등의 완화와 극복, ③ 부정부패의 척결, ④ 사회복지의 확대, ⑤ 민족통일을 위한 철저한 준비가 필요하다고 하겠다.

첫째로, 민주적인 법과 제도가 정착·운영되어야 한다. 1987년 민주항쟁 이후 제도적 부문의 수준은 꾸준히 높아지고 있으며, 최근에 와서는 선거법이나 선거제도 등이 선진국 못지않게 정비되어 자리를 잡아가고 있다. 하지만 아직도 국민들과 정치지도자들의 행태가 제도적 면에 미치지 못하고 있기 때문에 수시로 문제가 발생하고 있다.

2004년 1월 박용성 대한상공회의소 회장은 '제54회 CEO포럼'에 참석하여 "현재 한국경제는 고비용 정치구조로 인해 경제 및 기업 전반에 주름살이 지고 있다"며 "삼류수준의 정치경쟁력으로 선진국 진입은 요원하며, 정치가 갈등을 조정하기는커녕 오히려 증폭시키고 있다"고 주장하였다. 또한 그는 "정치가 바뀌지 않고는 선진국 진입과 1인당 국민소득 2만 달러 달성이 모두 요원하다"고 비판하였다.[9]

이러한 점은 최근 우리나라의 국가경쟁력에서도 확인된다. 한국의 국가경쟁력은 노사관계와 정치불안, 부실한 대학교육 때문에 중국·인도에 밀리며 아시아 주요 국가들 가운데 최하위를 기록하였다. 즉, 2004년 5월 4일 스위스 국제경영개발연구소(IMD)가 발표한 '2004년 세계 경쟁력 순위'에서 한국은 인구 2,000만 명 이상 30개 경제권 가운데 15위를 기록하였다. 인도가 2003년 21위에서 14위로 뛰어오르고, 대만(4위), 말레이시아(5위), 중국(10위)도 상위권에 오르면서 한국은 아시아 주요국 가운데 꼴찌로 밀린 것이다.

기업 등 민간부문의 경쟁력은 세계수준이지만, 노사·교육·정부·정치권이 이를 받쳐주지 못하고 있다. 항목별로는 한국의 노사관계가 2003년에 이어 꼴찌인 60위를 기록했고, 대학교육의 질도 59위로 최하위권이었다. 정치불안과 정책의 일관성 등의 항목은 모두 50위 밖으로 처졌다.[10]

이와 관련하여 한승주 교수는 한국민주주의의 정착과 발전을 위해 요구되는 사항들로서 ① 선거의 정통성 확립, ② 법의 제도화, ③

9) 〈조선일보〉, 2004년 1월 27일.
10) 〈중앙일보〉, 2004년 5월 5일.

국회의 민주적 운영과 정당체제의 안정화와 같은 세 가지 사항을 지적하고 있다.[11)]

첫째, 민주주의의 핵심은 공명정대한 선거에 있으며, 민주주의가 정착하기 위해서는 선거라는 민주적인 방식을 통해 권력의 정통성을 얻어야 한다는 것이다. 선거가 민주적이고 공정하게 치러지지 않을 때 국민은 선거라는 제도를 불신하게 되며, 이것은 민주정치체제의 정통성 자체에 치명적인 타격을 준다. 따라서 선거가 민주적이고 공정하게 이루어지기 위해서는 야당 후보에 대한 정치적 탄압이나 부정한 투・개표 등이 배제되어야 함은 물론, 각 정당 내에서의 후보 공천과정이 민주적이어야 하고, 선거운동이 깨끗하게 이루어져야 한다.

둘째, 민주주의의 정착은 민주적인 법과 제도가 국민과 정치행위자들에게 받아들여지고, 가치와 안정성을 얻는 것을 필요로 한다는 것이다. 민주정치체제의 안정을 위해 특히 중요한 것은 헌법의 제도화로서, 우리나라의 헌정사를 통해 살펴볼 수 있는 것처럼 일부 정파의 이해관계에 집착하여 정치적 흥정에 의해 헌법을 수시로 개정하는 것은 헌법의 제도화라는 측면에서 볼 때 결코 바람직스럽지 않다고 하겠다.

셋째, 국회의 민주적이고 효율적인 운영과 정당체제의 안정은 불가분의 관계에 있다. 대통령중심제하에서 의회가 행정부에 대한 견제역할을 적절히 수행하기 위해서는 여소야대(與小野大)의 상황이 꼭 필요한 것은 아니며, 동시에 정부의 효과적이고 능률적인 임무수행을 위해서 거대한 여당이 필요한 것도 아니다. 오히려 우리나라처

11) 한승주, 앞의 논문, pp. 27-31

럼 여당이 일사분란하게 행정부를 보좌해야 한다는 사고방식이 지배하는 정치풍토하에서 거대여당은 행정부에 대해서는 그것의 독주에 대한 견제기능을 상실하고, 의회 내에서는 소수를 무시하는 다수의 횡포를 조장할 뿐이다. 이것은 결과적으로 정치의 장(場)을 의회 밖으로 몰아내어 의회를 유명무실한 존재로 전락시키는 위험을 내포하는 것이다.

거대여당이 안고 있는 또 하나의 문제점은 그것이 민주주의체제의 핵심인 효과적이고 실질적인 정권경쟁을 어렵게 만든다는 점이다. 1988년 국회의원 총선 이후 이루어진 3당통합은 일시적으로 의회에 거대여당을 형성하는 데 도움이 됐으나, 6공정부를 견제하고 정권에 대한 경쟁적 존재가 되어주길 기대하며 투표했던 유권자들의 뜻을 저버림으로써 많은 사람들을 정치로부터 소외시키고, 정당들은 물론 정권 자체가 국민의 지지와 신뢰를 잃어버리는 결과를 초래하기도 했던 것이다.

둘째로, 지역주의 갈등의 완화와 극복이 필요하다. 지역주의가 앞으로의 선거과정에서도 계속 존재한다면 한국민주주의 발전에 상당한 걸림돌로 작용할 것이다. 1980년 5월 광주민주화운동의 발생 결과 우리 사회에는 지역주의 갈등의 골이 상당히 깊어졌으나, 호남의 지도자인 김대중 씨의 대통령 당선으로 이러한 갈등은 어느 정도 완화될 수 있었다. 그러나 대선이나 총선 등 선거 때만 되면 어김없이 나타나는 지역주의 갈등은 한국민주주의 발전에 심각한 문제로 작용하고 있다.

셋째로, 부정부패를 가능한 한 줄이고 없애야 한다. 세계의 어느 국가도 부정부패로부터 자유로운 나라는 없을 것이다. 그러나 우리나라의 부정부패는 도를 넘어 국가의 위기를 가져오게 하는 주요 원인의 하나가 되고 있다. 2003년 국제투명성기구가 평가한 한국의 부패지수는 133개국 중 52위를 차지했다. 한국의 경제력이 세계 상위권이고, 한국인의 평균 IQ가 세계 선두권이라는 좋은 여건에도 불구하고, 부패가 만연해 있다는 것은 창피한 노릇이다.[12)]

특히, 오랜 정경유착관행으로 인해 정치에 대한 국민들의 냉소와 불신감은 대단하다. 최근에 와서 정경유착문제는 점차 줄어드는 경향을 보이고 있으나, 사회 전반에 걸쳐 만연된 부정부패의 고리는 여전하다고 하겠다. 부정부패를 뿌리 뽑기 위해서는 정치인을 비롯한 사회 지도층인사들이 먼저 솔선수범하는 모습을 보여줘야 할 것이다.

과거 대통령 자문기구인 21세기위원회가 실시한 여론조사결과에 의하면, 대다수 조사대상자들은 한국 민주주의의 저해요인은 정치인들의 부정부패 때문이라고 답하였다. 한국부패학회의 임길진 회장은 "부패를 적발하고 처벌하는 일은 계속되어야 하지만, 그보다 예방과 근절에 더 노력을 기울여야 한다"고 말하였다. 그는 핀란드를 예로 들며 '부패 예방을 위한 국민캠페인'을 벌여야 한다고 주장하였다. 핀란드의 경우, 어릴 때부터 가정교육을 통해 '깨끗하게 살아야 한다'는 의식이 길러진다는 것이다. 그는 우리도 대학 1, 2학년 때부터 부패를 예방하고 근절하기 위한 교육을 해야 한다고 주장하고 있다.

넷째, 사회복지의 확대가 필요하다. 정부는 사회복지정책을 통해 빈곤층, 실업자, 독거노인, 소년소녀가장 등 사회적으로 소외된 약자들이 최소한의 경제생활을 할 수 있도록 해야 한다. 그러나 사회복지와 관련된 낮은 인식과 예산부족 등으로 기대에 훨씬 미치지 못한

12) 〈중앙일보〉, 2004년 8월 14일.

상황에 있다. 특히, 1990년대 말 IMF 관리체제를 경험한 이후 우리 사회는 국가경쟁력 강화를 위한 구조조정으로 실업자는 늘어나고 있으며, 빈부의 격차는 더욱 커지고 있다.

2007년 5월 통계청이 발표한 '1/4분기 가계수지 동향'에 따르면, 전국 가구의 소득 상위 20%와 하위 20% 가구의 격차를 보여주는 소득 5분위 배율이 8.4를 기록해 2003년 통계작성 이후 사상 최대를 기록하였다. 즉, 상위 20%가 월 698만원을 벌 때 하위 20%의 수입은 83만원에 불과했다는 것이다. 또한 도시 근로자 가구의 소득 5분위 배율도 5.95를 기록해 역시 사상 최대를 기록하였다.[13)]

노무현 정부 출범 이후 1년도 채 되지 않아 서민들의 생계가 더 어려워지고, 계층 간 소득격차가 더 벌어지게 된 근본원인은 계속된 경기침체로 성장률이 바닥을 기고, 그 여파로 일자리가 3만 개나 줄어든 데 있다.

우리 사회는 외환위기를 거치면서 대량실직과 수입 감소 등으로 중산층이 급속히 붕괴되고 있다는 우려가 많았다. 그런데 이번 조사 결과를 보면 단순히 '중산층 붕괴'에 그치지 않고 '절대빈곤층으로의 추락'으로 이어지고 있음이 확인되고 있다. '가난의 대물림' 정도가 아니라, 멀쩡한 40·50대 가장이 노숙자로 전락하고, 그 집안은 절대빈곤층으로 추락하는 사례가 속출하고 있다. 400만 명에 이르는 신용불량자 중 상당수는 절대빈곤층으로 이어질 수도 있다.

빈곤층이 늘어나면 계층간의 갈등과 반목, 사회불안의 요인이 된다. 늘어나는 생계층 범죄와 자살도 이와 무관하지 않다. 이런 사회는 결코 건전한 사회가 될 수 없다. 경제가 축소되면 생계의 경계에

---

13) 〈조선일보〉, 2007년 5월 10일.

서있던 최빈곤층은 노숙자로 전락하고, 비정규직 노동자는 정규직의 기득권에 밀려 일자리를 잃게 되고, 하도급 업체 근로자들은 대기업 노조의 제 몫 늘리기에 눌려 고통을 받게 되는 것은 자명한 이치이다.

그런데 분배와 복지정책으로 사회적 약자들을 돌보는 데에는 한계가 있다. 그 해결책으로서 정부는 복지예산의 효율적 사용 등으로 최소한 이들이 먹고사는 데 지장이 없도록 사회안전망을 확충해야 할 의무가 있다. 또한 경제성장률을 높이고 경제규모를 키워 고용을 늘려나가도록 노력해야 한다. 최근 정부에서는 '한국형 뉴딜정책'을 통해 경제를 발전시켜 고용을 늘려나가겠다는 청사진을 제시한 바 있으나, 그 재원으로 연·기금을 사용하겠다고 하여 사회적인 논란을 빚고 있다.

다섯째, 남북통일을 위한 노력도 한국민주주의 발전에 크게 기여할 것이다. 반세기 이상에 걸친 한반도 분단의 장기화·고착화현상은 한국민주주의 발전에 매우 부정적인 요소로 작용해 온 것이 사실이다. 1990년대에 들어와 소련이 붕괴되고 미·소 간의 냉전이 종식되면서 남북간의 이념적 대립과 군사적 대결은 과거에 비해 상당히 완화되었으나, 아직도 남북간에는 갈등과 대립이 존재하고 있다.

그러나 2000년 6월 분단 이래 최초의 남북정상회담이 개최되고, '6·15공동선언'이 발표된 이래 남북은 인적 교류는 물론, 경제, 문화, 스포츠 등 여러 방면에 걸쳐 괄목할 만한 교류와 협력이 이루어져 왔다. 그 구체적인 예로서, 2000년 7,986명이었던 남북간 왕래인원은 2003년에는 16,303명으로 2배 이상 증가하였고, 1989년 1,972만 달러로 시작한 남북교역은 2003년 7억 2천만 달러로 급증하였다. 그 결과 남북교역은 북한 대외교역의 1/4 규모로 성장하였고, 북한은 중국에 이어 남한의 두 번째 교역상대국이 되었다. 또한 남북간에는 그동안 이산가족 상봉뿐만 아니라 금강산 관광사업, 개성공단 개발사업, 남북 철도·도로 연결사업 등이 활발히 추진되어 왔다.

이 밖에도 남북간에는 '6·15 공동선언' 이후 2004년 7월 말에 이르기까지 정치·군사 분야, 경제 분야, 적십자·체육 분야 등에 걸쳐 모두 121회의 남북회담이 개최되었으며, 남북경협과 군사적 긴장완화 등 남북간 모든 현안을 협의·해결하기 위해서 14차례의 남북장관급회담이 열린 바 있다.[14)]

따라서 남북한이 앞으로 상호 불신감과 적대감을 줄여나가고, 또한 화해와 협력을 증대시켜 나가는 등 평화적 통일을 위해 점진적으로 노력해 나간다면 한국민주주의는 한층 더 발전해 나갈 것이다.

또한 한국민주주의가 발전해 나가기 위해서 우리 정부와 정치지도자 그리고 국민들은 다음과 같은 사항들을 달성하는 데 노력해야 할 것이다.

첫째, 우리 국민에게 무엇보다도 필요한 것은 민주주의에 대한 비현실적 기대나 공상을 버리고 보다 구체적이고도 현실적인 인식을 갖는 것이다. 민주주의는 결코 모든 사람들의 소망을 당장 충족시켜 줄 수 있는 것이 아니며, 또한 신생국가의 국민들이 갈망하는 근대화와 사회·정치적 안정 그리고 경제적 번영을 일시에 생산하고 선사해 주는 기적적인 정치심벌이나 제도도 아니다. 민주주의에 대하여 지나치게 성급하고 커다란 기대를 가져 즉각 그것이 충족되지 않았을 때 실망하고 절망하며 극단적인 판단이나 행운을 기대해서는 안 된다.

둘째, 국가안보나 경제성장의 목표에 저해되지 않고, 가능한 범위

---

14) 이에 관한 보다 구체적인 내용에 대해서는 『2004 통일백서』(서울: 통일부 통일정책실, 2004)를 참고할 것.

내에서 지역단체와 사회집단의 민주화는 지체 없이 추진되어야 한다. 그리고 자유롭고 독립적인 사회단체, 기능단체의 활동을 적극 권장하려는 정치적 · 사회적 노력을 다원화해야 한다. 정치 · 사회집단간의 이익갈등이나 의견차이가 민주적인 협의와 타협의 방법으로 상호 조정되어 서로 큰 불평 없이 받아들일 수 있는 결정을 만드는 과정과 절차를 제도화해야 한다.

셋째, 정부권력과 민간단체 상호간의 원만한 의사소통과 상호 감시 및 견제가 가능해지도록 모든 정치 · 사회집단의 절차와 과정도 제도화해야 한다. 그동안 우리나라에서는 정부권력에 대한 국민의 주관적 지위나 효과적인 감시와 통제력이 민주정치제도의 본질적 특성으로서 간과되어 왔다. 실제로 정치권력에 대한 국민의 통제력과 영향력의 성장이 민주주의 발진의 척도임을 알아야 한다.

넷째, 정부는 지방자치단체의 기능과 활동을 적극 권장하여 가능한 모든 방법을 통해 지방자치제도를 육성하고 지도해야 한다. 중앙정부가 임의사회단체나 지방자치단체의 활동을 철저히 규제하고, 일일이 지시하며 감시하는 관습은 과거 권위주의적 관료지배의 유산이었다. 특히, 정치권력의 중앙집중은 중앙과 지방간의 경제 · 사회적 격차를 확대시킬 뿐만 아니라 정치권력의 부패와 남용을 가져와 한국의 정치불안을 야기시키는 요인이 된다.

다섯째, 민주주의 발전에 있어서 정치지도자의 역할은 매우 중요한 것이다. 특히, 민주주의의 성숙도가 낮은 나라일수록 강력한 지도자를 필요로 하고 있다. 그러나 정치지도자의 지나친 영웅주의는 민주정치제도의 발달을 저해하는 요인임을 알아야 한다. 왜냐하면 민주주의는 정치지도자와 국민들 간의 상호 견제에 의하여 성장 · 발전할 수 있기 때문이다. 따라서 정치지도자는 국민들의 정치적 관심과 자유로운 정치참여를 억제하려고 할 것이 아니라, 오히려 그들의 관심과 열의를 적절히 정치과정에 수렴할 수 있어야 한다.

이상과 같은 민주주의의 주요 당면과제가 점진적으로 해결되며 제도화될 때 한국민주주의는 비로소 정상적인 발전도상에 놓이게 될 것이다.

제10장
현대민주주의의 실상과 미래

현대사회에 있어서 민주주의는 가장 지배적인 이데올로기가 되고 있기는 하지만, 그렇다고 해서 민주주의가 완벽성을 지니고 있는 것은 아니다. 따라서 여기에서는 현대민주주의가 현실적으로 지니고 있는 문제점들은 무엇이며, 앞으로 해결해 나가야 할 사항은 구체적으로 어떤 것인가 하는 점에 대해 다루어 보기로 한다.

제1절 현대민주주의의 문제점

현대의 대중민주주의는 민주주의의 주요 이상인 자유와 평등을 확대한 제도로서 그 권력의 기초를 가능한 한 확대한 민주주의이며, 대중 그 자체를 권력의 기초로서 포함하는 정치형태라는 점에서 양의 정치라고 할 수 있다. 이처럼 양적으로 확대된 대중민주주의는 제도적인 측면에서는 많은 발전을 이룩한 것이 사실이나, 그것이 실현되는 과정에서 많은 문제점을 낳고 있다.

1. 의회제적 과두정치화의 문제

국가권력을 축소하여 '작은 정부'를 추구했던 근대 자유방임적 야경국가에서 국가권력을 확대하여 '큰 정부'를 지향하는 복지국가로의 전환은 행정부의 권한을 대폭 강화하였다. 그 결과 현대 민주주의국가의 대부분은 '관료적 행정권 우월현상'을 나타내게 되었다.

이처럼 현대국가는 국민복지가 강조되면서 19세기적 의회만능주의에서 행정권이 강화되고 비대해지는 행정국가화의 현상을 보이게 되었다. 그러한 이유로서는 ① 현대사회에 있어서 국민복지적 정책이 강화되고, ② 고도 산업사회로의 복잡한 사회변화가 전문적 지식을 갖춘 체계적이고 강력한 관료통제의 필요성을 요구했기 때문이며, ③ 급변하는 국내외정세에 능동적이고 효율적으로 대처하고, ④ 산적한 문제를 체계적이고 책임 있게 처리하기 위해서이다.[1)]

그러나 행정권의 강화에 따른 여러 가지 문제점도 제기되고 있다. 현대사회에서 '합의의 지배'보다 오히려 '정치의 효율성'을 보다 더 중시하게 될 경우에는 자칫하면 의회제적인 과두정치화의 경향이 나타나기 쉽다는 것이다. 현대민주주의의 중요한 문제점 중의 하나는 '합의의 지배'와 '정치의 효율성'의 문제를 과연 어떻게 합리적으로 조화시켜 나가느냐 하는 것이다. 바꿔 말하면, 자유로운 이성적 토의를 통해서 합의를 이룩한다는 민주주의의 본래의 원리에 충실하면서 과연 어떻게 정치를 효율적으로 운영해 나갈 수 있느냐의 문제이다. 특히, 현대사회와 같이 이해의 다원화와 분극화, 개성의 다원화와

---

1) 조휘각, 『민주주의론』(서울: 삼일서적, 1991), p. 39.

분열화가 뚜렷이 나타나고 있는 상황에서 그와 같은 합의에 도달한다는 것은 좀처럼 쉬운 일이 아니라는 데 문제가 있다.[2)]

그런데 의회제적인 과두정치화라는 것은 요컨대 주권을 가진 국민에 의해서 선출된 대표자들로써 구성된 의회가 순전히 행정부의 들러리 — 즉, 권력의 시녀 — 로 변하게 되는 것을 말한다. 즉, 그것은 주권을 가진 국민에 의해서 선출된 의원들이 행정부의 소수 지도자 또는 소수의 정당간부에게 맹목적으로 복종하게 됨으로써 정치적 결정권의 실질은 의회로부터 행정부로 옮아가게 되고, 의회는 이와 같은 행정부의 행위를 정당화시켜 주든가 또는 보완시키기 위한 단순한 정치적 장(場)으로 전락되는 것을 의미한다.

널리 알려지고 있는 바와 같이, 민주주의국가에 있어서의 의회는 국정의 최고기관으로서 국가의 주요 의사와 정책을 수립해 나가는 전당이다. 이와 같은 의회의 기능은 아무리 행정권이 강화된다고 할지라도 기본적으로 변화될 수 없는 것이다. 따라서 만일 의회의 기본적인 기능이 유명무실하게 된다면, 그 때에는 의회의 존재이유도 크게 흔들릴 것이 분명하다.

2. 관료제적 민주주의의 문제

20세기에 들어와 19세기의 소극적 국가로부터 적극적 국가로 국가의 기능이 변화됨에 따라 행정부는 이미 의회의 정책결정을 충실하게 집행만 하는 소극적인 기관으로 머물러 있을 수가 없게 되었다. 이제는 행정부가 모든 분야에 개입하여 적극적으로 정책을 결정하며 집행하는 역할을 수행하게 된 것이다. 그리하여 현대국가의 관료제

2) 이극찬(편), 『민주주의』(서울: 종로서적, 1983), p. 17.

는 공고한 기반 위에서 강력한 권한을 갖고 적극적으로 여러 가지 기능을 수행하게 되었다. 즉, 현대의 관료제는 단지 권력의 하강과정에 있어서의 핵심일 뿐만 아니라 또한 권력의 상승과정에 있어서도 중요한 위치를 차지하게 되었다. 바꾸어 말하면, 현대의 관료제는 기술적 관리로부터 행정적 지배로 전환되고 있다고 할 수 있다.

이로 말미암아 현대적 관료기구를 핵심으로 하는 '위로부터의' 정책결정은 민주주의의 고전적인 도식인 국민에 의한 '밑으로부터의' 정책결정과정을 형식화시키기가 쉽다. 이러한 상황하에서 민주주의는 '국민의, 국민에 의한, 국민을 위한 정치'라기보다는 오히려 '관료의, 관료에 의한, 관료를 위한 정치'로 전화될 우려도 없지 않다고 하겠다. 현대민주주의가 관료제적 민주정치의 양상을 보이기 쉬운 것도 바로 이와 같은 상징 때문이라고 볼 수가 있다.

그런데 이러한 관료제적 민주주의화의 과정에서는 앞에서 지적한 것과 같은 '의회제적인 과두정치화'의 경향과 더불어 정당과 관료기구 사이의 밀착현상도 보여지기 쉽다. 원래 정당이라는 것은 비록 집권여당이 되는 경우에도, 국가권력에 대해서는 일정한 거리를 갖는 것이 요청된다. 만약 집권여당이 전적으로 관료기구와 밀착하게 된다면, 민의를 올바르게 반영하도록 노력해야 하는 정당이 민주적인 정당으로서의 기능을 적절하게 수행하지 못하게 될 것이다.

3. 국민의 정치적 무관심 문제

민주주의는 국민의 정치참여를 소중하게 여긴다. 국민의 정치참여는 국가 및 공동체에 대한 무한한 애정과 관심의 표현이다. 따라서 정부는 정치, 경제, 사회, 문화 등 모든 부문을 국민에게 공개하여 적극적으로 참여를 유도해야 한다. 모든 사람들의 기능이 고도로 다양화되고 있는 현대 산업사회에서는 더욱 그러하다. 그러나 오늘날 국민들의 정치적 무관심현상은 더욱 확대되고 있는 실정이다.

정치에 대한 냉담, 혐오, 반감은 매우 오랜 역사적 유래를 가지고 있다. 근대 이전의 사회에 있어서는 극히 소수의 지배층을 제외하고 대다수의 민중은 단순한 정치적 지배대상에 불과하였던 관계로 정치적 관심을 갖지 않는 것이 보통이었고, 또한 정치에 대해 적극적인 관심을 갖는 것이 금지되었다. 따라서 맹종이 그들의 유일한 정치적 행동양식이었다. 이러한 형태의 냉담성을 정치적 무관심의 전통형이라고 한다면, 현대사회에 있어서의 정치적 무관심은 그것과는 현저하게 그 구조와 기능을 달리하고 있다.[3)]

그런데 현대사회에 있어서 점차 확산되고 있는 정치적 무관심의 유형은 크게 세 가지로 나눠 살펴볼 수 있다.[4)]

첫째로는 전통지향형을 들 수 있다. 이것은 정치란 본래 국민과는 무관하다고 생각하는 무관심형이다.

둘째로는 무저항적 반항형이다. 이것은 자기 일에만 몰두하거나 정치적 무지 또는 성격 때문에 무관심한 태도를 취하는 유형과 정치에 관심은 있으나 자기 이익과 배치 내지는 상충되기 때문에 고의적으로 기피하는 유형이다.

셋째로는 자기의 정치적 영향력의 부족을 스스로 인식하여 무관심하게 되는 소극적 유형이다.

이와 관련하여 미국의 정치학자인 라스웰(H. D. Lasswell)은 현대인이 정치에 대해 무관심을 갖는 형태를 ① 탈(脫)정치적 무관심

3) 김운태, 『정치학원론』(서울: 박영사, 1993), p. 266.
4) 조휘각, 앞의 책, pp. 42-43.

(depolitical apathy), ② 무(無)정치적 무관심(apolitical apathy), ③ 반(反)정치적 무관심(antipolitical apathy)으로 구별하였다.

첫 번째의 '탈정치적 무관심'이란 권력의 배분과 행사에 의하여 자기의 요구를 만족시키고, 자기의 기대를 충족시키는 데 실패하였기 때문에 정치적 의욕을 잃고 가치로서의 권력 내지 정치과정에 환멸을 느끼는 경우를 말한다.

두 번째의 '무정치적 무관심'이란 다른 가치, 예컨대 학문과 예술 등의 가치가 중요한 데 비하여, 권력의 가치가 경시됨으로써 정치에 관심을 잃게 되는 경우이다.

세 번째의 '반정치적 무관심'이란 무정부주의자나 종교적 신비주의자의 경우처럼 자기가 고집하는 가치가 본질적으로 정치와 충돌한다는 입장에서 정치에 대해 적극적인 무관심을 보이는 경우이다.[5]

이러한 세 가지의 정치적 무관심을 통틀어서 '비정치적 무관심'이라고 부른다. 물론 현실의 정치적 무관심은 엄밀히 말해서 이 세 가지 무관심 중 어느 한 가지에만 해당되는 경우는 드물며, 대개가 혼합형태를 띠고 있다.

그런데 현대인이 정치적 무관심을 갖게 되는 주요 원인으로는 대체로 다음과 같은 사항들이 지적되고 있다.[6]

첫째, 현대의 정치기구의 복잡화와 그 규모의 국제적 확대가 비민주적 요소를 증대하고, 국민대중의 무력감을 조장하는 주요 원인이 되고 있다는 것이다.

---

5) H. D. Lasswell and A. Kaplan, *Power and Society*(New Haven: Yale University Press, 1950), pp. 145-146.

6) 이극찬, 『정치학』(서울: 법문사, 1987), pp. 279-293; 김운태, 앞의 책, pp. 266-268.

둘째, 현대사회의 각종 '비인격적' 기구의 발달이 정치적 무관심의 주요 온상이 되고 있다는 점이다.

셋째, 현대 매스컴이 대표하는 소비문화의 역할, 즉 현대의 상업적 저널리즘, 스포츠, 영화, 연극 등의 대중오락이 정치적 무관심을 조성하는 데 커다란 역할을 하고 있다는 것이다.

넷째, 현대 산업사회의 아노미(anomie)현상이 또한 정치적 무관심을 유발시킨다는 것이다. 아노미란 위기와 혼란의 시기에 가장 현저히 나타나는 것으로, 전통적 지배와 권위의 붕괴로 말미암아 일종의 '심리적 무정부상태'를 발생케 하는 현상이다. 이러한 아노미증상은 목적과 방향감각의 상실, 삶의 의미의 상실, 고독과 상실감, 가치기준의 결여 등과 같은 특징을 나타내며, 이러한 요소들이 정치적 무관심을 조장하는 것이다.

아무튼 이와 같은 정치적 무관심은 민주주의 발전에 결코 바람직한 현상이 아니다. 정치적 무관심은 직업적인 정치인들에게 난무(亂舞)의 기회를 허용하게 됨으로써 정당정치와 의회정치의 침체현상을 가져오게 할 뿐만 아니라 정치적 부패를 가져오게 할 위험성이 있다. 또한 정치적 무관심은 민주주의의 반동화(反動化)를 가져오게 하기 쉽다. 민주주의가 정치에 대한 국민들의 각별한 관심과 애정 그리고 적극적 참여로 유지된다고 볼 때, 정치적 무관심을 관심으로 전환시키지 못하는 한 급기야는 민주주의의 종말적인 소수 엘리트정치 내지 전체주의적 독재정치를 야기시킬 위험성도 있다. 그러므로 국민의 정치적 무관심을 관심 있는 참여로 유도하고 이끌어내는 일은 민주주의를 위하여 매우 중요하고도 필요한 것이라고 하겠다.

4. 관객 민주주의의 문제

현대 대중민주주의에 있어서 일반 국민대중은 정책결정에의 참가자로서 생산적·능동적이 되기보다는 오히려 수혜자로서 소비적·수동적이 되기 쉽다. 또한 정치적 문제의 판단이나 정책의 선택은 고도의 전문적 지식을 필요로 하기 때문에 일반 대중은 더 한층 정치로부터 멀어지게 되기도 쉽다.

더구나 각종 매스 미디어를 통해서 전달되는 정보도 지나칠 정도로 많기 때문에 사람들은 그 중에서 도대체 어떤 것을 받아들여야 할지 제대로 알지 못하여 혼란상태에 빠지게 되기도 하며, 과도한 정보의 전달은 도리어 사람들로 하여금 정보에 대하여 무감각하게 만들기도 쉬울 것이다. 그런데 너무 지나치게 많은 정보를 적절하게 처리할 수 없는 사람들은 정보에 대해서 거부반응을 일으키게 될지도 모른다.

또한 정치지도자를 선출하는 선거나 혹은 그 밖의 분야에서 정치적 선택이 이루어지는 경우에도 그것은 객관적인 인식에 입각한 인물이나 정책의 선택이라기보다는 오히려 주관적인 이미지의 선택이 되기 쉬울 것이다.

그리하여 어떤 경우에는 정치 자체가 일종의 오락적 소비물이나 축제행사인 것처럼 받아들여질지도 모른다. 즉, 사람들은 유머나 서스펜스(suspence)를 바라는 관객들처럼 정치를 흥미본위의 일로 받아들일 지도 모른다. 20세기에 들어와 경제적으로 풍요로운 사회가 도래하게 됨으로써 사생활의 안정이 일단 보장되어 있는 한, 정치는 주체적 관여의 문제가 아니라, 관객적 흥미의 대상이 되기 쉬울 것이다.[7] 바로 이러한 이유에서 현대민주주의가 '관객 민주주의

(spectator democracy)'로 보여질 가능성이 높아지고 있다.

제2절 현대민주주의의 과제

민주주의는 제1·2차 세계대전을 통해 군국주의와 파시즘을 물리쳤고, 오늘날 세계의 많은 국가들이 민주주의를 선호하고 있다는 점에서 볼 때, 현 시점에서 민주주의를 능가하는 이데올로기와 정치형태는 아직 발견되고 있지 않다고 하겠다.

그러나 민주주의가 완전무결한 이데올로기나 정치형태라는 것을 의미하는 것은 아니다. 민주주의는 그것이 지니고 있는 가치가 충분히 입증된 이데올로기이다. 즉, 모든 인간의 존엄성과 자유 그리고 평등을 반영하고, 정부로 하여금 국민을 위한 정부가 되게 하고, 부패하고 사악한 통치자의 제거나 국가의 진로전환에 평화적 방법이 사용되도록 하는 정치체제이다.

1. 민주주의에 대한 몇 가지 오해

최근 세계의 변화 가운데 한 가지 고무적인 사실은 민주주의의 장점을 더 이상 선전할 필요가 없어졌다는 것이다. 그러나 그렇다고 해서 민주주의의 승리감에 마냥 도취되어 있을 수만은 없다. 왜냐하면 이제 막 민주주의를 채택한 국가들에 있어서는 민주주의가 인간이 바라는 모든 것을 가능케 해주는 환상과 같은 것으로 여겨질

7) Erich Fromm, *To Have or To Be*(New York: Harper & Row, Publishers, 1976), pp. 180-181.

수도 있고, 또한 일부의 국가들에 있어서는 민주주의가 여전히 위협을 받고 있기 때문이다. 따라서 지금으로서 필요한 것은 민주주의의 취약성과 한계를 냉정히 인식하고, 민주주의에 대해 지니고 있는 다음과 같은 몇 가지 잘못된 생각들을 바로잡아 나가지 않으면 안 된다는 것이다.

첫째로, 민주주의는 경제적 번영을 가져온다는 생각이다. 특히, 공산주의 지배체제에서 막 벗어난 국가들은 서방세계의 사례를 보고 민주주의와 자유시장경제를 직결시켜 생각하는 경향이 있다. 따라서 민주주의를 자본주의와 연결시키고, 이는 곧 경제적 번영을 가져다 줄 것으로 기대한다. 그러나 민주주의체제가 최소한 단기적으로는 탈공산주의국가들이 그토록 갈망해온 자유시장경제로의 개혁을 더 어렵게 할 수도 있나는 것이 냉엄한 현실이다.

냉전이 종식된 후 러시아와 동유럽국가들의 경우에서 살펴볼 수 있듯이, 이들 국가들에서의 개혁·개방정책은 너무나 고통스럽고 국민대중의 현실적 욕구를 제대로 충족시켜 주지 못함으로써 대중들의 인기를 얻지 못하였다. 러시아에서의 극심한 가격폭등은 러시아 국민들의 분노를 자아냈고, 심지어 러시아정부의 관리들도 옐친 대통령의 개혁이 너무 가혹하다고 불평한 바 있다. 정부의 보조금을 시장가격수준으로 끌어올리고, 비효율적인 공장을 폐쇄하며, 수천 명의 불필요한 관리들을 해고하는 개혁조치들은 새로 얻은 자유 때문에 오히려 과거보다 살기가 더 어려워진 국민들을 납득시키기란 쉽지가 않은 일이다. 러시아와 동유럽의 많은 국민들이 공산주의를 거부한 주된 이유는 공산주의가 자신들의 정치적 권리를 박탈해서라기보다는 서방국가들과 같은 경제적 번영을 가져다주지 못했기 때문이라는 사실을 감안할 때 특히 그렇다.

사실상 민주주의나 개방과는 거리가 먼 정치체제하에서 자유시장 경제체제를 이끌어온 나라들도 있다. 독재자인 피노체트 장군이 통치했던 칠레는 한때 중남미에서 가장 급속한 경제성장을 이룩한 바 있으며, 살리나스 전 멕시코 대통령은 일당체제 덕분에 과감한 개혁정치에 필요한 안정적인 정치기반을 얻어 경제를 번영시킬 수 있었다. 그러나 살리나스는 결국 멕시코 경제의 파탄책임을 지고 1995년 국외로 추방되고 말았다.

또한 조속한 경제성장을 이룩하기 위해 민주주의가 왜곡된 경우도 있었다. 인민주의(populism)를 표방해 당선된 아르헨티나의 메넴 대통령과 페루의 후지모리 대통령은 선거가 끝나자마자 갑자기 가혹한 자유시장 경제주의자로 변신하였다. 이들은 자신들의 정책을 실행에 옮기기 위해 모두 행정명령을 남용해 왔다.

아시아에서도 역시 '선(先) 번영, 후(後) 민주주의'의 유형을 추진한 경우가 많았다. 한국, 대만, 홍콩, 싱가포르와 같은 소위 신흥공업국가들(NIEs)은 모두 국민들의 정치적 자유와 권리를 어느 정도 통제하는 권위주의정권하에서 급속한 경제성장을 이룩한 경우이다. 최근에는 이들 국가에 있어서도 점차 정치적 자유를 확대해 나가는 추세인데, 이는 부분적으로는 경제적 번영으로 인해 사회의 중요한 세력으로 부상하게 된 풍요로운 중산층으로부터의 압력 때문이다. 이처럼 민주주의가 반드시 경제적 번영을 가져오지는 않더라도, 경제적 번영이 민주주의를 발전시키는 것은 가능할 수 있다.

둘째로, 민주주의가 정치·사회적 안정을 가져온다는 생각이다. 민주주의제도가 어느 정도 일정한 궤도에 오르면 폭력을 사용하지 않고도 독재자나 무능한 정치지도자들을 권좌에서 몰아낼 수 있는 정치적·사회적 안정을 가져올 수 있다. 그러나 민주주의가 전혀 새롭고 낯선 나라에서는 정부와 국민 대다수를 불안에 떨게 하고, 안정을 저해하는 요인이 될 수도 있다.

사하라 이남 아프리카지역에서는 부족간 파벌주의를 핑계 삼아 식민통치에서 독립한 신생국 지도자들이 민주주의를 기피해 왔다. 따라서 부패한 독재자, 마르크스주의를 신봉하는 독재자, 절대권력을 지닌 족장 등이 통치하는 참담한 결과가 빚어졌다. 그러나 1990년대에 들어서면서 잠비아, 자이레, 케냐 등 여러 아프리카국가들에서는 장기독재자가 선거에서 참패하고 다당제를 도입하는 등 주목할 만한 변화가 발생하였다.

더욱이 1940년대 후반 이래 극심한 인종차별법률인 「아파르트헤이트(Apartheid)법」이 시행되어 온 남아프리카공화국에서는 1994년 4월 최초의 '다인종 자유총선'이 열려 그동안 참정권을 갖지 못했던 흑인들이 자유롭게 투표권을 행사할 수 있었으며, 선거결과 아프리카 민족회의 의장인 만델라가 최초의 흑인대통령으로 당선됨으로써 장기간에 걸친 고질적 인종차별정책이 사라지게 되었다.

이처럼 민주주의의 불모지와 다름없었던 아프리카에도 점차 민주주의에 대한 희망과 혁신의 바람이 불고 있다. 그러나 이러한 변화의 움직임이 조속한 시일 내에 정치·사회적 안정이나 경제적 번영을 가져오리라는 보장은 없는 것이다. 사실상 최근 몇 년 동안 아프리카에서는 인종적인 갈등과 종족간의 대립 등으로 인해 대규모 분쟁인 앙골라 내전과 소말리아 내전이 발생하는 등 엄청난 인명살상과 파괴행위가 있었다.

셋째로, 민주주의는 다수의 지배를 의미한다는 생각이다. 민주주의에는 다수의 지배와 더불어 소수 권익의 존중도 포함된다. 아울러 민주주의에는 여러 제도적 장치가 요구되는데, 그 중에는 불편부당하고 독립적인 사법제도, 군부에 대한 민간인의 통치, 언론의 자유 등이 포함된다. 이런 것들이 제대로 보장되지 않으면 국민의 운명은 거의 전적으로 국가에 의해 좌우된다. 이런 여러 가지 제도들은 손쉽게 주어지는 것이 아니라, 시간을 두고 점진적으로 갖춰지지 않으면 안 된다. 그러므로 신생 민주주의국가들이 선진 민주주의국가들과 같은 기준을 완벽하게 충족시킬 수는 없는 것이다.

또한 민주주의는 지역이나 역사, 문화를 불문하고 똑같은 방식으로 통용되는 개념이 아니다. 민주주의는 문화적 차이와 필연적으로 맞물려 있다. 예를 들어, 한국, 일본, 중국 등과 같은 아시아국가들에 있어서는 유교적 가치관이 강력한 힘을 지니고 정치, 사회, 경제 등과 같은 여러 분야에 커다란 영향을 미쳐 왔다. 따라서 정치지도자를 비롯한 지도층인사들은 무엇보다 국민들에게 도덕적 귀감이 되어야 하며, 그럴 때에 비로소 국민대중의 신뢰와 존경을 받을 수 있다.

그러나 이것은 치열한 권력경쟁을 벌이는 정당정치에는 잘 들어맞지 않는다. 여러 아시아국가들에서 일당제도가 많이 채택되어진 이유도 바로 여기에 있는 것이다. 다시 말해, 아시아의 정치문화는 전통적으로 법률이나 규칙에 의하지 않고 기본 윤리의식에 의해 운용된다. 또한 정부가 제 할 일을 다 하면 법률은 문제되지 않는다. 이러한 현상은 성문법을 중시하는 서구인들에게는 잘 이해되지 않는 경우가 많으며, 서유럽과 북미에서 생각하는 민주주의의 개념이 반드시 모든 나라에 적용될 수 있는 것은 아니다.

냉전기간 중 세계 각국의 정치지도자들은 우방국과 적대국을 구분짓기 위해 민주주의를 기치로 내걸었다. 특히, 그들은 민주주의의 장점만을 무분별하게 강조하고 약점을 소홀히 다루었으며, 그러는 가운데 민주주의는 여러 다양한 형태로 변형되어 국민들을 호도하기도 하였다. 그러나 1980년대 말 이래 여러 사회주의국가들이 붕괴되고, 과거 연방형태의 국가로부터 민족주의를 기치로 내건 새로운 신생국들이 다수 탄생함에 따라 민주주의는 다시금 주목받고 있다. 따라서 민주주의가 세계정치시장에서 진정한 성공을 거두기 위해서는 바로 이 중요한 시기에 민주주의의 역사적 교훈이 재삼 강조되어야 할 것이다.

2. 바람직한 민주주의의 방향

민주주의는 앞에서 기술한 여러 가지 오해 이외에도, 다소 비능률적이고 비전문성을 지니고 있다는 점에서 비판받고 있다.

첫째로, 국민 다수의 합의에 의해 이루어지는 민주주의는 상부의 명령에 의해 움직이는 전체주의적 통치방식에 비해 그 운영에서 훨씬 복잡하고 비능률적이라고 할 수 있다. 사실상 군주정치나 과두정치 그리고 독재정치는 통치자가 자신들이 목표로 하는 사항들을 보다 신속하고 능률적으로 달성할 수 있는 반면에, 다양한 국민의 여론을 수렴하는 과정과 절차를 중요시하는 민주정치는 상대적으로 능률성과 신속성이 결여되어 있다고 할 수 있다.

그러나 국민대중이 정부에 대해 요구하는 것은 사회의 질서와 안전 그리고 개인의 자유와 이익의 보장이다. 국민은 정부가 그러한 목적을 달성하는 과정에서 능률적이고 신속하기를 바라면서도 능률보다는 능력을 그리고 신속성보다는 지혜와 공정성을 더 중시하는 경향을 보인다. 그렇기 때문에 민주주의가 다소 신속성과 능률성을 결여하고 있다는 점이 민주주의의 단점으로 지적될 수는 없는 일이다.

둘째로, 민주주의의 비전문성과 관련하여 일부에서는 민주주의가 다수에 의한 정치이기 때문에 일반대중의 지적 수준이 정책에도 반영되어 국가정책이 획일적이거나 질적으로 열등하다는 비판을 하기도 한다. 보다 구체적으로 말해서, 오늘날과 같이 복잡한 산업사회에서는 민주주의제도가 적합하지 않은 이유로서 ① 전문지식을 갖추지 못한 다수 국민대중의 정치참여에서 오는 폐단과 ② 민주주의제도가 정책결정을 함에 있어서 다양한 국민여론을 반영하다보니 번거롭고 장시간을 요한다는 폐단을 지적하고 있다. 따라서 정치지도자의 여러 상징적 조작이나 선전에 영향을 받기 쉬운 대중보다는 전문적 식견을 갖춘 정치지도자에게 보다 많은 정치권력을 위임해야 한다는 주장이 나오기도 하였다.

이와 관련하여 리프만(Walter Lippmann)은 "행정부와 입법부간의 권력갈등이나 혼란을 방지하고 전문성을 살리기 위해서는 행정부에 정치권력을 더 많이 부여해야 한다"고 주장하기도 하였다.[8)]

사실상 민주주의에 대한 비판은 그것이 지향하는 이상적 측면에 대한 비판이라기보다는 민주주의가 실제 운영과정에서 이상적인 측면들이 제대로 실천되고 있지 못한 데 연유하는 것이다. 그렇기 때문에 미국의 전 대통령인 윌슨(W. Wilson)도 "민주주의는 가장 실천하기 어려운 정치형태"라고 말한 바 있다.

민주주의의 개념은 결코 이론적인 개념이 아닌 역사적인 개념이다. 단지 민주주의가 좋다고 하는 생각만으로 자기 나라의 역사나 문화, 국민성을 전혀 고려치 않고 민주주의의 이념과 제도를 급속히 도입한다고 해서 민주주의가 하루아침에 이루어지는 것은 아니다.

---

8) Walter Lippmann, *The Public Philosophy*(Boston: Little, Brown & Company, 1965), pp. 54-57.

이러한 실패의 사례는 제2차 세계대전 이후 정치적 독립을 획득하자마자 맹목적으로 서구 민주주의를 도입했다가 오히려 유사민주주의의 형태로 변질된 제3세계국가들의 역사적 경험을 들 수 있다.

또한 민주주의는 완성된 이데올로기가 아니라 완성을 향해 움직이는 제도이자 생활방식이라고 할 수 있다. 민주주의는 단순히 외형적으로 민주적인 법률과 제도만을 갖춘다고 해서 이룩되는 것이 아니라, 지도자와 국민대중이 먼저 민주적인 사고방식과 생활방식을 갖추는 것이 필요하다. 즉, 우리 스스로가 민주주의의 주요 가치이자 이상인 인간의 존엄성과 자유·평등의 중요성을 확고히 인식하고, 그러한 이상들을 우리의 현실 삶 속에서 점진적으로 실천해 나가고자 하는 마음가짐이 없는 한 민주주의는 한낱 공허한 이상이 될 수밖에 없는 것이다. 민주적인 사회와 국가가 존재하기 위해서는 민주시민이 존재해야 하고, 민주시민이 존재하기 위해서는 무엇보다도 민주적 사고와 생활방식의 정착이 시급하다고 하겠다.

참고문헌

1. 저 서

강석찬, 『현대민주주의』, 충주: 도서출판 다산, 1998.

노재봉, 『시민민주주의: 토크빌연구』, 서울: 박영사, 1988.

문병주 외(공저), 『현대정치사상의 이해』, 서울: 건국대출판부, 1999.

백완기, 『민주주의문화론』, 서울: 나남출판, 1994.

송택구, 『민주주의론』, 서울: 형설출판사, 1995.

안청시・진덕규(편저), 『전환기의 한국민주주의』, 서울: 법문사, 1994.

오천석, 『민주주의의 참된 모습』, 서울: 현대교육총서출판사, 1968.

이극찬(편), 『민주주의』, 서울: 종로서적, 1983.

전득주 외(공저), 『현대민주시민교육론』, 서울: 평민사, 1992.

조효제, 『인권의 문법』, 서울: 후마니타스, 2007.

조휘각, 『민주주의론』, 서울: 삼일서적, 1999.

______, 『현대민주정치의 이해』, 서울: 인간사랑, 2000.

최장집, 『민주화 이후의 민주주의』, 서울: 후마니타스, 2005.

최한수, 『민주주의와 민주정치』, 서울: 대왕사, 1994.

한국국민윤리학회(편), 『민주시민을 위한 윤리・도덕』, 서울: 형설출판사, 1992.

한국정치연구회 사상분과(편저), 『현대민주주의론 1』, 서울: 창작과비평사, 1992.

Becker, Carl, *Modern Democracy*, New Haven: Yale University Press, 1941.

Bryce, James, *Modern Democracies*, Vol. 1, New York: Macmillan, 1921.

Burnheim, John, *Is Democracy Possible?: The Alternative to Electoral Politics*, Cambridge: Polity Press, 1985.

Dahl, Robert, *Dilemmas of Pluralist Democracy*, New Haven: Yale University Press, 1982.

Dahl, Robert, *Democracy and Its Critics*, New Haven: Yale University Press, 1989.

Held, D., *Models of Democracy*, Cambridge: Polity Press, 1987.

Hitchner, Dell G. and William H. Harbold, *Modern Government: A Survey of Political Science*, New York: Dodd and Mead, 1962.

Hobbes, Thomas, *Leviathan*, Michael Oakshott, New York: Collier, 1962.

King, Preston, *Toleration*, New York: St. Martin's Press, 1976.

Locke, John, *The Second Treatise of Government*, Oxford: Basil Blackwell, 1976.

Macpherson, C.B., *The Life & Times of Liberal Democracy*, Oxford: Oxford University Press, 1977.

Mill, J.S., *On Liberty*, New York: Pyramid Books, 1966.

Pennock, J. Roland, *Democratic Political Theory*, New Jersey: Princeton University Press, 1979.

Rejai, M., *Democracy: The Contemporary*, New York: Atherton Press, 1967.

Salvadori, Massimo, *Liberal Democracy*, Garden City: Doubleday & Co., 1957.

Sartori, Giovanni, *Democratic Theory*, Detroit: Wayne State University Press, 1962.

Schumpeter, Joseph A., *Capitalism, Socialism and Democracy*, New York: Harper & Row, Publishers, 1950.

Sigmund, Paul S., Jr., *The Ideologies of the Developing Nations*, New York: Frederick A. Praeger, 1963.

Tocqueville, Alexis de, *Democracy in America*, Vol. 1, New York: Schoken, 1961.

2. 번역서

국제앰네스티, 송영일 외(역), 『국제앰네스티 핸드북』, 서울: 국제앰네스티 한국지부, 2005.

노베르토 보비오, 황주홍(역), 『자유주의와 민주주의』, 서울: 문학과 지성사, 1992.

데이비드 헬드, 이정식(역), 『민주주의의 모델』, 서울: 인간사랑, 1988.

레온 P. 바라다트, 신복룡 외(공역), 『현대정치사상』, 서울: 평민사, 1995.

로버트 A. 다알, 이만희(역), 『다원민주주의의 딜레마』, 서울: 인간사랑, 1990.

리만 T. 싸젠트, 허재일 · 최한수(공역), 『현대비교정치이데올로기』, 서울: 현학서관, 1989.

마키아벨리, 임명방(역), 『군주론』, 서울: 삼성출판사, 1979.

벤자민 바아버, 박재주(역), 『강한 민주주의』, 서울: 인간사랑, 1992.

장-마리 게노, 국제사회문화연구소(역), 『민주주의의 종말』, 서울: 고려원, 1995.

조지 세바인 외, 강정인 · 김세걸(엮음), 『현대민주주의론의 쟁점과 경향』, 서울: 문학과 지성사, 1994.

존 로크, 이극찬(역), 『시민정부론』, 서울: 연세대출판부, 1970.
존 스튜어트 밀, 이상구(역), 『자유론』, 서울: 삼성문화재단 출판부, 1974.

부 록

1. 프랑스 인권선언

국민의회로 모인 프랑스 민중의 대표들은 무지와 나태함 또는 인간 권리에 대한 경멸이 정부의 부패와 사회의 공적인 재난의 유일한 원인임을 믿고 엄숙한 선언을 통해, 그리고 사회적 조직체의 모든 구성원들 앞에 언제나 존재하는 이 선언으로 계속적으로 그들에게 그들의 의무와 권리를 일깨우기 위해 자연적이고 양도할 수 없으며 신성한 인간의 권리를 발표할 것을 결정하였다. 이 선언이 의도하는 바는, 사회공동체의 모든 구성원이 항시 이 선언에 준하여 부단히 그들의 권리와 의무를 상기하도록 하고, 또한 정부의 입법권과 행정권의 행위가 모든 순간에 일체의 정치제도의 목적과의 비교에서 한층 더 존중되도록 하며, 차후 시민의 요구가 단순하고도 이론의 여지가 없는 원리에 기초를 둔 것으로서 항상 헌법의 유지와 만민의 행복에 이바지할 수 있도록 하기 위해서이다. 이러한 이유에서 국민의회는 최고의 존재 앞에서 그의 가호에 의하여 다음과 같은 신성한 인권과 시민권을 승인하고 선언한다.

제1조

인간은 자유롭고 평등하게 태어나서 생활할 권리를 가진다. 사회적 차별은 공적인 이익을 근거로 해서만 있을 수 있다.

제2조

모든 정치적 결사의 목적은 인간의 자연적이며 시효에 의하여 소멸될 수 없는 권리들을 보전함에 있다. 이 권리들이란 자유, 재산, 안전 및 압제에 대한 저항이다.

제3조

모든 주권의 근원은 본질적으로 국민에게 있다. 어떤 단체나 어떤 개인도 명백히 국민에게서 유래하지 않는 권력을 행사할 수 없다.

제4조

정치적 자유는 타인을 해치지 않는 한 무엇이든지 행할 수 있다. 그러므로 저마다의 자연적 권리의 행사는 사회의 다른 구성원에게도 같은 권리를 향유하도록 보장하기 위한 제한 이외에는 제약을 받지 않는다. 이 제약은 법률에 의해서만 규정된다.

제5조

법은 사회에 해로운 행위가 아니라면 금지할 권리를 갖지 않는다. 법에 의하여 금지되지 않는 것은 어떤 일이라도 방해되지 않으며, 또 법이 명하지 않은 것은 누구에게도 강요할 수 없다.

제6조

법은 일반의지의 표현이다. 모든 시민은 개인적으로 또는 대표자를 통하여 입법에 참여할 권리가 있다. 법은 보호를 부여하는 경우에도, 처벌을 가하는 경우에도 모든 사람들에게 동등해야 한다. 모든 시민은 법 앞에 평등하므로, 그 능력에 따라서 그리고 덕성과 재능 이외에는 차별이 없이 모든 영예와 공공 지위와 직무에 평등하게 취임할 수 있다.

제7조

누구도 법에 의하여 규정된 경우나 법이 정하는 절차에 의하지 않고서는 고소, 체포, 구금되지 않는다. 자의적인 명령의 작성을 간청하거나 편의를 제공하거나 또는 그 명령을 집행하는 자는 처벌되어야 한다. 그러나 법에 의하여 소환되거나 체포되는 시민은 누구나 즉각 법에 순응해야 한다. 이에 저항하는 자는 범죄자가 된다.

제8조

법은 엄격히 그리고 명백히 필요한 형벌만을 요구해야 하고, 누구도 범죄 이전에 제정되어 공포된 법률이나 또는 정당하게 적용된 법률에 의하지 않고서는 처벌되지 않는다.

제9조

모든 사람은 유죄판결이 있기 전까지는 무죄로 간주된다. 그러므로 체포가 꼭 필요하다고 판단되는 경우에도 신병을 확보하는 데 불가결하지 않은 모든 강제조처는 법에 의하여 엄격히 금지된다.

제10조

누구도 그의 의견이 법률에 의하여 정해진 공공질서를 해치지 않는 한, 그의 의견이 비록 종교상의 의견이라 할지라도 방해되어서는 안 된다.

제11조

사상과 의견의 자유로운 교환은 인간의 가장 고귀한 권리의 하나이다. 그러므로 모든 시민은 자유로이 발언하고 쓰고 출판할 수 있다.

다만 법률에 의하여 규정될 경우에는 자유의 남용에 대하여 책임을 져야 한다.

제12조

인권과 시민권을 보장하기 위해서는 공권력이 필요하다. 그러므로 이 공권력은 모든 사람의 이익을 위하여 마련된 것이고, 그것을 위임 받은 사람들의 사적인 이익을 위하여 마련된 것은 아니다.

제13조

공권력의 유지와 행정의 비용을 위하여 공동의 조세는 불가결하다. 조세는 모든 시민이 그 능력에 따라 평등하게 분담해야 한다.

제14조

모든 시민은 스스로 또는 대표자를 통하여 공적 조세의 필요사항, 조세의 용도, 세액, 징수 방법 및 기간을 결정하는 데 자유롭게 발언할 권리가 있다.

제15조

사회는 모든 공직자에게 그 행정에 관하여 보고를 요구할 권리가 있다.

제16조

권리의 보장과 권력의 분립이 확립되어 있지 않은 모든 사회는 헌법을 요구한다.

제17조

소유권은 신성불가침의 권리이므로, 합법적으로 인정된 공공 필요가 명백히 요구하고 또한 정당한 사전 배상의 조건이 아니라면 결코 박탈될 수 없다.

Declaration of the Rights of Man and of the Citizen

Approved by the National Assembly of France, August 26, 1789

The representatives of the French people, organized as a National Assembly, believing that the ignorance, neglect, or contempt of the rights of man are the sole cause of public calamities and of the corruption of governments, have determined to set forth in a solemn declaration the natural, unalienable, and sacred rights of man, in order that this declaration, being constantly before all the members of the Social body, shall remind them continually of their rights and duties; in order that the acts of the legislative power, as well as those of the executive power, may be compared at any moment with the objects and purposes of all political institutions and may thus be more respected, and, lastly, in order that the grievances of the citizens, based hereafter upon simple and incontestable principles, shall tend to the maintenance of the constitution and redound to the happiness of all. Therefore the National Assembly recognizes and proclaims, in the presence and under the auspices of the Supreme Being, the following rights of man and of the citizen:

Articles

1. Men are born and remain free and equal in rights. Social distinctions may be founded only upon the general good.

2. The aim of all political association is the preservation of the natural and imprescriptible rights of man. These rights are liberty, property, security, and resistance to oppression.

3. The principle of all sovereignty resides essentially in the nation. Nobody nor individual may exercise any authority which does not proceed directly from the nation.

4. Liberty consists in the freedom to do everything which injures no one else; hence the exercise of the natural rights of each man has no limits except those which assure to the other members of the society the enjoyment of the same rights. These limits can only be determined by law.

5. Law can only prohibit such actions as are hurtful to society. Nothing may be prevented which is not forbidden by law, and no one may be forced to do anything not provided for by law.

6. Law is the expression of the general will. Every citizen has a right to participate personally, or through his representative, in its foundation. It must be the same for all, whether it protects or punishes. All citizens, being equal in the eyes of the law, are equally eligible to all dignities and to all public positions and occupations, according to their abilities, and without distinction except that of their virtues and talents.

7. No person shall be accused, arrested, or imprisoned except in the cases and according to the forms prescribed by law. Any one soliciting, transmitting, executing, or causing to be executed, any arbitrary order, shall be punished. But any citizen summoned

or arrested in virtue of the law shall submit without delay, as resistance constitutes an offense.

8. The law shall provide for such punishments only as are strictly and obviously necessary, and no one shall suffer punishment except it be legally inflicted in virtue of a law passed and promulgated before the commission of the offense.

9. As all persons are held innocent until they shall have been declared guilty, if arrest shall be deemed indispensable, all harshness not essential to the securing of the prisoner's person shall be severely repressed by law.

10. No one shall be disquieted on account of his opinions, including his religious views, provided their manifestation does not disturb the public order established by law.

11. The free communication of ideas and opinions is one of the most precious of the rights of man. Every citizen may, accordingly, speak, write, and print with freedom, but shall be responsible for such abuses of this freedom as shall be defined by law.

12. The security of the rights of man and of the citizen requires public military forces. These forces are, therefore, established for the good of all and not for the personal advantage of those to whom they shall be intrusted.

13. A common contribution is essential for the maintenance of the public forces and for the cost of administration. This should be equitably distributed among all the citizens in proportion to their means.

14. All the citizens have a right to decide, either personally or by their representatives, as to the necessity of the public contribution; to grant this freely; to know to what uses it is put; and to fix the proportion, the mode of assessment and of collection and the duration of the taxes.

15. Society has the right to require of every public agent an account of his administration.

16. A society in which the observance of the law is not assured, nor the separation of powers defined, has no constitution at all.

17. Since property is an inviolable and sacred right, no one shall be deprived thereof except where public necessity, legally determined, shall clearly demand it, and then only on condition that the owner shall have been previously and equitably indemnified.

2. 세계인권선언

모든 인류 구성원의 천부의 존엄성과 동등하고 양도할 수 없는 권리를 인정하는 것이 세계의 자유, 정의 및 평화의 기초이며,

인권에 대한 무시와 경멸은 인류의 양심을 격분시키는 야만적 행위를 초래하였으며, 인류가 언론과 신앙의 자유, 그리고 공포와 결핍으로부터의 자유를 누릴 수 있는 세계의 도래가 모든 사람들의 지고한 열망으로서 천명되어 왔다.

인간이 폭정과 억압에 대항하는 마지막 수단으로서 반란을 일으키도록 강요받지 않으려면, 법에 의한 통치에 의하여 인권이 보호되어야 함이 필수적이다.

국가 간에 우호관계의 발전을 증진하는 것이 긴요하며, 유엔의 모든 국민들은 그 헌장에서 기본적 인권, 인간의 존엄과 가치, 남녀의 동등한 권리에 대한 신념을 재확인하였으며, 보다 폭넓은 자유 속에서 사회적 진보와 보다 나은 생활수준을 증진하기로 다짐하였다.

회원국들은 유엔과 협력하여 인권과 기본적 자유들을 보편적으로 존중하고 준수할 것을 스스로 서약하였으며, 이들 권리와 자유에 대한 공통의 이해가 이러한 서약의 완전한 이행을 위하여 가장 중요하다.

이에 유엔총회는 모든 개인과 사회의 각 기관이 세계인권선언을 항상 유념하면서 학습과 교육을 통하여 이러한 권리와 자유에 대한 존중을 증진하기 위하여 노력하고, 국내적 및 국제적인 점진적 조치를 통하여 회원국 국민들과 그 관할 영토의 국민들 사이에서 이러한

권리와 자유가 보편적이고 효과적으로 인식되고 준수될 수 있도록 노력하기 위하여 모든 국민과 국가가 성취해야 할 공통의 기준으로서 이 세계인권선언을 선포한다.

제1조

모든 인간은 태어날 때부터 자유롭고, 존엄성과 권리에 있어서 평등하다. 인간은 이성과 양심을 부여받았으므로 서로에게 형제의 정신으로 대하여야 한다.

제2조

모든 인간은 인종, 피부색, 성, 언어, 종교, 정치적 또는 그 밖의 견해, 민족적 또는 사회적 출신, 재산, 출생 또는 기타의 지위 등과 같은 그 어떤 종류의 구별도 없이, 이 선언에 제시된 모든 권리와 자유를 누릴 자격이 있다. 더 나아가 개인이 속한 나라나 영토가 독립국이든 신탁통치지역이든, 비자치지역이든 또는 그 밖의 다른 주권상의 제한을 받고 있는 지역이든, 그 나라나 영토의 정치적, 사법적, 국제적 지위를 근거로 차별이 행해져서는 안 된다.

제3조

모든 인간은 생명권과 신체의 자유와 안전을 누릴 권리가 있다.

제4조

어느 누구도 노예의 신분이나 노예의 상태에 놓여지지 않는다. 모든 형태의 노예제도 및 노예 매매는 금지된다.

제5조

어느 누구도 고문이나 가혹하거나 비인도적이거나 모욕적인 처우 또는 형벌을 받지 않는다.

제6조

모든 인간은 어디에서나 법 앞에서 한 인격체로 인정받을 권리를 갖는다.

제7조

모든 인간은 법 앞에 평등하며, 어떠한 차별도 받지 않고 법의 동등한 보호를 받을 권리를 갖는다. 모든 인간은 이 선언을 위반하는 어떤 차별에 대해서도, 또한 어떤 차별의 선동에 대해서도 동등한 보호를 받을 권리를 갖는다.

제8조

모든 인간은 헌법 또는 법률이 부여하는 기본권을 침해하는 행위에 대해 해당 국가의 법정에서 효과적인 구제를 받을 권리를 갖는다.

제9조

어느 누구도 자의적인 체포, 구금 또는 추방을 당하지 않는다.

제10조

모든 인간은 자신의 권리와 의무 그리고 자신에 대한 형사상의 혐의에 관하여 재판을 받게 될 때, 독립적이고 편견이 없는 법정에서 공정하고도 공개적인 심문을 완전히 평등하게 받을 권리를 갖는다.

제11조

1. 형사상의 범죄로 소추당한 모든 사람은 자신의 변호를 위해 필요한 모든 보장들이 행사된 공개재판에서 법률에 따라 유죄 판결을 받을 때까지 무죄로 추정받을 권리를 갖는다.

2. 어느 누구도 그것이 범해질 당시에 국내법 또는 국제법상으로 형사범죄를 구성하지 않는 행위나 태만으로 인해 형사범으로서의 유죄의 선고를 받지 않는다. 또한 형사범죄가 행해졌을 당시의 적용 가능한 형벌보다 무거운 형벌이 부과되지 않는다.

제12조

어느 누구도 자신의 사생활, 가족, 집 또는 통신에 대하여 자의적인 간섭을 받지 않으며, 자신의 명예와 신용에 대하여 공격을 받지 않는다. 모든 인간은 그러한 간섭과 공격에 대하여 법률의 보호를 받을 권리를 갖는다.

제13조

1. 모든 인간은 각국의 경계 내에서 이전과 거주의 자유를 누릴 권리를 갖는다.

2. 모든 인간은 자국을 포함한 어떤 나라로부터 떠날 권리가 있으며, 또한 자국으로 돌아올 권리를 갖는다.

제14조

1. 모든 인간은 박해를 피하여 타국에서 피난처를 구하고 또 보호를 받을 권리를 갖는다.

2. 이러한 권리는 비정치적인 범죄 또는 유엔의 목적과 원칙에

반하는 행위가 진정한 원인이 되어 발생하는 소추의 경우에는 호소될 수 없다.

제15조

1. 모든 인간은 국적을 가질 권리를 갖는다.

2. 어느 누구도 자의적으로 자신의 국적을 박탈당하거나 또는 그의 국적을 바꿀 권리를 부인당하지 않는다.

제16조

1. 성년에 이른 남녀는 인종이나 국적 또는 종교에 따른 그 어떤 제한도 받지 않고 결혼하여 가정을 이룰 권리를 갖는다. 이들은 혼인 기간 동안 그리고 그 해소의 시점에 있어 결혼에 관한 동등한 권리를 갖는다.

2. 결혼은 장래 배우자와의 자유롭고도 완전한 동의에 의해서만 성립된다.

3. 가정은 사회의 자연적이고 기초적인 구성단위이며, 사회와 국가에 의해서 보호받을 권리를 갖는다.

제17조

1. 모든 인간은 단독으로는 물론 타인과 공동으로 자신의 재산을 소유할 권리를 갖는다.

2. 어느 누구도 자신의 재산을 자의적으로 박탈당하지 않는다.

제18조

모든 인간은 사상, 양심, 종교의 자유를 누릴 권리를 갖는다. 이러한 권리는 자신의 종교 또는 신념을 바꿀 자유와 교리, 전례, 예배, 의식에 있어서 단독으로 또는 타인과 공동으로, 공적 또는 사적으로 자신의 종교나 신념을 표현할 자유를 포함한다.

제19조

모든 인간은 의견의 자유와 표현의 자유를 누릴 권리를 갖는다. 이러한 권리는 간섭받지 않고 의견을 가질 자유와 모든 미디어를 통해서 국경에 관계없이 정보와 사상을 추구하고, 접수하고, 전달하는 자유를 포함한다.

제20조

1. 모든 인간은 평화적 집회와 결사의 자유를 누릴 권리를 갖는다.
2. 어느 누구도 어떤 결사에 소속될 것을 강요받지 않는다.

제21조

1. 모든 인간은 직접 또는 자유롭게 선출된 대표를 통하여 자국의 통치에 참여할 권리를 갖는다.
2. 모든 인간은 자국 내의 공무에 취임할 동등한 권리를 갖는다.
3. 국민의 의사는 정부 권위의 기초가 된다. 이러한 의사는 보통 및 평등 선거권에 의거하며, 또한 비밀투표 또는 이와 동등한 자유로운 투표 절차에 따라 실시되는 정기적이고 진정한 선거를 통하여 표현된다.

제22조

모든 인간은 사회의 일원으로서 사회보장제도에 대한 권리를 가지며, 국가적 노력과 국제적 협력을 통하여 그리고 각국의 조직과 자원에 따라 자신의 존엄성과 인격의 자유로운 발전을 위해 불가결한 경제적 · 사회적 · 문화적 권리들을 실현할 권리를 갖는다.

제23조

1. 모든 인간은 근로의 권리, 자유로운 직업 선택권, 공정하고 유리한 근로조건에 관한 권리 및 실업으로부터 보호받을 권리를 갖는다.

2. 모든 인간은 어떤 차별도 받지 않고, 동일한 노동에 대해서 동등한 보수를 받을 권리를 갖는다.

3. 모든 근로자는 자신과 가족에게 인간적 존엄에 합당한 생활을 보장해 주며, 필요할 경우 다른 사회적 보호수단에 의해서 보충되는, 정당하고 유리한 보수를 받을 권리를 갖는다.

4. 모든 인간은 자신의 이익을 보호하기 위해 노동조합을 결성하고, 이에 가입할 권리를 갖는다.

제24조

모든 인간은 근로시간의 합리적인 제한과 정기적인 유급휴가를 포함한 휴식과 여가에 관한 권리를 갖는다.

제25조

1. 모든 인간은 의식주와 의료, 필수적인 사회보장제도를 포함하여 자신과 가족의 건강과 안녕을 위해 적합한 생활수준을 누릴 권리를 가지며, 실업, 질병, 불구, 배우자와의 사별, 노령, 그 밖에 자신이 통제할 수 없는 상황에서의 생계 결핍의 경우에 사회보장을 누릴 권리를 갖는다.

2. 모자는 특별한 보살핌과 도움을 받을 권리를 갖는다. 모든 어린이는 부모의 혼인 여부에 관계없이 동등한 사회적 보호를 누린다.

제26조

1. 모든 인간은 교육을 받을 권리를 갖는다. 교육은 최소한 초등 기초단계에서는 무상이어야 한다. 초등교육은 의무적이어야 한다. 기술교육과 직업교육은 원하는 누구나 받을 수 있어야 하며, 고등교육은 능력이 있는 모든 사람에게 평등하게 개방되어야 한다.

2. 교육은 인격의 완전한 발전과 인권 및 기본적 자유에 대한 존중의 강화를 목표로 하여야 한다. 교육은 모든 나라들과 인종 또는 종교집단 사이에서 이해, 관용 및 우호관계를 증진시키고 평화를 유지하기 위한 유엔의 활동을 촉진시켜야 한다.

3. 부모는 자녀에게 제공되는 교육의 종류를 선택함에 있어서 우선권을 갖는다.

제27조

1. 모든 인간은 공동체의 문화생활에 자유롭게 참여하고, 예술을 감상하며, 과학의 진보와 그 혜택을 누릴 권리를 갖는다.

2. 모든 인간은 자신이 창조한 모든 과학적·문학적·예술적 산물에서 생기는 정신적·물질적 이익을 보호받을 권리를 갖는다.

제28조

모든 인간은 이 선언에 제시된 권리와 자유가 완전히 실현될 수 있는 사회적 및 국제적 질서에 대한 권리를 갖는다.

제29조

1. 모든 인간은 그 안에서만 자신의 인격을 자유롭고 완전하게 발전시킬 수 있는 공동체에 대한 의무를 갖는다.

2. 모든 인간은 자신의 권리와 자유를 행사함에 있어서, 타인의 권리와 자유에 대한 합당한 인정과 존중을 보장하고, 민주사회의 도덕, 공공질서, 일반인의 안녕을 위한 공정한 필요를 충족시키기 위해서만 법률이 정한 바에 따라 제한을 받는다.

3. 이러한 권리와 자유는 어떤 경우에도 유엔의 목적과 원칙에 반하여 행사될 수 없다.

제30조

이 선언의 그 어떤 조항도 특정 국가, 집단 또는 개인에게, 이 선언에 제시된 권리와 자유 중 어느 것이라도 파괴할 목적을 갖는 어떤 활동에 종사하거나, 또는 그와 같은 행위를 행할 어떤 권리가 있음을 뜻하는 것으로 해석될 수 없다.

Universal Declaration of Human Rights

Preamble

Whereas recognition of the inherent dignity and of the equal and inalienable rights of all members of the human family is the foundation of freedom, justice and peace in the world,

Whereas disregard and contempt for human rights have resulted in barbarous acts which have outraged the conscience of mankind, and the advent of a world in which human beings shall enjoy freedom of speech and belief and freedom from fear and want has been proclaimed as the highest aspiration of the common people,

Whereas it is essential, if man is not to be compelled to have recourse, as a last resort, to rebellion against tyranny and oppression, that human rights should be protected by the rule of law,

Whereas it is essential to promote the development of friendly relations between nations,

Whereas the peoples of the United Nations have in the Charter reaffirmed their faith in fundamental human rights, in the dignity and worth of the human person and in the equal rights of men and women and have determined to promote social progress and better standards of life in larger freedom,

Whereas Member States have pledged themselves to achieve, in cooperation with the United Nations, the promotion of universal respect for and observance of human rights and fundamental freedoms,

Whereas a common understanding of these rights and freedoms is of the greatest importance for the full realization of this pledge,

Now, therefore, The General Assembly, Proclaims this Universal Declaration of Human Rights as a common standard of achievement for all peoples and all nations, to the end that every individual and every organ of society, keeping this Declaration constantly in mind, shall strive by teaching and education to promote respect for these rights and freedoms and by progressive measures, national and international, to secure their universal and effective recognition and observance, both among the peoples of Member States themselves and among the peoples of territories under their jurisdiction.

Article 1

All human beings are born free and equal in dignity and rights. They are endowed with reason and conscience and should act towards one another in a spirit of brotherhood.

Article 2

Everyone is entitled to all the rights and freedoms set forth in this Declaration, without distinction of any kind, such as race, colour, sex, language, religion, political or other opinion, national or social origin, property, birth or other status.

Furthermore, no distinction shall be made on the basis of the political, jurisdictional or international status of the country or territory to which a person belongs, whether it be independent, trust, non-self-governing or under any other limitation of sovereignty.

Article 3

Everyone has the right to life, liberty and security of person.

Article 4

No one shall be held in slavery or servitude; slavery and the slave trade shall be prohibited in all their forms.

Article 5

No one shall be subjected to torture or to cruel, inhuman or degrading treatment or punishment.

Article 6

Everyone has the right to recognition everywhere as a person before the law.

Article 7

All are equal before the law and are entitled without any discrimination to equal protection of the law. All are entitled to equal protection against any discrimination in violation of this Declaration and against any incitement to such discrimination.

Article 8

Everyone has the right to an effective remedy by the competent national tribunals for acts violating the fundamental rights granted him by the constitution or by law.

Article 9

No one shall be subjected to arbitrary arrest, detention or exile.

Article 10

Everyone is entitled in full equality to a fair and public hearing by an independent and impartial tribunal, in the determination of his rights and obligations and of any criminal charge against him.

Article 11

1. Everyone charged with a penal offence has the right to be presumed innocent until proved guilty according to law in a public trial at which he has had all the guarantees necessary for his defence.

2. No one shall be held guilty of any penal offence on account of any act or omission which did not constitute a penal offence, under national or international law, at the time when it was committed. Nor shall a heavier penalty be imposed than the one that was applicable at the time the penal offence was committed.

Article 12

No one shall be subjected to arbitrary interference with his privacy, family, home or correspondence, nor to attacks upon his honour and reputation. Everyone has the right to the protection of the law against such interference or attacks.

Article 13

1. Everyone has the right to freedom of movement and residence within the borders of each State.

2. Everyone has the right to leave any country, including his own, and to return to his country.

Article 14

1. Everyone has the right to seek and to enjoy in other countries asylum from persecution.

2. This right may not be invoked in the case of prosecutions genuinely arising from non-political crimes or from acts contrary to the purposes and principles of the United Nations.

Article 15

1. Everyone has the right to a nationality.

2. No one shall be arbitrarily deprived of his nationality nor denied the right to change his nationality.

Article 16

1. Men and women of full age, without any limitation due to race, nationality or religion, have the right to marry and to found a family. They are entitled to equal rights as to marriage, during marriage and at its dissolution.

2. Marriage shall be entered into only with the free and full consent of the intending spouses.

3. The family is the natural and fundamental group unit of society and is entitled to protection by society and the State.

Article 17

1. Everyone has the right to own property alone as well as in association with others.

2. No one shall be arbitrarily deprived of his property.

Article 18

Everyone has the right to freedom of thought, conscience and religion; this right includes freedom to change his religion or belief, and freedom, either alone or in community with others and in public or private, to manifest his religion or belief in teaching, practice, worship and observance.

Article 19

Everyone has the right to freedom of opinion and expression; this right includes freedom to hold opinions without interference and to seek, receive and impart information and ideas through any media and regardless of frontiers.

Article 20

1. Everyone has the right to freedom of peaceful assembly and association.

2. No one may be compelled to belong to an association.

Article 21

1. Everyone has the right to take part in the government of his country, directly or through freely chosen representatives.

2. Everyone has the right to equal access to public service in his country.

3. The will of the people shall be the basis of the authority of government; this will shall be expressed in periodic and genuine elections which shall be by universal and equal suffrage and shall be held by secret vote or by equivalent free voting procedures.

Article 22

Everyone, as a member of society, has the right to social security and is entitled to realization, through national effort and international co-operation and in accordance with the organization and resources of each State, of the economic, social and cultural rights indispensable for his dignity and the free development of his personality.

Article 23

1. Everyone has the right to work, to free choice of employment, to just and favourable conditions of work and to protection against unemployment.
2. Everyone, without any discrimination, has the right to equal pay for equal work.
3. Everyone who works has the right to just and favourable remuneration ensuring for himself and his family an existence worthy of human dignity, and supplemented, if necessary, by other means of social protection.
4. Everyone has the right to form and to join trade unions for the protection of his interests.

Article 24

Everyone has the right to rest and leisure, including reasonable limitation of working hours and periodic holidays with pay.

Article 25

1. Everyone has the right to a standard of living adequate for the health and well-being of himself and of his family, including food, clothing, housing and medical care and necessary social services, and the right to security in the event of unemployment, sickness, disability, widowhood, old age or other lack of livelihood in circumstances beyond his control.

2. Motherhood and childhood are entitled to special care and assistance. All children, whether born in or out of wedlock, shall enjoy the same social protection.

Article 26

1. Everyone has the right to education. Education shall be free, at least in the elementary and fundamental stages. Elementary education shall be compulsory. Technical and professional education shall be made generally available and higher education shall be equally accessible to all on the basis of merit.

2. Education shall be directed to the full development of the human personality and to the strengthening of respect for human rights and fundamental freedoms. It shall promote understanding, tolerance and friendship among all nations, racial or religious groups, and shall further the activities of the United Nations for the maintenance of peace.

3. Parents have a prior right to choose the kind of education that shall be given to their children.

Article 27

1. Everyone has the right freely to participate in the cultural life of the community, to enjoy the arts and to share in scientific advancement and its benefits.

2. Everyone has the right to the protection of the moral and material interests resulting from any scientific, literary or artistic production of which he is the author.

Article 28

Everyone is entitled to a social and international order in which the rights and freedoms set forth in this Declaration can be fully realized.

Article 29

1. Everyone has duties to the community in which alone the free and full development of his personality is possible.

2. In the exercise of his rights and freedoms, everyone shall be subject only to such limitations as are determined by law solely for the purpose of securing due recognition and respect for the rights and freedoms of others and of meeting the just requirements of morality, public order and the general welfare in a democratic society.

3. These rights and freedoms may in no case be exercised contrary to the purposes and principles of the United Nations.

Article 30

Nothing in this Declaration may be interpreted as implying for any State, group or person any right to engage in any activity or to perform any act aimed at the destruction of any of the rights and freedoms set forth herein.

찾아보기

ㄱ

ㄴ

ㄷ

ㄹ

ㅁ